Martin Korte

Frisch im Kopf

Martin Korte

Frisch im Kopf

Wie wir uns aus der digitalen Reizüberflutung befreien

Deutsche Verlags-Anstalt

Sollte diese Publikation Links auf Webseiten Dritter enthalten, so übernehmen wir für deren Inhalte keine Haftung, da wir uns diese nicht zu eigen machen, sondern lediglich auf deren Stand zum Zeitpunkt der Erstveröffentlichung verweisen.

MIX
Papier | Fördert gute Waldnutzung
FSC® C014496
FSC
www.fsc.org

Penguin Random House Verlagsgruppe FSC® N001967

1. Auflage

Lektorat: Anja Fischer, Hannover
Grafiken: Peter Palm, Berlin
Umschlaggestaltung: Favoritbuero, München
Umschlagabbildungen: © Dominik Rößler (Foto); Oleksandr Khoma/Shutterstock.com (Illustration)
Satz: Uhl + Massopust, Aalen
Druck und Bindung: GGP Media GmbH
Printed in Germany
ISBN 978-3-421-04887-5

www.dva.de

Inhalt

Einführung

»Wir neigen dazu, die kurzfristige Wirkung einer Technologie zu überschätzen und die langfristige Wirkung zu unterschätzen.«

Roy Amara (1925–2007), Wissenschaftler und Zukunftsforscher, 2006

Digitale Medien sind heute fester Bestandteil unseres Lebens. Wie sehr sie unser Leben beeinflussen, zeigen etwa die in der kalifornischen Stadt Hayward aufgestellten Straßenschilder, die international Berühmtheit erlangt haben mit ihrem Slogan »Kopf hoch! Straße überqueren. Dann Facebook aktualisieren«. Auch die Stadt Köln hat begonnen, auf eine vorbeifahrende Straßenbahn nicht nur mit Signalen auf Augenhöhe hinzuweisen, sondern auch durch eine Bodenbeleuchtung, damit man das Warnsignal wahrnimmt, wenn man Musik hörend mit seinem Smartphone beschäftigt ist.

Spannungskopfschmerzen schon bei 14-Jährigen, auch als »Handynacken« bezeichnet, entwickeln sich laut dem *Deutschen Ärzteblatt* zu einem Volksleiden; und in Italien wurden Daten veröffentlicht, die belegen, dass ein signifikanter Anteil aller Scheidungen tatsächlich den Betroffenen zufolge auf die permanente WhatsApp-Nutzung des Partners zurückzuführen ist.

Die Zahlen einer Jugend-Digitalstudie der Postbank sind erdrückend eindeutig: Jugendliche verbrachten 2021 mehr Zeit im Netz als schlafend im Bett! Schule, Ausbildung oder Studium machen nur ein Drittel der Internetzeit aus. Mit sonstigen Internetaktivitäten verbrachten junge Menschen täglich im Schnitt 3,6 Stunden – 2019 (vor der Pandemie) waren es noch 2,5 Stunden.

Digitale Medien sind ein einzigartiges Phänomen, weil sie alle Aspekte unseres Lebens berühren: unsere Arbeit, unser Privatleben und wahrscheinlich sogar unsere Art zu denken und zu fühlen. Aber was machen sie mit unseren Gehirnen, vor allem mit denen Heranwachsender? Und vor allem: Welche Effekte haben digitale Medien – insbesondere Smartphones – auf unser Gehirn? Setzen wir diese gehirngerecht ein? Welche evolutiven Schranken hat unser Gehirn, und wie sollten diese berücksichtigt werden?

Künstliche Intelligenz (KI) ist der vorläufige Höhepunkt der digitalen Entwicklung. Und genau wie alle anderen digitalen Fortschritte birgt sie Chancen und Gefahren – auch für unser Gehirn. Mit ihr verbunden ist die Frage, ob die Tatsache, dass sie einst angetreten war, unser Gehirn nachzuahmen (im Gegensatz etwa zu Taschenrechnern und »normalen« Desktop-Programmen), uns Unbehagen bereiten sollte. Als Gehirnforscher fasziniert mich die Frage, wie künstliche Intelligenz funktioniert und warum sie erst so wirkmächtig wurde, als man die neuronalen Netze unserer Gehirne als Vorbilder nahm. Aber auch: Wo grenzt sich der Mensch von der Maschine ab?

Hier eine kleine Vorschau auf die Kapitel dieses Buches:

In Kapitel 1 steht unser digital geprägter Alltag im Mittelpunkt: Wie schaffen wir es, noch klar zu denken und effizient zu arbeiten in Zeiten des Informationsdschungels? Und warum scheitern wir so oft daran, den Nutzungssignalen dieser Geräte zu widerstehen?

In Kapitel 2 begleiten wir unser Gehirn durch alle Lebensphasen. Im Mittelpunkt stehen die Gehirne Heranwachsender: Wie beeinflusst die Nutzung digitaler Medien die frühkindliche Entwicklung – und die Jugendlicher in der Pubertät? Die Auswirkung auf unsere motorischen Fähigkeiten ist nur ein Aspekt, andere sind die Folgen für Sprache, Kognition und Wahrnehmung visueller Objekte im sich entwickelnden Gehirn.

Ein weiterer Bereich von Interesse ist, ob die Entwicklung sprachbezogener Prozesse im Gehirn in irgendeiner Weise von einer intensiven Nutzung digitaler Medien in der frühen Kindheit beeinflusst wird. Aber auch die Senioren kommen in diesem Kapitel nicht zu kurz!

In Kapitel 3 soll digitales Lernen, vor allem in der Schule, aus Sicht des Gehirnforschers vorgestellt und in seinen Möglichkeiten ausgelotet werden. Inwiefern brauchen wir digitale Medien wie Tablets und Smartphones im Klassenzimmer? Wie wirkungsvoll sind Online-Schulungen? Ist alles andere nicht hoffnungslos altmodisch?

So viel vorweg: Wir werden für die Einbindung digitaler Lernwerkzeuge neue Methoden entwickeln müssen, um analoges und digitales Lernen sinnvoll miteinander zu verbinden. Selbst wenn es rückwärtsgewandt klingt: Moderne Forschungsergebnisse deuten darauf hin, dass wir gut beraten sind, einen nicht unerheblichen Teil unseres Lernens weiterhin mithilfe von Büchern und menschlichen Mentoren zu absolvieren.

In Kapitel 4 werden wir uns ansehen, was mit dem Begriff »künstliche Intelligenz« gemeint ist und was diese heute leisten kann und was nicht. Inwieweit sind die Erfolge der KI-Forschung und -Anwendung der letzten zehn Jahre dem Wissen über das Gehirn zu verdanken? Was unterscheidet KI-Systeme von uns und unserem Gehirn – und was bedeutet das für unsere Zukunft?

In jedem Fall sind KI-Systeme in den letzten Jahren in Bezug auf ihre Rechenkapazität, Mustererkennung und Flexibilität enorm leistungsfähig geworden. Wir leben bereits heute in einer Welt von Algorithmen, die bei Facebook und Twitter die Nachrichtenströme formen und bei Tinder im besten Fall Romanzen anbahnen. Wie aber denken, fühlen, handeln die Menschen dahinter, die Programmierer, die unsere digitale Welt erschaffen, die unser Lernen, unser soziales und gesellschaftliches Leben ebenso bestimmen wie unsere Arbeitswelt? Das Kapitel wird mit der Frage enden, ob sich Menschen ebenso wie kluge Roboter mit einfachen Algorithmen beschreiben lassen.

In Kapitel 5 geht es um die Schnittstellen von Gehirn und Maschine. Werden wir Erinnerungen auslesen können? Wie werden wir KI in Zukunft sinnvoll und gewinnbringend zum Beispiel in der Medizin einsetzen können? Elon Musk plant gerade, das ultimative Gehirn-Computerchip-Interface zu bauen. Was kann so etwas leisten? Und wird es möglich sein, unser Gedächtnis mit Computerchips zu verbessern, um etwa Höhenangst zu überwinden oder Musik direkt im Kopf zu hören? Oder gar fast übermenschliches Sehvermögen mit Radartechnik zu erlangen?

Im letzten Kapitel werde ich zusammenfassen, welche Anforderungen digitale Medien an unser Gehirn stellen – und wie wir ihnen gerecht werden können. Schließlich müssen uns digitale Medien, das Internet oder insgesamt digital basierte Technologien nicht per se überfordern oder stressen. Im Gegenteil, sie bieten große Chancen – als Wissensspeicher, für den sozialen Austausch, was Fortschritte in Wissenschaft und Forschung angeht. Aber eben nur, wenn wir sie ebenso smart einsetzen, wie die technischen Möglichkeiten voranschreiten.

Und nun – einfach mal das Smartphone weglegen und loslesen!

KAPITEL 1

Überleben im Daten-Dschungel – unser abgelenktes Gehirn

Wir werden nicht mehr auf unser Smartphone verzichten. Dieser faustische Pakt ist bereits besiegelt. Für den Zugang zu einem ganzen Universum aus Information und Kommunikation opfern wir unsere verfluchte Aufmerksamkeit auf seinem gläsernen Altar.

Matthew Panzarino,
Chefredakteur von TechCrunch, 2015

Die Allgegenwart des Smartphones

Neueste Zahlen von 2022 besagen, dass jede Sekunde etwa 6000 Tweets abgeschickt, mehr als 40 000 Google-Suchanfragen gestellt und mehr als zwei Millionen E-Mails verschickt werden. Wohlgemerkt: pro Sekunde! Wenn Sie dieses Buch lesen, werden es mehr sein – Sie können es selbst auf *Internet Live Stats,* einer Website des internationalen Real Time Statistics Project überprüfen.

Mehr als vier Milliarden Websites sind online. Wie man sich diese Masse an Daten bildlich vorstellen kann, versuchen Hilbert und Kollegen zu zeigen: Die gesamte Datenmenge des Internets hätte den Umfang von über 300 Exabyte (ein Exabyte entspricht einer Milliarde Gigabyte). Um sie auf CD-ROMs zu speichern, bräuchte man einen Stapel von CDs, der von der Erde über den Mond hinausragt (384 400 Kilometer).

Aber nicht nur die Erfindung des Internets mit seinen unendlichen Datenmengen war ein entscheidender Einschnitt für die Welt und das Leben jedes Einzelnen. Seit etwa 15 Jahren wird unser Alltag bis in die Schlafzimmer hinein von Smartphones und Tablets durchdrungen. 76 % der Befragten sind mehr oder weniger immer online und erreichbar (bei Jugendlichen waren es sogar 92 %). Das prominente Schlagwort dafür lautet: **P**ermanently **o**nline, **p**ermanently **c**onnected (POPC). Online zu sein, ist der Normalzustand, offline zu sein eine Notsituation (kein WLAN, Funkloch, Akku leer …).

Diese Innovationen haben nicht nur unsere Kommunikationsformen und den Umgang mit Informationen verändert, sondern wirken sich auch auf unser Denken, unsere Wahrnehmung und sogar auf die Struktur unseres Gehirns aus. Sie verändern die Funktionalität unseres Stirnlappens, der unser Konzentrationsvermögen verwaltet, und sie verändern unsere Psyche.

Der Regensburger Psychiater Volker Busch stellt seinen Klienten am Beginn eines Therapiegespräches oft die Frage, wie sie ihren Alltag erleben. Aus den Antworten der letzten Jahre hat er eine »Hitliste« erstellt, auf den vordersten Plätzen standen stets (und zwar auch schon vor der Pandemie) folgende Begriffe: Stress, Zeitdruck, Hektik, Ablenkung, Überlastung, Multitasking, Reizüberflutung, Erschöpfung und Konzentrationsstörungen. Auch der Stressreport der Bundesanstalt für Arbeitsschutz und Arbeitsmedizin und eine Umfrage der Techniker Krankenkasse (02/2021) bestätigen, dass Stress und Reizüberflutung die Stichwörter unserer Zeit sind (im Unterschied zu Studien, die vor sieben bis zehn Jahren erfolgten).

Weitere Umfragen ergaben, dass Menschen, die häufig, während sie etwa fernsehen, nebenbei im Internet surfen oder soziale Medien verfolgen, größere Gedächtnis- und Konzentrationsschwierigkeiten haben als diejenigen, die nicht der Versuchung erliegen, diese Art der Zwei-Bildschirm-Welten zu betreiben. Auch die Schul- und Studienleistungen von Schülern und Studenten korrelieren negativ mit der Zeit, die diese jungen Menschen im Multitasking-Modus verbringen. Anders ausgedrückt: Je mehr sie versuchen, in zwei Welten gleichzeitig unterwegs zu sein, desto schlechter die Lernergebnisse.

Die Hoffnung der Internetpioniere, dass digitale Welten uns klüger machen, scheint sich nicht zu bewahrheiten. Wenn wir uns schonungslos mit den Konflikten, Widersprüchen und Veränderungen auseinandersetzen würden, die uns und unsere Zeit durch die digitale Mediennutzung prägen, würde man die Chance haben, festzustellen, dass wir in unserem Internetzeitalter vielen Selbsttäuschungen erliegen, die zu Schwierigkeiten beim Lernen, Arbeiten und in der Wahrnehmung der Welt und von uns selbst führen.

Unser digitaler Berufsalltag: 40 Sekunden – das ist die statistische Zeitspanne, die wir am Computer mit einer gerade begonnenen Aufgabe verbringen, bevor wir uns selbst mit etwas anderem am Computer oder in der realen Welt ablenken oder unterbrochen werden, wie Studien zuletzt 2019 wieder gezeigt haben. Das hängt auch damit zusammen, dass viele Mitarbeiter und Mitarbeiterinnen ihre E-Mails elfmal pro Stunde kontrollieren – das sind 88 Unterbrechungen an einem achtstündigen Arbeitstag. 70 % aller E-Mails werden dabei innerhalb von sechs Sekunden nach Eintreffen geöffnet – was auch dadurch bedingt ist, dass 84 % aller Angestellten ihr E-Mail-Programm im Hintergrund immer offen haben. Besonders bitter: 25 % aller eintreffenden E-Mails (Spam schon herausgerechnet) hätten uns gar nicht erreichen müssen, da wir unnötigerweise in CC genommen wurden.

Seien wir ehrlich: Unter den vielen E-Mails, die wie Meteoritengeschwader in unsere Mailboxen prasseln, sind doch die wenigsten gefüllt mit Nachrichten von Wert. Eine E-Mail schreiben, twittern, telefonieren, YouTube/TikTok-Videos schauen und nebenbei fernsehen – viele Menschen versuchen häufig, zwischen diesen Tätigkeiten mental zu jonglieren. Dabei gehört es zu den Mythen unserer Zeit, dass Multitasking möglich und dazu auch noch produktiv ist. Unser Gehirn ist gar nicht in der Lage, seine Aufmerksamkeit auf mehrere Dinge gleichzeitig zu richten. Das, was uns als Multitasking erscheint, ist real das schnelle Hin- und Herspringen zwischen verschiedenen Tätigkeiten. Und selbst das können wir nur mehr schlecht als recht. Tatsächlich brauchen wir doppelt so lange und machen fast doppelt so viele Fehler, wenn wir schnell zwischen kognitiv anspruchsvollen Aufgaben wechseln, verglichen mit einer Situation, in der wir die Aufgaben seriell erledigen, also nacheinander.

Immer online – Handynutzung weltweit

Die Fokussierung auf das Smartphone ist nicht nur ein Freizeitspaß, sondern hat auch erhebliche gesellschaftliche Konsequenzen. So hat in den USA ab dem Jahr 2017 die durch Smartphones verursachte Zahl an Verkehrstoten die durch Alkohol bedingten übertroffen, ohne dass die Zahl derer, die durch Alkohol im Straßenverkehr ums Leben kommen, geringer geworden ist. Durchschnittlich 36 Amerikaner kommen jährlich durch Terrorismus ums Leben; dem stehen über 3000 Autofahrer entgegen, die durch ihr Smartphone abgelenkt Tote verursacht haben (das sind im Übrigen mehr, als am 11. September 2001 in New York City von Terroristen getötet wurden). Das bedeutet: Jeden Tag sterben in den USA acht Menschen durch Handy-abgelenkte Autofahrer; in Deutschland sind es mehr als 300 im Jahr.

Einer der Gründe besteht darin, dass ein 20-Jähriger, der während der Fahrt sein Handy nutzt, eine Reaktionszeit hat, die länger ist als die eines 75-jährigen Autofahrers, der sich aufs Autofahren konzentriert.

Das Smartphone ist zu unserem ständigen Lebensbegleiter geworden. 75 % aller Menschen in Deutschland entfernen sich innerhalb eines 24-Stunden-Tages nicht weiter als 1,5 Meter von ihrem Smartphone. Um sicherzustellen, dass es auch da ist, berühren sie das Handy 110-mal pro Stunde (in Puerto Rico scheint das Sicherheitsbedürfnis besonders groß zu sein, dort wird das Handy sogar 180-mal pro Stunde angefasst).

Dabei ist den meisten Autofahrern und Autofahrerinnen sehr wohl bewusst, wie gefährlich ihr Tun ist, wie eine Umfrage des Psychologen Gerd Gigerenzer gezeigt hat: Die große Mehrheit der Autofahrer gab an, dass die Handynutzung während der Fahrt eine große Ablenkungswirkung hat. Die Fahrer wissen also um die Gefahr! Doch es fehlt ihnen schlicht und ergreifend an Selbstbeherrschung.

Daraus kann man eigentlich nur eines schließen: Unsere Handys sind eine smarte Technologie, aber es braucht kluge Menschen, die sie vernünftig nutzen. Davon scheinen wir allerdings noch weit entfernt zu sein. Jia Tolentino, eine US-amerikanische Autorin und Journalistin, schreibt in ihrem Buch *Trick Mirror* (2019) selbstkritisch: »Ich trage das Handy mit mir herum, als wäre es eine Sauerstoffflasche. Ich starre es an, während ich Frühstück mache und den Müll runterbringe, und ruiniere dabei, was ich am meisten an der Arbeit zu Hause schätze – die Selbstständigkeit und den relativen Frieden.«

Aber sind unsere Smartphones wirklich schuldig im Sinne der Anklage? Korrelationen und Kausalitäten liegen eben nicht nur im Alphabet nahe beieinander, aus dem einen kann man schnell, aber eben manchmal auch fälschlicherweise das andere folgern. Und was beim Autofahren tatsächlich eine klare Sache ist – die Handynutzung ist für einen selbst und für andere lebensgefährlich –, ist bei anderer Gelegenheit schon eine schwierigere Frage: Fragmentiert die Handynutzung unseren Alltag wirklich so stark, dass unser Konzentrationsvermögen und unsere Leistungsfähigkeit beim Arbeiten leiden?

2020 veröffentlichte Studienergebnisse legen nahe, wie bedenklich es für die Organisation unseres Lebens und Arbeitens ist, dass durch die intensive Nutzung digitaler Medien unsere Arbeitsspeicherkapazität reduziert wird. Der bloße Anblick eines Smartphones auf dem Tisch (selbst wenn es ausgeschaltet ist) führt so zu einer verminderten Leistung bei kognitiven Aufgaben – wohl deshalb, weil Stirnlappen-Speicherressourcen damit beschäftigt sind, das Telefon zu ignorieren. Der Stirnlappen ist der vorderste Teil der Großhirnrinde. Er beinhaltet u. a. einen wichtigen Teil unseres Arbeitsgedächtnisses, der auch für unser Konzentrationsvermögen zuständig ist und damit der wichtigste Zwischenspeicher ist, bevor etwas im Langzeitgedächtnis landet oder aussortiert wird.

Je häufiger Menschen ihre Smartphones in einem Multitasking-Modus verwenden, also schnell zwischen verschiedenen geistigen Aktivitäten wechseln, desto leichter reagieren sie auf Ablenkung und schneiden in Prüfungen, bei denen man schnell seine Aufmerksamkeit von einer Aufgabe auf die andere richten muss, tatsächlich schlechter ab als Benutzerinnen und Benutzer, die nur selten auf ihren Smartphones mehrere Dinge gleichzeitig tun.

Ein anderer Aspekt, der in Studien zutage trat, ist, dass Inhalte beim Lesen auf Bildschirmen schlechter verstanden werden.

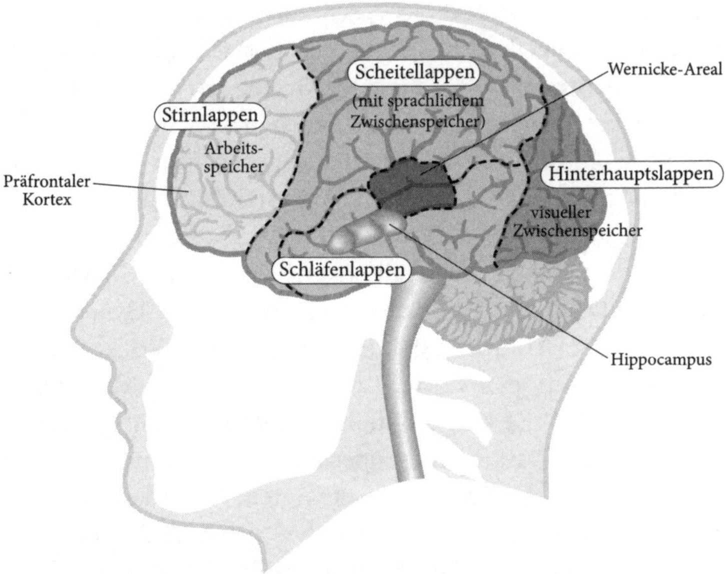

Abb. 1: Lokalisation des Arbeitsgedächtnisses im Stirnlappen sowie des sprachlichen und visuellen Zwischenspeichers im Scheitel- und Schläfenlappen

Anders gesagt: Das Lesen komplexer Texte in einem gedruckten Buch führt zu einer besseren Erinnerung an die Geschichte, an Details und Fakten als das Lesen des gleichen Textes auf dem Bildschirm. Eigentlich erstaunlich, wenn man bedenkt, dass die Wörter auf einem LED-Bildschirm und in einem gedruckten Buch dieselben sind.

Der Grund könnte meiner Ansicht nach darin bestehen, dass Assoziationen von Fakten mit räumlichen und anderen sensorischen Hinweisen zusammenhängen: Die Position auf einer Seite in einem Buch hilft assoziativ beim Erinnern, genau wie der Umstand, dass jedes Buch anders riecht, anders in der Hand liegt etc. Auch die Sprachwissenschaftlerin Naomi Baron argumentiert, dass der digitale Kontext des Lesens zu einer oberflächlicheren Textanalyse führt. Dies hängt möglicherweise damit zusammen, dass die meisten Benutzer digitaler Medien nur einen schnellen Blick auf ein Textelement werfen, daneben zwischen Buchseiten und weiteren digitalen Endgeräten switchen oder schnell zwischen verschiedenen Tabs in Webbrowsern hin und her wechseln – vermeintliches Multitasking, tatsächlich aber ein Vorgehen, das die Aufmerksamkeitsspanne verringert. Gleichzeitig haben die Diagnosen von Aufmerksamkeitsdefizit-Hyperaktivitätsstörungen (ADHS) in den letzten 15 Jahren stark zugenommen. Ob hier nur eine Korrelation besteht oder dies darauf hindeutet, dass Multitasking mit digitalen Medien zu einer höheren Inzidenz von ADHS beiträgt oder diese sogar verursacht, lässt sich noch nicht abschließend beantworten. Außerdem scheinen Zusammenhänge zu bestehen zwischen der Intensität der digitalen Mediennutzung und psychischen Problemen von Schlafstörungen bis zu Angstzuständen und Depressionen.

All diese Beispiele zeigen, wie digitale Mediennutzung sich negativ auf unser Gehirn auswirken kann. Aber es gibt auch digitalen Medieneinsatz, der positive Effekte zeitigt, etwa bei Trainingsprogrammen für ältere Menschen oder wenn es um das Stärken analytischer Fähigkeiten geht. Studien belegen also keinen eindeutig positiven oder negativen Effekt digitaler Medien auf unser Gehirn. Dass es dennoch eine gewisse Diskrepanz bei den Ergebnissen gibt, könnte mit der Tatsache zusammenhängen, dass die Art und Weise, der Umfang und das Alter, in dem wir digitale Medien nutzen, entscheidend dafür sind, ob sie ein Gehirntraining darstellen oder zu einer ineffizienten und wenig differenzierten Form des Denkens und Handelns beitragen.

Auch werde ich hier die Frage behandeln, wann es zu einer kognitiven Überladung kommt und welche Folgen das hat, und wann ein durch digitale Nutzung entscheidungsgenerierter neuronaler Muskelkater in unserem Gehirn auftritt. Wofür wir Smartphones oder andere digitale Medien verwenden und wie oft die wichtigen Parameter analysiert werden müssen, wird in Diskussionen über die Folgen der Nutzung digitaler Medien häufig ignoriert.

Um mehr über die Art und Dauer unserer Mediennutzung herauszufinden, haben der Psychologe Christian Montag und der Informatiker Alexander Markowetz 2012 das Menthal-Projekt gestartet, mit inzwischen 700 000 Probanden und Probandinnen weltweit. Die Zahlen, die sie ermittelt haben, sind erstaunlich. Etwa 88-mal am Tag schauen 14- bis 80-Jährige auf ihr Handy, davon 35-mal nur auf die Uhr oder nach einer Nachricht, unterbrechen ihre eigentliche Tätigkeit also nur kurz. 53-mal wird das Smartphone entsperrt, um mit jemandem zu interagieren, zum Beispiel, um eine E-Mail oder eine WhatsApp-Nachricht zu schreiben, Nachrichten und Bilder auf Twitter oder Instagram zu sichten und Kurzvideos auf TikTok zu schauen. Wenn man von einer achtstündigen Schlafenszeit ausgeht, bedeutet das, dass wir alle 18 Minuten das, womit wir gerade beschäftigt sind, unterbrechen, um uns mit unserem Smartphone zu befassen. Ein Viertel der Nutzer sieht sogar alle 14 Minuten auf das Display. Die 17- bis 25-jährigen Teilnehmer der Menthal-Studie schalten ihr Handy täglich etwa 100-mal an und nutzen es davon 60-mal intensiv für insgesamt drei Stunden am Tag. Alle anderen Nutzerinnen und Nutzer verbringen im Schnitt »nur« 2,5 Stunden am Tag am Handy, davon übrigens nur sieben Minuten mit Telefonaten.

Auf der positiven Seite der Smartphone-Nutzung steht für viele Menschen ihr enormer Nutzen: Smartphones erlauben es uns, schnell Informationen zu bekommen und weiterzuleiten; wir finden Wegstrecken unterwegs schnell und unkompliziert, und wir können mit anderen Menschen unmittelbar kommunizieren. Das sind mögliche Gewinne in einer Informationsgesellschaft.

Aber wie bei Medikamenten in der Medizin ist es eine Frage der Dosis und eine Abwägung der Nebenwirkungen, zu denen gehört, dass Informationen oft zu schnell und unreflektiert ausgetauscht werden, um sie überprüfen zu können; wir laufen Gefahr, uns nicht mehr selbst orientieren zu können, und wir stehen ständig unter Druck, kommunizieren zu müssen. In anderen Worten: Ab einer bestimmten Nutzungsintensität schlagen die Vorteile in Nachteile um. Man könnte die Vor- und Nachteile der Smartphone-Nutzung auch als umgekehrte U-Kurve beschreiben, mit der Nutzungsdauer auf der x-Achse und dem Gewinn, den Nachteilen und dem Gefahrenpotenzial auf der y-Achse.

Eines der Probleme, die unser Gehirn mit einer zu intensiven Smartphone-Nutzung hat, hängt damit zusammen, dass wir 12–15 Minuten brauchen, um uns in eine komplexe Aufgabe einzudenken. Handys können deshalb unmittelbare »Flow-Killer« sein: Sie verhindern unter Umständen, dass wir diesen hochproduktiven Zustand überhaupt erreichen. Um konzentriert arbeiten zu können, sollten wir uns bewusst auf etwas fokussieren und – so die Theorie einer gelungenen Kommunikationskultur – dabei störende Reize ausblenden. Genau das tun wir aber durch das ständigen Daddeln, Surfen, Chatten oder Twittern nicht. Leicht ablenkbar sind wir vor allem dann, wenn wir unter Stress stehen, wenn wir uns einsam fühlen oder schlicht Langeweile haben. Dann sucht das Gehirn nach Auswegen. Man nutzt also Langeweile nicht zur zum Daddeln, sondern Langeweile entsteht auch schneller, als eine Art selbsterfüllende und konditionierte Gefühlsregung, wenn nicht neue Nachrichten auf uns einprasseln und unser Gehirn sich nicht durch die Erwartung einer Unterbrechung in einem ständigen Alarmmodus befindet. Wir achten dann unbewusst verstärkt auf ablenkende Signale, wie Vibrationstöne vom Handy oder aufleuchtende Nachrichten auf dem Computerbildschirm. Das verstärkt die Ablenkbarkeit und erhöht den Stresslevel, da wir unterschwellig in ständiger Sorge sind, eine wichtige eingehende Nachricht zu verpassen, und gleichzeitig unsere Energie aufwenden müssen, um bei der eigentlichen Sache zu bleiben.

Die Nutzung eines Second Screen (z. B. den eines Handys neben einer anderen Tätigkeit, häufig ebenfalls am Bildschirm) und versuchtes Multitasking führen dazu, dass wir 50 % mehr Zeit benötigen, um anspruchsvolle Aufgaben zu erledigen. Wir machen 40 % mehr Fehler, wenn wir verschiedene Dinge gleichzeitig bewältigen wollen, als wenn wir die Aufgaben nacheinander erledigen.

Und genau dieser Modus des versuchten Multitaskings macht uns zu schlechteren Task-Switchern (Aufgaben-Wechslern) und verringert unsere Arbeitsproduktivität. Wir können nur dann einigermaßen schnell und flüssig zwischen Aufgaben wechseln, wenn jeder einzelnen von ihnen die volle und gut trainierte Kapazität des Arbeitsgedächtnisses im frontalen Pol des Stirnlappens zur Verfügung steht.

Mit durchschnittlich 67,8 Stunden pro Woche lag die Online-Zeit der 16- bis 18-Jährigen im Jahr 2022 leicht unter dem Wert des vergangenen Jahres (2021: 70,4 Stunden pro Woche). Das geht aus der aktuellen Jugend-Digitalstudie der Postbank hervor. Im Vergleich zum Vor-Corona-Jahr 2019 verbrachten die Jugendlichen allerdings auch in diesem Jahr wieder über zehn Stunden mehr im Netz (Quelle: Jugend-Digitalstudie der Postbank, 2022).

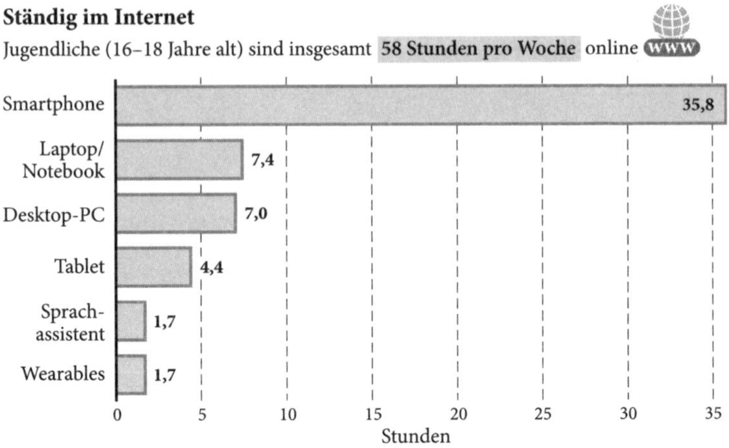

Abb. 2: Repräsentative Jugend-Digitalstudie der Postbank zur Internetnutzung durch Jugendliche in Deutschland, 2022

Schnelles Switchen, langsames Switchen

Beim Wechseln zwischen verschiedenen Aufgaben sind wir immer wieder für kurze Augenblicke unaufmerksam. In diesen Umschaltmomenten geht uns unweigerlich Information verloren (vor allem das »Interimsende« der unterbrochenen Aufgabe), wir verpassen einen Teil dessen, was gesagt oder gezeigt wurde oder was wir zwischengespeichert hatten an Gedanken – etwa so, wie man früher beim Wechsel der Radiosender immer einen Moment nur Rauschen hörte. Nur dass unser Gehirn diese Aufmerksamkeitslücken vor uns verborgen hält, denn die Zeitlöcher werden gefüllt! Dabei gilt eines der Grundgesetze des Lernens auch im Zusammenhang mit der Ablenkung durch digitale Medien: Was nicht aufmerksam gespeichert wird, kann auch nicht abgerufen werden, und jede Unterbrechung stört den Gedankenfluss des Lernens oder Arbeitens. Deswegen haben es Menschen mit

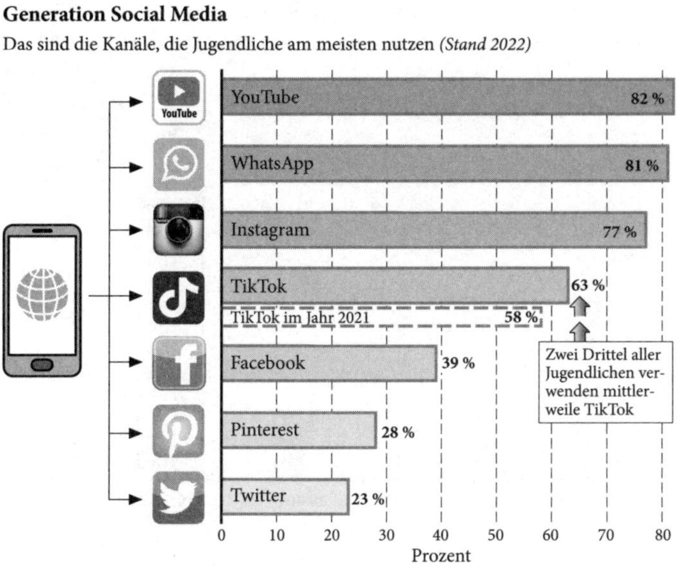

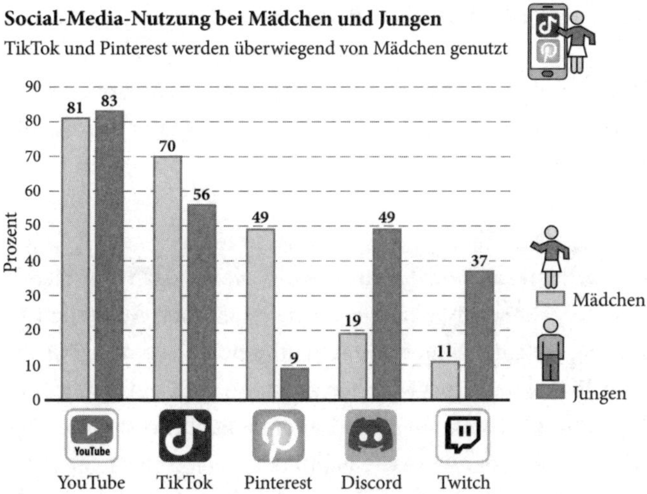

Abb. 3 und 4: Repräsentative Befragung von Jugendlichen zur Nutzung sozialer Medien (Quelle: Jugend-Digitalstudie der Postbank, 2022)

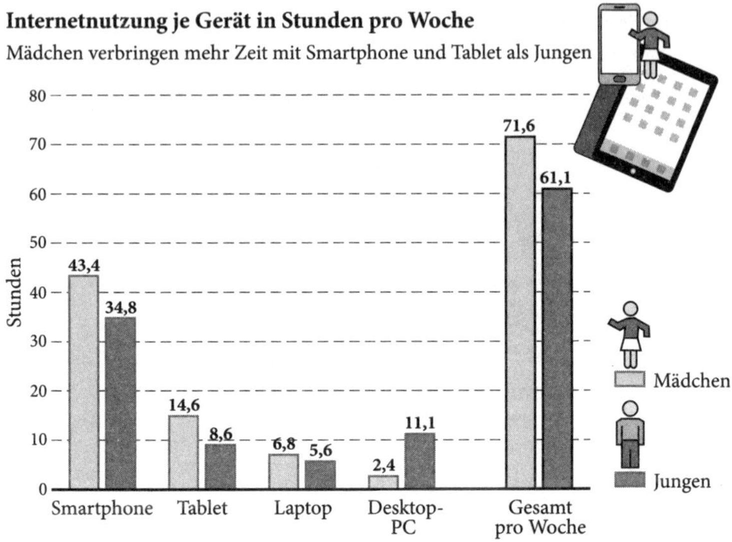

Abb. 5: Nutzung sozialer Medien in Deutschland: Jungen und Mädchen im Vergleich (Quelle: Jugend-Digitalstudie der Postbank, 2022)

einem angeborenen kurzen Konzentrationsvermögen, das man als AD(H)S bezeichnet, in der Schule und später im Berufsleben schwerer.

AD(H)S (Aufmerksamkeitsdefizitsyndrom, wobei das H für die oft damit einhergehende Hyperaktivität steht) ist eine Aufmerksamkeitsstörung, mit der einige Menschen geboren werden und die mittlerweile gut untersucht ist. Sie entsteht, weil ein Botenstoff, das Dopamin, im Stirnlappen nicht effektiv genug wirkt. Das Dopamin stärkt normalerweise die neuronale Verarbeitung im Stirnlappen, vor allem in Bereichen, die zum Arbeitsgedächtnis gehören. Wird Dopamin vermindert ausgeschüttet, leidet die Konzentrations-

fähigkeit – oder anders ausgedrückt: Die Rechenkapazität des Arbeitsgedächtnisses nimmt ab. Das hat zur Folge, dass Menschen mit AD(H)S nur kurze Konzentrationsspannen haben und sehr leicht ablenkbar sind. Beides zusammen – fehlende Rechenkapazität und mangelnde Dopaminfreisetzung im Stirnlappen – führt zu AD(H)S.

Wie oben bereits erwähnt, kann auf der kognitiven Ebene ein vergleichbares Syndrom nicht nur genetisch, sondern auch infolge des Lebensstils entstehen. Als ein Auslöser dafür kommt der Versuch des ständigen Multitaskings durch die Nutzung mehrerer digitaler Endgeräte oder mehrerer Apps/Programme auf Smartphone, Tablets etc. infrage. Vor allem Smartphones stehen im Verdacht, eine Art AD(H)S-ähnliches Syndrom zu induzieren. Die Ursache ist hier nicht fehlendes Dopamin. Vielmehr wird das für lohnend erscheinende Ziele zuständige Dopamin nicht ausgeschüttet, um einer einzigen Tätigkeit fokussiert nachzugehen, sondern es werden Unmengen kleiner Dopaminmoleküle ausgeschüttet – in der Erwartung, dass uns alles Ablenkende, wie eingehende Nachrichten auf dem Smartphone oder Computer, belohnen wird. Das Dopamin wird also nun wirksam, um eine Erwartungshaltung zu kodieren, die eine positive Wirkung auf uns durch Ablenkung hat, und wird so nur noch kurze, fragmentierte Konzentrationsspannen zulassen. Vor allem verstärken die Dopamin ausschüttenden Neurone die Erwartungshaltung, dass in jeder Situation, in der wir auf den Multitasking-Modus umschalten, etwas Positives passiert.

Nur führt dies nicht dazu, dass wir besser darin sind, schnell zwischen Tätigkeiten hin und her zu wechseln. Tatsächlich deuten aktuelle Untersuchungen sogar darauf hin, dass »code switching«, also der schnelle Wechsel zwischen verschiedenen Tätigkeiten, bei »Multitaskern« (Menschen, für die der Versuch des Multitaskings Alltag ist) sogar schlechter klappt. In Zahlen ausgedrückt zeigt sich, dass Multitasker beim Wechsel zwischen Aufgaben 170 Millisekunden länger brauchen als Nicht-Multitasker. Das betrifft auch Digital Natives und hängt damit zusammen, dass gerade sie die Rechenkapazität ihres Stirnlappens im Bereich des Arbeitsgedächtnisses nachhaltig reduziert haben.

Als Digital Natives werden Menschen bezeichnet, die in der digitalen Welt aufgewachsen sind und digitale Medien deshalb ganz selbstverständlich bedienen. Wir werden ihnen im Verlauf dieses Buches noch ein paarmal begegnen.

Noch deutlicher wird der Unterschied, wenn man Smartphone-Multitasker mit Menschen vergleicht, die zweisprachig aufgewachsen sind, also gelernt haben, zwischen verschiedenen Sprachen zu switchen. Diese schnitten 230 Millisekunden besser ab als die Multitasker und damit sogar 60 Millisekunden besser als die einsprachigen Nicht-Multitasker. Dieses Beispiel zeigt, dass Abweichungen vom »normalen« Verlauf der Gehirnbildung und des Gehirnabbaus in beide Richtungen möglich sind.

Dark Patterns und Willenskraft

Konzentration und Achtsamkeit sind entscheidende Elemente des effektiven Arbeitens und Lernens. Im Idealfall lenkt unser Wille unsere Aufmerksamkeit auf einen eng begrenzten Ausschnitt der Umwelt und schaltet dabei äußere und innere Störfaktoren weitgehend aus, so wie ein Theaterscheinwerfer nur einen kleinen, aber wichtigen Teil der Bühne ausleuchtet. Das ist vor allem eine Leistung des Arbeitsgedächtnisses, das im Stirnlappen unseres Gehirns lokalisiert ist. Wenn man das Gefühl hat, sich nicht konzentrieren zu können, sollte man sich zunächst einen Moment Zeit für einige Fragen nehmen: Liegt es an der Tageszeit? Beginne ich mit dem Arbeiten oder Lernen immer nur dann, wenn gerade nichts anderes Wichtiges passiert? Was ist vor dem Lernen an diesem Tag schon alles passiert? Diese Fragen sind deshalb wichtig, weil Konzentration in unserem Gehirn von den gleichen Gehirnarealen vermittelt wird, die unsere Willenskraft ausmachen. Letztere kann wie ein Muskel ermüden und im Laufe eines Tages »aufgebraucht werden« – und dann klappt nichts mehr. Oder haben wir den Kopf, den Tisch vor uns und unsere technischen Geräte voll mit Zerstreuungspotenzial? Dann heißt es erst einmal aufräumen, Abstand gewinnen und abstellen, was man nicht braucht.

Willenskraft verstehen wir hier als die Fähigkeit, eine Handlung zu unterdrücken, wenn ihre Konsequenzen unseren langfristigen Interessen widersprechen. Sind wir im Kopf parallel zu einer aktuellen Tätigkeit immer auch mit anderen Gedanken oder einem zweiten Bildschirm beschäftigt, sinkt die Willenskraft – unsere selbstdefinierten langfristigen Ziele werden nicht mehr verteidigt gegen kurzfristige Belohnungen und Ablenkungen. Das bedeutet auf der neuronalen Ebene, dass der Stirnlappen, der die Handlungen auf langfristige Ziele hinlenken kann, in einem innergehirnlichen Wettstreit verliert gegen Gehirnareale, die eher kurzfristige Ziele und Belohnungen ansteuern.

Viele Apps sind so programmiert, dass sie uns dazu verführen, mehr Zeit als gewollt zu »verdaddeln«, und uns so zu übermäßigem Konsum verleiten. Sie haben Muster eingepflegt, die genau das bewirken sollen. In der Programmierlogik werden solche Designs als Dark Patterns (Dunkle Muster) bezeichnet. Sie bewirken unter anderem, dass unsere Aufmerksamkeit regelrecht an unseren Smartphone-/Tablet-Apps klebt.

Dark Patterns werden programmiert, damit das Bezahlmodell von Apps funktioniert. Deren Werbeeinnahmen generieren sich aus Benutzerzahl und Nutzungsdauer. Die Programmierer und Programmiererinnen müssen also versuchen, uns dazu zu verleiten, die Apps immer wieder einzuschalten und nach Möglichkeit sogar Geld bei In-App-Käufen auszugeben.

Die psychologischen Mechanismen hinter den Dark Patterns werden vom Büro für Technikfolgen-Abschätzung beim Deutschen Bundestag (TAB) analysiert. Das TAB begann vor einigen Jahren, vor dem Design dieser Apps zu warnen. Denn sie machen im schlimmsten Fall abhängig.

Zur Veranschaulichung hier ein paar Beispiele dafür, was mit Dark Patterns bezweckt wird:

- Uns mehr Informationen entlocken, als wir preisgeben wollen, indem wir auf verwirrende Art und Weise Kreuzchen in Kästchen setzen oder aktiv entfernen müssen.
- Unsere Aufmerksamkeit aufbrauchen, bevor erst mit dem sechsten oder gar siebten Klick eine entscheidende Information kommt, der Ausweis der Liefergebühren zum Beispiel. Unser Gehirn hat so die eigentümliche Tendenz, ob der Zeit, die wir schon investiert haben, unnötige und unliebsame Gebühren zu akzeptieren. Dies wird auch als Bindungseskalation bezeichnet: Je mehr Zeit wir bereits »investiert« haben, umso mehr haben wir eine Abneigung dagegen, die App zu wechseln. Dahinter steckt die neuronal kodierte Tendenz, die aktuelle »Investition« höher zu bewerten als einen möglichen Gewinn durch einen Wechsel. Wer z. B. schon seinen Lebens-

lauf, Bilder und Interessen bei LinkedIn eingegeben hat, bindet sich kognitiv an diese Anwendung und wechselt nicht gleich wieder zu Xing.

- Unsere Veranlagung zu reziprokem Altruismus ausnutzen. Eine psychologische Verankerung unseres Gehirns nutzen Apps aus, wenn sie uns zum Beispiel kostenlose Testversionen oder Testabos anbieten, die danach automatisch in eine Bezahlvariante überführt werden. Denn wenn uns etwas Gutes widerfahren ist, neigen wir dazu, uns revanchieren zu wollen.

All das rechtfertigt Bedenken – und die Dark Patterns nehmen zu. Allerdings muss man sich auf der anderen Seite in Erinnerung rufen, dass unser Gehirn, insbesondere das von jungen Menschen, auch schon ablenkbar war, bevor digitale Medien und digitale Endgeräte erfunden wurden. Manches, was hier als negativer Effekt aufgezeigt wird, ist nicht neu, und vor allem sollten wir versuchen, mehr über die Art und Dauer unserer Mediennutzung herauszufinden.

Warum aber ist unser Gehirn überhaupt so anfällig für Ablenkungen? Zum einen macht uns das als Menschen aus; es hat etwas mit Neugierde zu tun und damit, offen zu sein für Neues. Das gilt eben auch für Wahrnehmungen, die nicht zur aktuellen Aufgabe gehören. Evolutiv ist das leicht zu erklären: Wir mussten uns einst fortwährend vor Fressfeinden schützen oder im rechten Augenblick eine mögliche Beute erblicken und erlegen. Das Umherschweifen unserer Aufmerksamkeit hatte also durchaus Sinn.

Auf der anderen Seite bedeutet Ablenkung immer eine Abweichung von der Aufgabe, auf die sich unsere Aufmerksamkeit eigentlich gerade richtet. Über diese Abweichung kann auch etwas Gutes entstehen: ein neuer Gedanke, eine Assoziation, etwas Unerwartetes. Wir haben sogar ein eigenes Belohnungssystem im Gehirn dafür, wenn wir etwas Überraschendes entdecken. Übertragen auf die Metapher eines Streckennetzwerkes eines Zuges, entsteht so eine Balance zwischen dem Fahren auf einem Bewusstseinsgleis und dem Wechsel auf ein neues Gleis der Aufmerksamkeit.

Zwischen Fokus und Verführung – was im Gehirn geschieht

Im Gehirn wird die Entscheidung, bei einer Tätigkeit zu bleiben oder die Aufmerksamkeit auf etwas Neues zu richten, im vorderen Teil des Stirnlappens gefällt.

Echte Chefsachen befinden sich direkt hinter unserer Denkerstirn! Der frontale Pol des Stirnlappens oder »frontopolare präfrontale Kortex«, der den vordersten Teil unseres Gehirns, direkt hinter dem Stirnlappen, ausmacht, ist ein Bestandteil im Räderwerk des Arbeitsgedächtnisses und versucht über aktuelle Rechen- und Verarbeitungsprozesse im Gehirn den Überblick zu behalten. Dieses Gehirnareal speichert, was wir uns zu tun vornehmen, ist also für unser prospektives Gedächtnis (auf zukünftige Handlungen ausgerichtet, kodiert Intentionen) zuständig.

Wir versuchen, uns auf eine Aufgabe zu konzentrieren, und gleichzeitig müssen an dieser vordersten Stelle des Gehirns alle anderen Aufgaben (aktuelle wie geplante) als eine Reihe von Absichten im Gedächtnis behalten werden – so wie beim Artisten im Zirkus, der mehrere Teller auf Stäben dreht. Das gelingt nur, wenn er einen Teller nach dem anderen immer wieder anstößt, um die Umdrehungen bei jedem aufrechtzuerhalten.

Wie ein Tellerjongleur versucht der frontale Pol unseres Stirnlappens nach dem Schreiben einer WhatsApp-Nachricht oder einer E-Mail, sich der nächsten Twitter-Nachricht zuzuwenden – oder eben wieder einem Arbeitsprozess. Der frontopolare Stirnlappen verbindet gewissermaßen die einzelnen Elemente und Aufgaben miteinander. Er erzeugt dabei so etwas wie eine übergeordnete zeitliche Perspektive: Was war, was ist, was soll noch kommen? In diese Perspektive fügen sich die momentanen Aufgaben ein, und der frontale Pol des Stirnlappens sorgt für den schnellen Wechsel zwischen den Tätigkeiten. Genau wie bei einem Tellerjongleur im Zirkus fällt allerdings auch bei uns im Kopf alles zu einem ungeordneten Scherbenhaufen zusammen, wenn wir versuchen, zu viele verschiedene Tätigkeiten, Erinnerungen und Vorhaben zugleich zu verfolgen.

Jede Sekunde strömen 400 000 Sinnesreize auf das Gehirn ein. Die bewusste Verarbeitungskapazität eines menschlichen Gehirns beträgt etwa 120 bit/s. Um einer Person beim Sprechen zuzuhören, verbrauchen wir bereits 60 bit/s. Machen wir nur drei Dinge gleichzeitig, sind wir also hoffnungslos überfordert!

Aber nicht nur der Versuch, parallel zu viel in zu kurzer Zeit bearbeiten zu wollen, kann in die Irre führen. Auch wenn Lernstimuli wie Bilder, Texte und Grafiken zu schnell hintereinander auf uns einströmen, kann dies bewirken, dass wir Wichtiges übersehen. Bereits auf der Ebene der Wahrnehmung kann es bei einer Reizüberflutung zu einem Versagen der Informationsverarbeitung kommen. Wir haben Probleme damit, schnell aufeinanderfolgende Stimuli zuverlässig zu erkennen. Das belegt auch das folgende Beispiel: Probanden und Probandinnen erhielten die Aufgabe, grüne Punkte und schwarze Buchstaben zu zählen. Diese erschienen zusammen mit anderen Satzzeichen an zufälliger Position und zu unterschiedlichen Zeitpunkten auf einem Bildschirm. Wenn die schwarzen Buchstaben (in dem Fall immer ein X) 200 bis 300 Millisekunden nach einem grünen Punkt erschienen, sah der Proband zwar das X, konnte es aber nicht bewusst verarbeiten (und auch nicht zählen). Nur der grüne Punkt fiel auf. Eine Art Aufmerksamkeitsblinzeln löscht quasi einen Teil der Wahrnehmung und ignoriert somit einen Teil der wahrgenommenen Umgebung.

Genau dies geschieht mit unserem Gehirn, wenn wir versuchen, mehrere Dinge gleichzeitig zu tun, oder zu viele Reize in zu schneller Abfolge auf uns einwirken. Erledigen wir dagegen die Dinge der Reihe nach und fokussiert, haben wir für die Aufgaben letztlich mehr Zeit. Es ist weniger hektisch, und das Arbeiten und Lernen macht mehr Spaß, da die Stresskomponente aufgrund der zeitlichen Überforderung wegfällt.

Man kann die ganze Sache allerdings auch andersherum betrachten: Der Stirnlappen schützt uns davor, uns voll und ganz in einer Aufgabe zu verlieren. Er hält im Zwischenspeicher vor, was wir in der Zukunft beachten müssen (einen Termin einhalten, den Ofen ausschalten oder eine Aufgabe angehen).

Kann man Multitasking trainieren?

Für eine Studie wurde eine Gruppe von Menschen, die intensives Multitasking versuchte, mit einer Gruppe verglichen, die dies nur in einem geringen Umfang tat. Die Ausgangsfrage war, wer am besten mehrere Dinge nahezu gleichzeitig verrichten bzw. schnell zwischen verschiedenen Aufgaben hin und her wechseln kann. Das klingt ein bisschen wie die Frage, ob ein trainierter Sportler leistungsfähiger ist als ein untrainierter. Gefragt, wie gut sie glaubten, mit Multitasking-Situationen umgehen zu können, waren die ständigen Multitasker deutlich selbstbewusster und trauten sich dies eher zu als die Teilnehmer, die ihren Alltag anders organisierten. Eine Illusion, wie sich herausstellte, denn das Ergebnis dieser Studie der Stanford University fiel gänzlich anders aus als erwartet: Die multimedialen Multitasker waren den Mehrprozessbetriebs-Verweigerern unterlegen. Vor allem waren diejenigen, die das Multitasking sonst eher mieden, besser darin, unwichtige Informationen von relevanten zu unterscheiden.

Wer also hofft, Multitasking, diesen Mehrprogrammbetrieb des Gehirns, durch Üben zu erlernen, der irrt – und merkt es nicht einmal. Beschäftigt und ausgelastet zu sein, heißt nicht, dass man effizient und produktiv ist. Zusätzlich führt der ständige Wechsel zwischen den Aufgaben dazu, dass im Gehirn die für Gewohnheiten zuständigen Basalganglien stärker aktiviert werden als der für das Langzeitgedächtnis zuständige Hippocampus. Mit der Konsequenz, dass wir uns deutlich weniger erinnern, was wir im Multitasking-Modus erlebt und erarbeitet haben, wie Studien des in Stanford tätigen Neuropsychologen Russell Poldrack gezeigt haben. Produktiv zu sein, bedeutet also nicht, jeden Tag noch voller zu packen mit immer mehr Tätigkeiten, sondern das Richtige im richtigen Moment zu tun, und zwar eins nach dem anderen.

Begrenzte Bandbreite im Netz der Aufmerksamkeit

Warum aber können wir nur so wenige Dinge parallel bearbeiten? Warum ist die Kapazität unseres Arbeitsgedächtnisses nicht größer? Die Antwort ist vergleichsweise simpel: um Energie zu sparen. Aufgaben im Arbeitsspeicher müssen permanent vorrätig gehalten werden; wie im Computer erhöht dies den Energieverbrauch, da im Gehirn für jede Aufgabe, die wir zwischenspeichern, Neurone aktiv bleiben müssen – und zwar die ganze Zeit. Neurone im Stirnlappen ermüden, genau wie ein Muskel im Dauerbetrieb, und genau das soll verhindert werden. Hinzu kommt, dass unser Arbeitsgedächtnis, das im linken und rechten Stirnlappen der Großhirnrinde seinen Sitz hat, protokolliert, welche Tätigkeit wir mit welchen Gehirnressourcen verfolgen, erarbeiten, erdenken.

Eine französische Arbeitsgruppe konnte mit bildgebenden Verfahren zeigen: Wenn wir neben einer Hauptaufgabe eine zweite Aufgabe erledigen müssen, werden diese beiden Aufgaben gleichberechtigt auf die beiden Großhirnhälften verteilt. Leider haben wir nur zwei Gehirnhälften – wenn also eine dritte Aufgabe dazukommt, muss sie sich den Rechenplatz mit einer anderen Aufgabe teilen, wodurch sich die Kapazität halbiert. Die dritte Aufgabe wird also nur noch unter minimalem Einsatz der zur Verfügung stehenden Ressourcen bearbeitet, da der restliche Speicherraum bereits besetzt ist.

Die Konsequenz ist, dass, wenn wir zwei oder mehr Aufgaben nebeneinander erledigen möchten, unsere Leistungsfähigkeit bei der ersten Aufgabe parallel zur zusätzlichen Denklast durch die zweite oder dritte Aufgabe abnimmt – unausweichlich. Die größte unnötige Bremskraft entfalten hier Gedanken an andere – vor allem digital inszenierte – Tätigkeiten, die wir verdrängen müssen.

Niemand kann an alles denken

Wer also ständig versucht, Multitasking zu betreiben, riskiert eine chronische mentale Überlastung – vergleichbar mit einer chronischen Entzündung, nur dass in dem Fall nicht das Immunsystem, sondern das Gehirn mit seinem Einfluss auf die Stressachsen völlig überfordert ist. Versuchen wir ständig, an viele Kleinigkeiten zu denken, nimmt die Willenskraft ab wie ein überlasteter Muskel, da wir ständig Entscheidungen treffen müssen, worauf wir unsere Aufmerksamkeit richten. Und wenn wir als Dauerzustand zu viele gleichzeitige und zukünftige (prospektive) Dinge im Kopf jonglieren müssen, überkommt uns das bedrückende Gefühl, ständig an alles denken zu müssen – und das sogar in Situationen, in denen eine einzige Sache unsere ganze Aufmerksamkeit verlangt.

Nicht zuletzt frisst die Angst, etwas zu vergessen, ebenfalls Speicherkapazität. Schon allein, wenn wir die mentale To-do-Liste häufig checken, kostet das wertvolle Rechenleistung. Wenn wir dann noch darüber nachdenken, wie wir diese Liste am besten abarbeiten, ist die Gefahr des Burn-outs real – und an Arbeiten oder Lernen erst recht nicht mehr zu denken.

Kurzum, es führt unweigerlich zu einem Konflikt im Denken und Handeln, wenn wir versuchen, dieselben Gehirngebiete gleichzeitig für verschiedene Zwecke zu aktivieren.

Konzentrierter arbeiten und lernen: Sofortmaßnahmen

Was also können wir tun? Als erste Hilfe folgen einige Vorschläge und Anregungen, wie jeder für sich selbst die Kontrolle über sein Konzentrationsvermögen schon ein Stück weit zurückgewinnen kann:

- Schalten Sie Ihr Handy aus und legen Sie es weg, da Ihre Konzentration durch Vibrationsgeräusche oder allein schon durch den Anblick des Smartphones gestört wird.
- Das Gleiche gilt für Ihr E-Mail-Programm: ausschalten, nur dreimal am Tag öffnen, dann bewusst und konzentriert bearbeiten, Nachrichten mit wenigen Sätzen schreiben, sonst

zum Telefon greifen. Lesen Sie E-Mails nur, wenn Sie die Zeit haben, die eingehenden Nachrichten sofort zu bearbeiten. Sonst belasten weitere Aufgaben das Arbeitsgedächtnis. Kurz mal nachsehen, ohne reagieren zu können, ist Zeit- und Konzentrationsverschwendung.

- Optimieren Sie Ihre Lern- oder Arbeitsumgebung: Was liegt alles auf dem Tisch? Lernumgebungen können ruhig wechseln, aber es hilft, wenn wir nicht ständig durch ungeordnete und ablenkende Strukturen den Fokus unserer Aufmerksamkeit verlieren.
- Wenn Sie an einer Aufgabe arbeiten, die konzentrationszehrend ist, »bearbeiten« Sie diese auch wirklich: Markieren Sie Wichtiges und machen Sie sich Notizen in Form von Grafiken, Mindmaps oder Stichworten. Das schafft Struktur und erleichtert die Erinnerung; zudem ist es förderlich für die Konzentration, da diese länger erhalten bleibt, wenn Lernen mit einer Tätigkeit verbunden ist.
- Schaffen Sie Freiräume für (zeitlich begrenzte) Tätigkeiten, in denen Sie nicht an zukünftige Aufgaben denken müssen. Schreiben Sie eine To-do-Liste, die Sie erst dann weiter abarbeiten, wenn eine Aufgabe erledigt ist – so halten sie den Kopf frei für das, was Sie gerade bearbeiten.
- Es klingt ungewöhnlich, aber langfristig trainiert Sport ihre Konzentrationsfähigkeit (dazu später noch mehr). Entsprechend hilfreich sind bewegte Pausen oder Lerneinheiten mit Bewegung. Sie sind nicht nur gesund für Rücken und Herz, sondern erhöhen auch die Lern- und Konzentrationsfähigkeit des Gehirns. Ganz normal ist übrigens, dass die Konzentrationsfähigkeit nach einer Weile abnimmt. Dann ist es an der Zeit für eine Pause oder vielleicht sogar für das Ende der Arbeitszeit.

- Es gilt aber auch: Fokussierung und Konzentration sind wichtig, wenn wir etwas bearbeiten, bei dem der Rahmen vorgegeben ist. Wenn wir jedoch neue Ideen brauchen, sind ein Spaziergang, eine Dusche und der Blick, der unfokussiert umherschweift, hilfreicher. Kreativität steigt, wenn wir Neues miteinander verbinden, und das geht am besten im Wechsel des Scharfstellens der Gedanken (Fokussierung) und der unscharfen, weiträumigen, eben unfokussierten Betrachtung. Daddeln am Handy ist hier der Kreativität nicht förderlich, Langeweile am Bahnsteig kann schon eher helfen.

Am besten (und produktivsten) arbeiten wir also, wenn im direkten Fokus und mit voller Aufmerksamkeit zu einem bestimmten Zeitpunkt nur zwei Dinge in unserem Kopf sind: Was wir mit einer Aufgabe beabsichtigen und die Aufgabe selbst. Natürlich wollen alle ablenkenden Gedanken in unserem Kopf ernst genommen werden, aber während wir zielgerichtet eine Aufgabe erledigen, sind nur die wenigsten davon gerechtfertigt – und wenn doch, machen Sie sich eine Notiz für später.

Task switching und Selbstkontrolle

> *Ein untrainiertes Gehirn ist für die Gesundheit schädlicher als ein untrainierter Körper.*
>
> *George Bernard Shaw (1856–1950), irischer Dramatiker und Politiker*

Wie bereits erwähnt, gibt es noch einen anderen Grund, warum der Versuch des Multitaskings schädlich für unser Gehirn ist: Unsere Willenskraft und das Durchhaltevermögen für langfristige Ziele leiden. Der Grund ist, dass der frontale Pol des Stirnlappens, der immer aufs Neue den schnellen Wechsel zwischen Tätigkeiten vermitteln muss, auch unsere Willenskraft neuronal repräsentiert und kontrolliert. Und genau dieses Gehirnareal zeigt bei Dauerbeanspruchung eine Ermüdungserscheinung, ähnlich wie ein überbeanspruchter Muskel. Vielleicht haben Sie es selbst schon einmal erlebt, wie anstrengend es ist, in einem Restaurant mit gefühlt 300 Gerichten auf der Speisekarte eines auszuwählen. Und genauso ermüdet unsere Willenskraft im Zusammenhang mit der Anzahl der Entscheidungen, die unser Gehirn tagtäglich verhandelt.

Neurowissenschaftliche Befunde zeigen, dass die Entscheidungen, die dazu führen, dass wir schnell zwischen verschiedenen Tätigkeiten wechseln, im Laufe des Tages genau diesen frontalen Pol des Stirnlappens beanspruchen und »mentale Kosten« generieren. Diese »Kosten« haben einen Einfluss auf das bewusste Nachdenken, auf die Stärke unserer Willenskraft – und auf unseren IQ!

Menschen mit finanziellen Problemen weisen Intelligenzquotienten auf, die im Mittel um 13 Punkte niedriger liegen als die Normalwerte vor ihrer persönlichen Finanzkrise. Hier ergreifen nicht nur die finanziellen Sorgen Besitz von einem Teil der Rechenkapazität unseres Gehirns, sondern es kostet den Stirnlappen offenbar zusätzlich Willenskraft, negative Emotionen abzuschwächen. Dies geschieht, indem Neurone versuchen, die Aktivität negativer Emotionen im limbischen System zu unterdrücken. Diese Neurone fehlen dann, um unsere Aufmerksamkeit zu fokussieren und vertrackte Probleme zu lösen. Bei positiven Gefühlen ist ein solcher Effekt nicht zu verzeichnen – es sind also nicht Emotionen generell, die uns beim Denken stören, sondern die negativen Gefühle, die der Stirnlappen beim konzentrierten Nachdenken unterdrücken möchte.

Wer nicht durch Nachrichten gestört werden will, schaltet

schon heute das Handy stumm. Aber reicht das? Aufschlussreich ist eine große Studie mit 500 Studierenden, die an der Stanford University in Kalifornien durchgeführt wurde. Die Probanden wurden in drei Gruppen unterteilt: Eine Gruppe musste das Handy im Vorraum abgeben, eine zweite Gruppe durfte das Handy ausgeschaltet in einer Tasche mit in den Testraum nehmen, eine dritte Gruppe sollte die Handys ausgeschaltet auf den Tisch vor sich legen. Nun wurden Gedächtnis- und Aufmerksamkeitstests durchgeführt. Eindeutig am besten schnitt dabei die Gruppe ab, deren Handys im Vorraum liegen geblieben waren. Schon mit deutlichen Aufmerksamkeitseinbußen kam die Probandengruppe auf den zweiten Platz, die das Handy im Rucksack mit in den Raum bringen durfte. Mit großem Abstand die meisten Probleme hatte die Gruppe, deren ausgeschaltete (!) Handys sichtbar auf dem Tisch lagen. Am Rande sei bemerkt, dass die Probanden im Anschluss gefragt wurden, ob sie glaubten, dass die Handys eine Auswirkung auf ihre Leistung hatten. Eine große Mehrheit verneinte dies – auch diejenigen, die ihr Handy vor sich liegen hatten, fühlten sich davon subjektiv nicht abgelenkt.

Wenn wir also klar und effizient denken, lernen und arbeiten wollen, sollten wir unser Gesichtsfeld freiräumen von zweiten und dritten Bildschirmen, störenden Programmen und allen anderen Arten der Ablenkung. Wenn man etwas von Suchtpatienten lernen kann, dann, dass man sich räumlich von den Dingen entfernen muss, die einen verführen könnten.

Der Trick heißt *Precommitment* (nennen wir es einfach Selbstbindung, die Odysseus übrigens im wahrsten Wortsinn praktizierte, als er sich an den Schiffsmast binden ließ, um nicht den Gesängen der Sirenen zu verfallen). Gemeint ist, dass wir von Anfang an vermeiden, langfristig negative Optionen wählen zu können, und damit bewusst und aktiv unsere (ja eigentlich nicht gewollten) Handlungsspielräume einschränken. Kurzum: Nehmen Sie das Handy aus Ihrem Blickfeld! Ein kleiner Nebeneffekt: Selbstbindung muss geplant werden, und dabei trainiert man gleich die Gehirnzentren der Selbstkontrolle. Gehirnforscher würden es so ausdrücken: Menschen, die erfolgreich einer Versuchung widerstehen, zeigen eine hohe Aktivität in verschiedenen Bereichen des präfrontalen Kortex – vor allem im frontopolaren Kortex –, der bei der vorausschauenden Planung trainiert wird.

Aber es gibt nicht nur räumliche Formen der Selbstbindung, sondern auch zeitliche, die man sogar mit Technik unterstützen kann. So gibt es verschiedenen Apps, mit denen man beispielsweise festlegen kann, wie lange man es sich erlaubt, eine bestimmte andere (Vergnügungs-)App am Tag zu nutzen. Ist die Zeit aufgebraucht, lässt sich die kontrollierte App für eine bestimmte Zeit – die man vorher ebenfalls selbst festgelegt hat – nicht mehr öffnen.

> *Denn in Wahrheit ist die Gewohnheit eine gewalttätige und verräterische Lehrmeisterin. Sie errichtet in uns nach und nach, heimlich, den Stützpunkt ihrer Autorität; aber nachdem sie ihn durch diesen milden und bescheidenen Anfang mithilfe der Zeit eingerichtet und gepflanzt hat, enthüllt sie uns bald ein wütendes und tyrannisches Gesicht, gegen das wir nicht mehr die Freiheit haben, auch nur die Augen zu erheben.*
>
> *Michel de Montaigne (1533–1592),*
> *französischer Jurist, Philosoph und Humanist*

Was du heute kannst besorgen …

Während Selbstbindung das Arbeitsgedächtnis entlastet, kostet ein anderes Verhalten das Arbeitsgedächtnis Rechenkapazität: Prokrastination, also unsere Neigung, Dinge aufzuschieben. Denn durch Aufschieben verschwinden die Aufgaben nicht, sondern bleiben unerledigt und entsprechend auf der immer länger werdenden To-do-Liste des Stirnlappens stehen.

Es gibt sogar ein Krankheitsbild, das am Extremfall vor Augen führt, was passiert, wenn die Handlungshoheit des Stirnlappens komplett zum Erliegen kommt: das dysexekutive Syndrom (oft auch als Frontallappen-Syndrom bezeichnet).

Das dysexekutive Syndrom ist bedingt durch eine Schädigung des präfrontalen Kortex im vordersten Teil des Stirnlappens der Großhirnrinde. Es führt zu kompletten Planungsdefiziten, sodass der oder die Betroffene z. B. mit vielen Projekten anfängt, aber keines zu Ende führt. Auch das Planen komplexer Abläufe oder eine realistische zeitliche Planung sind diesen Patienten unmöglich, ebenso haben sie Schwierigkeiten, ihre Emotionen zu kontrollieren – und damit sind sie den vielen überforderten, gestressten, überlasteten und schnell ausrastenden Mitmenschen heutiger Prägung sehr ähnlich.

Wer dagegen die Hoheit seines Stirnlappens durch das Vermeiden von Multitasking intakt hält, der wird vielfältig belohnt, denn am Ende sind Menschen mit trainierter Willenskraft und hoher Selbstkontrolle tatsächlich glücklicher, zufriedener und langfristig erfolgreicher. Weil sie durch mehr Willenskraft auch ihr Konzentrationsvermögen trainieren, leben diese Glücklichen im Augenblick und genießen die Momente, in denen sie ihren Zielen treu bleiben, obwohl es einfachere (ablenkende) Reize gegeben hätte.

Ein paar Gedanken noch zu unserem Pausenbedürfnis. Unser Gehirn signalisiert uns in der Regel, wann es eine Pause braucht. Aber was passiert eigentlich im Gehirn in Momenten, in denen wir einen zweiten Energieschub haben, dieses starke Pausenbedürfnis überwinden und trotzdem weitermachen können?

Französische Forscher um den Neurowissenschaftler Florent Meyniel haben tatsächlich Gehirnareale entdeckt, die als Sanduhr, aber auch als Taktgeber für unser Pausenbedürfnis dienen, etwa wie eine »Tankanzeige« im Gehirn. Schon der Biopsychologe William James (1842–1910) nahm an, dass unser Gehirn unsere mentale Erschöpfung wie eine Art Sanduhr misst. Ist der Sand – quasi in Form von »Erschöpfungseinheiten« – durchgelaufen, wird der Wunsch nach einer Pause sehr stark. Allerdings scheint diese Schwelle flexibel zu sein. Denn wir wissen: Wenn uns etwas begeistert oder wir es für besonders notwendig halten, etwas zu erledigen, können wir diese Pausenschwelle auch etwas nach hinten schieben.

Meyniel und Kollegen konnten nun mithilfe der funktionellen Magnetresonanztomografie (engl. *functional **m**agnetic **r**esonance **i**maging*, fMRT) zeigen: Wenn wir uns mental besonders anstrengen, werden Gehirnareale im Thalamus und im Scheitellappen besonders aktiv, die beide zu einem Netzwerk für die Verarbeitung von Schmerzreizen gehören. Die Aktivität nimmt stakkatoartig zu, wenn wir eine Pause benötigen, und wieder ab, während wir eine Pause einlegen. Strengten sich die Versuchsteilnehmer mehr an, nahm die Aktivität in diesem Netzwerk stärker zu. Waren sie besonders motiviert, stieg die Aktivität in diesen beiden Gehirnarealen trotz gleicher Anstrengung langsamer an. Wenn man so will, messen Areale des Schmerznetzwerkes im Gehirn die mentalen Kosten in einer fast linearen Matrix und bauen diese in einer Pause wieder ab. Die Kosten-Nutzen-Rechnung scheint sich zu verändern, vor allem wenn wir besonders motiviert sind. In solchen Situationen sind wir bereit, größere mentale Schmerzen auf uns zu nehmen, die »Tankanzeige« sinkt langsamer ab.

Trainingsprogramm für den Stirnlappen

Jedes Mal, wenn wir zwischen Aufgaben hin und her wechseln, verbrauchen wir Energie, und wie eben aufgeführt, aktivieren wir dabei ein Gehirnnetzwerk der Schmerzmatrix. Es ist also weder zielführend, weil es länger dauert und weil es die Fehlerrate erhöht, noch ist es besonders geschickt, unsere mentalen Ressourcen für eine ineffektive Tätigkeit aufzubrauchen.

Es sollte klar geworden sein, dass wir das berühmte Multitasking nicht beherrschen (können) und das Arbeitsgedächtnis nur eine vergleichsweise geringe Rechenkapazität hat. Entsprechend können wir zwar zwischen verschiedenen mentalen Tätigkeiten wechseln, aber eben nicht zwei einigermaßen anspruchsvolle kognitive Tätigkeiten parallel durchführen, z. B. mit zwei Personen gleichzeitig reden.

Zur Einordnung: Zum Lesen oder um einer anderen Person beim Sprechen zuzuhören, verbrauchen wir bereits 50 % dieses ohnehin schon kleinen Speichers, und entsprechend bleibt wenig Fassungsvermögen, um parallel noch andere anspruchsvolle Tätigkeiten auszuführen. Falls Sie nicht überzeugt sind und sich selbst einschätzen möchten, dann versuchen Sie einmal,

- die vorangegangene Seite erneut zu lesen und dabei gleichzeitig alle p und alle b zu zählen
- oder den nächsten Absatz zu lesen und dabei die Anzahl der Wörter zu zählen
- oder alle m und w im vorigen Absatz auf einen Blick zu erfassen.

Das alles klingt banal, aber für unser Gehirn ist es nahezu unmöglich. Entweder wir verstehen, was wir lesen, oder wir zählen gelesene Buchstaben, aber niemals tun wir beides gleichzeitig.

Entgegen aller Klischees sind Frauen und Männer gleich schlecht im Versuch, Multitasking zu betreiben. Die Psychologin Patricia Hirsch mit ihrem Team untersuchte dies (unter genderneutralen!) Laborbedingungen an der RWTH Aachen. In den Konzentrations- und Gedächtnistests sollten Frauen und Männer zwei Aufgaben parallel erledigen – und beide Geschlechter scheiterten daran gleichermaßen grandios, wurden langsamer und machten deutlich mehr Fehler. Andere Tests haben zwar gezeigt, dass es tatsächlich sogenannte Supertasker gibt, die nahezu gleichwertig zwei anspruchsvolle Aufgaben gleichzeitig erledigen können – doch dazu ist nur etwa jeder 40. Mensch in der Lage (2,5 %). Für uns andere gilt, unabhängig vom Geschlecht, dass wir kein Multitasking können und dass allein der Versuch schlecht ist für unser Konzentrationsvermögen und unsere Willenskraft. Unsere Fehlerquote verdoppelt sich fast.

So wenig wir Multitasking beherrschen, können wir doch immerhin trainieren, effektiv zwischen Tätigkeiten zu wechseln, für die meisten von uns ist das mehrmals am Tag der Normalfall! Dafür müssen wir unser Arbeitsgedächtnis trainieren, denn das steigert das Konzentrationsvermögen und macht uns weniger ablenkbar. Das Wort »Training« bedeutet in diesem Fall, dass wir so oft wie möglich aufmerksam und bewusst, vor allem aber ungeteilt etwas beobachten oder über ein Thema reflektieren – und damit den Autopiloten des Gewohnheits-Ichs verlassen und uns selbst beim Handeln zuschauen. Unser bewusstes Ich wird so für uns aktiviert. Dasselbe gilt, wenn wir darüber nachdenken, was andere Menschen fühlen und denken. Dabei wird – wie immer, wenn wir uns auf eine Aufgabe fokussieren – der präfrontale Kortex aktiviert und dadurch trainiert. Dies geschieht eben genau dann, wenn wir uns auf eine Aufgabe fokussieren.

Eine andere Trainingsmöglichkeit für den Stirnlappen eröffnet sich, wenn wir in einer konkreten Situation darüber nachdenken, wie diese auch anders ablaufen könnte. Eine Trainingseinheit könnte z. B. darin bestehen, dass wir gewissermaßen gegen den Uhrzeigersinn denken *(Counterclockwise)*, ob bestimmte Abläufe in Besprechungen oder in bestimmten Gesprächssituationen nicht auch ganz anders gestaltet werden könnten. Wer dies im Kopf durchspielt, trainiert auf kreative Art und Weise seinen präfrontalen Anteil des Stirnlappens und macht sich so zukünftig weniger ablenkbar.

Auch »Achtsamkeit«, die in Managerseminaren nicht genug angepriesen werden kann, steigert das Konzentrationsvermögen.

Mit Achtsamkeit ist gemeint, in einer konkreten Situation gedanklich nur in dieser Situation zu verbleiben. Karsten Dusse spielt mit diesem Motiv auf amüsante Weise in seinem makabren Krimi *Achtsam morden*. Dort wird der fiktive Therapeut Joschka Breitner so zitiert: »Wenn Sie vor einer Tür stehen und warten, dann stehen sie vor einer Tür und warten. Wenn Sie sich mit Ihrer Frau streiten, dann streiten Sie sich mit Ihrer Frau. Das ist Achtsamkeit. Wenn Sie vor einer Tür stehen und sich in Gedanken mit Ihrer Frau streiten, dann ist das nicht Achtsamkeit. Dann ist das einfach nur blöde.«

Eine gute Methode, sich im digitalen Zeitalter geistig fitter zu machen, sind auch Formen der Meditation, bei denen man versucht, für eine bestimmte Zeit – oft reichen schon zehn Minuten – die Gedanken auf etwas Bestimmtes zu fokussieren. Also: Augen schließen, aufrecht sitzen und sich auf die Atmung konzentrieren! Achten Sie dabei auf alles, was die Atmung in Ihnen bewirkt. Nach nur fünf Minuten beenden Sie diese innere Fokussierung und schalten auf den externen Modus der Sinneswahrnehmung für fünf weitere Minuten um. Was hören Sie, was riechen Sie? Diese Übung kann man beispielsweise gut in die Mittagspause einbauen.

Überraschender ist vielleicht der Umstand, dass auch Sport das Konzentrationsvermögen fördert. Sport zu treiben, verbessert zum einen generell die Durchblutung des Gehirns, aber vor allem wird ganz spezifisch der für die Ansteuerung der Muskulatur und die Bewegungsplanung zuständige motorische Kortex im Stirnlappen besser mit Sauerstoff und Glukose versorgt. Davon profitiert letztlich der gesamte Stirnlappen und damit auch das Arbeitsgedächtnis.

Das Arbeitsgedächtnis ist dann leistungsfähiger, wenn es nicht einen Teil seiner neuronalen Ressourcen aufwenden muss, um negative Emotionen von unseren Denkprozessen fernzuhalten. Wie wir schon gesehen haben, sinkt bei Stress, Angst oder anderen negativen Gefühlen die Leistungsfähigkeit des Arbeitsgedächtnisses, da der Stirnlappen versucht, unseren Emotionscomputer im Gehirn (die Amygdala) neuronal in Schach zu halten. Wichtig ist daher, schlechte Stimmung in Mitarbeitergesprächen oder bei Fortbildungen nach Möglichkeit gar nicht erst aufkommen zu lassen. Ein Anfang kann es sein, kritische Gespräche mit Humor zu beginnen, um so die Aktivierung der Amygdala durch die Macht des Stirnlappens einzuschränken.

Um Ablenkungen in Grenzen zu halten, hilft es im Alltag

schon, die folgende einfache ABC-Regel zu beachten: *A* steht für die bereits erwähnte *Awareness* (Achtsamkeit). Wird bei einer anstrengenden Tätigkeit etwas anderes parallel wichtig, sollte man sich eine Notiz machen und so lange wie möglich bei der aktuellen Aufgabe bleiben. In jedem Fall aber sollte man bewusst entscheiden, ob man seine aktuelle Tätigkeit unterbricht oder weitermacht. Bevor man sich durch einen konditionierten Reflex ablenken lässt (wie aufs Display zu tippen), besser an das *B* denken (*Breath,* Atem) und einmal tief durchatmen! Das soll davor schützen, dass man durch einen antrainierten Automatismus sofort nach dem blinkenden Smartphone greift. Oft reicht diese kurze, bewusst eingebaute Verzögerung, um entscheiden zu können, ob eine eingehende Nachricht es wirklich wert ist, die aktuelle Tätigkeit zu unterbrechen. An dem Punkt kommt das *C* wie *Choice* (Entscheidung) ins Spiel, denn man kann schließlich bewusst entscheiden, ob man sich weiter mit der aktuellen Aufgabe beschäftigt oder sich einer neuen Aufgabe widmet. Entscheidend ist, dies bewusst zu tun und sich nicht fremdgesteuert von Routinen leiten zu lassen.

Eine gute Idee ist es immer, am Beginn einer Tätigkeit ein klares Ziel zu definieren und Zwischenziele schon im Vorhinein festzulegen, damit man Pausen der Belohnung einlegen kann, wenn man sie erreicht. Zwischenziele zu definieren, unterstützt das Gehirn immer wieder bei der Orientierung, genau wie Bojen auf einem Seeweg zu einer schönen Insel. Das hilft nicht nur dabei, lange durchzuhalten, sondern auch dabei, zwischendurch entscheiden zu können, ob nicht eine Pause oder ein Wechsel der Tätigkeiten guttun würde.

Den Fokus aufrechtzuerhalten, ist bei einem eher langfristigen Ziel, das vielleicht noch Tage oder Wochen entfernt liegt, deutlich schwieriger. Oft ist es von Nutzen, den zeitlichen Verlauf eines Projektes zu planen. Das kann der nächste Vormittag sein. Bei längerfristigen Projekten kann man die nächsten Tage und Wochen in Subziele (Meilensteine) unterteilen. Man sollte sich zunächst fragen, wann man sich am besten konzentrieren kann und wie viel Puffer man braucht bis zum nächsten Termin. Für Letzteres gilt: Schon ein zweiminütiges Durchatmen kann helfen, sich danach auf eine neue Aufgabe fokussieren zu können – während umgekehrt ein abgehetztes Aufmerksamkeitssystem (in Form des Arbeitsgedächtnisses im Stirnlappen) weniger leistungsfähig ist.

Unterstützend kann es zudem wirken, wenn wir für eine Aufgabe einen bestimmten Zeitrahmen festlegen. Das ist nicht nur für ein zuverlässiges Zeitmanagement hilfreich, sondern es motiviert und entlastet auch, da man weiß, dass man im Anschluss für weitere, manchmal aktuell noch eintreffende Aufgaben Zeit haben wird. So haben Ablenkungen und Unterbrechungen ihren berechtigten Platz!

Das Gehirn sollte bei allem die Chance bekommen, zwischen zwei Tätigkeiten in seinen Ruhemodus (*default mode*, auch Tagtraummodus genannt) zurückzufallen, denn gerade in diesem Tagtraummodus sortiert es sich neu, verarbeitet unbewusst neue Zusammenhänge, ohne gleich wieder Neues abspeichern zu wollen. Bei aller Konzentriertheit ist es wichtig, den Fokus der Aufmerksamkeit nach einer Arbeitseinheit von etwa ein bis eineinhalb Stunden mindestens kurz zu verlassen. Dann ist auch Zeit, sich in den sozialen Medien zu melden und die Welt wissen zu lassen, dass es einen noch gibt. So eine wohltuende Pause weckt die Neugierde wieder, setzt frische Arbeitsgedächtnis-Ressourcen frei und gönnt dem Gehirn eine Verschnaufpause, weil es anders beansprucht wird. An solchen Schnittstellen ist Ablenkung also sogar ein Gewinn. Auch für längere Besprechungen sollte man nach ein bis eineinhalb Stunden eine Pause einplanen, am besten mit Bewegung.

Weil der zeitliche Zusammenhang nicht so unmittelbar und deshalb nicht so offensichtlich ist, wird häufig unterschätzt, wie wohltuend Schlaf für unsere Aufmerksamkeitssysteme ist. Gerade das Arbeitsgedächtnis in den präfrontalen Arealen erholt sich im Schlaf nachhaltig. Dafür müssen wir allerdings auch mindestens sieben Stunden in der Nacht schlafen (individuelle Abweichungen von plus/minus einer Stunde sind hier im Bereich des Normalen), wie das Team des Schlafforschers Jan Born an der Universität Tübingen zeigen konnte. Wer am nächsten Tag Zeit haben will für ein Mehr an Arbeit und Leistungsfähigkeit, sollte nicht am Schlaf sparen.

Einem Buchautor und Vielleser sei es verziehen, darauf hinzuweisen, dass auch das Lesen von Büchern eine exzellente Achtsamkeitsübung ist, da man nur alle drei Minuten die Seiten weiterblättert und sich demnach auf Handlungen oder Argumentationsstränge länger konzentrieren muss als z. B. beim schnellen Scrollen im Internet. Sie können also jetzt gleich – mit neurobiologischen Argumenten versorgt – anfangen, entspannt ein Buch zu lesen und dies neben dem Lesespaß als regelrechtes Trainingsprogramm für das Gehirn zu begreifen.

Kein Leben ohne Ablenkung

Bei all dem dürfen wir nicht vergessen, dass unser Leben natürlich nicht nur aus Fokussierung bestehen sollte. Denn die ist kein allein selig machender Leistungsfaktor! So braucht zum Beispiel Kreativität mitunter gerade Entspannung und Zerstreuung, damit über assoziative Gedankengänge neue Ideen entstehen. Und auch um die Richtung des eigenen Handelns immer mal wieder zu ändern, Neues zu lernen oder Unerwartetes zu bemerken, bedarf es der Defokussierung.

Wir können festhalten: Fokussierung und Konzentration sind

wichtig, wenn wir etwas bearbeiten, bei dem der Rahmen vorgegeben ist. Wenn wir jedoch neue Ideen brauchen, sind ein Spaziergang, eine Dusche und der Blick, der unfokussiert umherschweift, oft hilfreicher. Die Kreativität nimmt zu, wenn wir Neues miteinander verbinden, und das geht am besten, wenn wir unsere Gedanken im Wechsel scharfstellen (Fokussierung) und Dinge unscharf, weiträumig, eben unfokussiert betrachten.

Wie der Gedanke an nur *ein* Ziel auch zum Problem werden kann, zeigt nachdrücklich der Roman *Moby Dick* von Herman Melville. Hier versucht der erste Steuermann, Starbuck, Kapitän Ahab, den Hauptprotagonisten, von seiner fixen Idee, den weißen Pottwal Moby Dick zu jagen, abzulenken, indem er ihm seine Familie in Nantucket ins Gedächtnis ruft. Ahab aber bleibt unter dem Bann eines »grausamen, unerbittlichen Imperators« – der totalen Fokussierung – auf seinem tödlichen Kurs mit einem Pottwal, mit dem er am Ende in den Tiefen des Meeres verschwindet. Sein grausames Schicksal resultiert aus seiner Unfähigkeit, sich auf ein neues Ziel zu fokussieren.

Es ist also nicht jede Ablenkung schlecht. Wie die meisten von uns aus eigener Erfahrung wissen, können wir uns verzetteln, wenn wir uns zu sehr auf ein kniffliges Problem konzentrieren. Wenn wir uns für einen gewissen Zeitraum von einer solchen Aufgabe entfernen, gehen wir manchmal mit einem Kreativitätsschub an das Problem heran – oder mit einer neuen Perspektive. Nehmen wir als Beispiel Tom Sawyer, der heute vielleicht ein Paradebeispiel für ein an ADHS leidendes Kind wäre. Er rettet sich aus Momenten der Traurigkeit »nicht deshalb, weil seine Probleme weniger bitter oder schmerzlich für ihn wären als die eines Mannes, sondern weil ein neues, heftiges Interesse die Oberhand über sie gewann und sie für eine Weile aus seinem Geist verdrängte – genauso wie die Tragödien der Menschen in der Aufregung neuer Abenteuer vergessen werden«.

Wir verzetteln uns aber auf der anderen Seite, wenn wir jedem Impuls nachgeben – es reicht eben nicht, tausend Dinge anzufangen, ohne einige auch zu Ende zu bringen. Wir müssen lernen, strikter zwischen Online- und Offline-Zeiten zu unterscheiden. Wann immer wir es schaffen, multiple Engagements in verschiedene Tätigkeiten abzulehnen, die nur unsere Aufmerksamkeit spalten und unseren Alltag in unendlich viele, kleine Parzellen fragmentieren, umso mehr können wir letztendlich erreichen. Mit all der Zeit, die wir durch den Verzicht auf Multitasking sparen, können wir vielleicht zu mehr Dingen Ja sagen, die wir wirklich wollen.

Es gilt also, eine Balance zu finden aus Aufmerksamkeit, Achtsamkeit, Fokussierung auf der einen Seite und Ablenkung, Zerstreuung, Defokussierung auf der anderen Seite. Im Moment ist die Balance bei vielen von uns nicht gegeben. Wir fragmentieren unser Lernen, Arbeiten, Denken, ja unser Leben durch digitale Medien bis zur Unkenntlichkeit, verlieren den Fokus. Doch wir mindern auch unsere Kreativität, wenn wir den Tagtraummodus des Gehirns am Bildschirm *(mind wandering)* nicht zulassen. Wenn unsere konzentrierten Tätigkeiten nicht leiden sollen genauso wenig wie auch die Fähigkeit, die Gedanken kreativ schweifen zu lassen, müssen wir strikt zwischen Online- und Offline-Zeiten trennen.

Es ist gut möglich, dass wir diese Balance im – evolutiv gesehen – immer noch neuen digitalen Zeitalter vor lauter Ablenkungen aus den Augen verlieren. Schon T. S. Eliot merkte, als er den Zustand der Gesellschaft zwischen den Weltkriegen in Europa als gehetztes Leben beschrieb, 1936 in seinem Gedicht »Burnt Norton« die »Ablenkung von der Ablenkung durch die Ablenkung« an. Wir sollten nicht zulassen, dass das Urteil über unsere Zeit ähnlich ausfällt, denn schon der antike Philosoph Epiktet wusste: »Wohin du deine Aufmerksamkeit richtest, bestimmt, wer du bist. Wenn du nicht selbst bestimmst, mit welchen Gedanken und Bildern du deinen Kopf füllst, werden es andere für dich tun.«

KAPITEL 2

Born online – unsere digitalen Lebensphasen

Digitales Gemüse kann eine gesunde Nutzung von Bildschirmen sein (Recherche für eine Hausarbeit), während digitale Süßigkeiten (Minecraft, Candy Crush), Übererregung und Dopamin aktivierende digitale Stimulanzien ohne einen offensichtlichen »Gesundheitsnutzen« sind.

Nicholas Kardaras,
US-amerikanischer Psychologe, 2016

Das Internet und die digitalen Medien sind in der Technikgeschichte der Menschheit wohl die Innovationen, die die Welt am schnellsten erobert und die Kommunikation wie die Arbeitswelt maßgeblich revolutioniert haben. In nur wenigen Jahrzehnten hat sich die Art und Weise, wie wir nach Informationen suchen, Medien und Unterhaltung konsumieren und unsere Netzwerke und Beziehungen gestalten, völlig verändert. Mit dem Aufkommen von Smartphones – erste Geräte von IBM gab es bereits 1994, die Verbreitung in die weitere Bevölkerung begann 2007, als das iPhone auf den Markt kam – ist der Internetzugang bequem »tragbar« und allgegenwärtig geworden.

In Deutschland waren 2021 laut der Internationalen Fernmeldeunion der Vereinten Nationen (ITU) lediglich 6 % der 16- bis 74-jährigen Bevölkerung noch nie online, weltweit sind zwei von drei Menschen schon einmal online gewesen.

Unser Gehirn entwickelt sich ein Leben lang. Entsprechend unterschiedlich sind die Anforderungen an die Nutzung digitaler Medien – je nachdem, ob es um Grundschulkinder oder um Senioren geht, ob Jugendliche online spielen oder TikTok-Videos schauen oder ob Arbeitnehmer für eine Weiterbildung lernen –, und genauso unterschiedlich sind ihre Effekte auf unser Gehirn, wie ich im Folgenden – angefangen im Kindergartenalter über die Pubertät bis hin zu Menschen im Rentenalter – versuchen werde zu zeigen. Das kann natürlich immer nur eine Annäherung sein, denn Online-Spiele z. B. sind für viele Menschen jeden Lebensalters attraktiv.

Frühkindliche Gehirne und digitale Medien

Digitale Technik generiert Ängste ebenso wie enthusiastische Hoffnungen, das gilt auch für die Entwicklung von Kindern. Sicher ist wohl, dass wir, im Guten wie im Schlechten, heute Zeugen eines unkontrollierten Versuches zur umfassenden Internetnutzung schon durch ganz junge Menschen sind. Auf der einen Seite plädieren Befürworter dafür, digitale Medien so früh wie möglich in Schule und Privatleben einzusetzen. Kindliche Gehirne könnten die Strukturen digitaler Welten aufgrund ihrer überragenden Lernfähigkeit (Plastizität) gleichsam »aufsaugen«. Als Analogie wird der Erwerb der Muttersprache genannt, die Kindern quasi zufliegt und wie von selbst in die Verschaltungen des Gehirns eingebaut wird, während eine Fremdsprache in späteren Jahren viel mühsamer, langsamer und mit hoher Frustrationstoleranz erlernt werden muss. Auf der anderen Seite warnen die Mahner davor, dass kindliche Gehirne zu viel virtuelles Wissen aufnehmen – auf Kosten von realen Erfahrungen im realen Leben mit realen Menschen.

Diese beiden Pole, »digitaler Neuroalarmismus« vs. »digitaler

Neuroenthusiasmus«, müssen aus meiner Sicht überwunden werden. Denn tatsächlich sind die oben stehenden Annahmen aus Sicht der Hirnforschung so nicht haltbar. Schaden und Nutzen hängen davon ab, was wir am Bildschirm tun, wie oft und in welchem Alter wir digitale Medien, das Internet und virtuelle Inhalte nutzen. Es gilt also zu differenzieren.

Auf der einen Seite gibt es eine gute Evidenz, dass alles, was Kinder und Jugendliche intensiv betreiben, zu funktionellen und strukturellen Veränderungen in vielen Gehirnarealen führt. Sie sind einfach eine Folge davon, dass die Kinder etwas gelernt haben. Die eigentlich wichtige Frage ist aber, *was* sie gelernt haben – und ob sie in der Zeit etwas anderes verpasst haben, etwas, das sie aufgrund einer digitalen »Monokultur«, also einer einseitigen Beschäftigung, nicht gelernt haben. Auf der anderen Seite haben wir keine Belege dafür, dass es eine kritische Altersschwelle für das kindliche Gehirn gibt, jenseits derer es schwieriger wird, digitale Kompetenz zu erwerben. Eine bildungsbedingte Notwendigkeit, digitale Medien früh zu nutzen, besteht also nicht (während es sehr gute, durch Studien belegte Argumente dafür gibt, junge Menschen mehrsprachig aufwachsen zu lassen).

Fest steht auch: Die Nutzung digitaler Endgeräte und Spiele-Apps prägt sich bereits in die frühkindliche Gehirnstruktur ein. Dies ist weder Anlass zur Sorge für Eltern und Erzieher, noch hat es mit einer etwaigen besonders lernbegünstigten Lebensphase wie beim Spracherwerb zu tun. Es ist vielmehr vergleichbar mit dem intensiven Üben eines Musikinstrumentes, das einen ähnlichen strukturellen Einfluss auf ein junges Gehirn hat. Intensives Üben und häufiges Wiederholen einer Tätigkeit führen *immer* zu strukturellen und funktionellen Veränderungen im Gehirn – auf organischer Basis macht genau *das* Lern- und Gedächtnisprozesse aus!

Wir sehen uns die Sache trotzdem noch einmal im Detail an. Der direkteste und einfachste Ansatz zur Klärung der Frage, ob die Nutzung digitaler Medien tiefgreifende Auswirkungen auf das menschliche Gehirn hat, besteht darin, zu untersuchen, ob die Nutzung der Fingerspitzen auf Touchscreens die kortikale Aktivität im motorischen oder somatosensorischen Kortex verändert. Diese Gebiete in der Großhirnrinde steuern unsere Motorik und detektieren Berührungen der Haut. Damit haben sich die Neurowissenschaftlerin Anne Gindrat und ihre Kollegen beschäftigt.

Es war bereits bekannt, dass der kortikale Raum, der den taktilen Rezeptoren auf den Fingerspitzen zugewiesen ist, davon beeinflusst wird, wie oft wir eine Hand benutzen. So sind beispielsweise bei Musikern, die Streichinstrumente spielen, im somatosensorischen Kortex mehr Neurone den Fingern zugeordnet, die sie beim Musizieren benutzen, als denen, die sie nicht benutzen. Diese sogenannte kortikale Plastizität der sensorischen Repräsentation ist nicht auf Musiker beschränkt, sondern tritt beispielsweise auch bei häufig wiederholten Greifbewegungen auf.

Da es bei der Nutzung von Touchscreen-Smartphones zu wiederholten Fingerbewegungen kommt, haben Gindrat et al. mithilfe der Elektroenzephalografie (EEG) kortikale Potenziale gemessen. Sie verglichen, wie sich Unterschiede aus der Berührung der Spitzen von Daumen, Mittel- oder Zeigefinger bei Nutzern von Smartphones mit Touchscreen und Nutzern von nicht berührungsempfindlichen Tasten-Handys auswirken. Die Ergebnisse waren bemerkenswert: Nur Touchscreen-Nutzer zeigten einen Anstieg der kortikalen Potenziale des Daumens und der Zeigefingerspitzen. Diese Reaktionen waren statistisch hoch signifikant mit der Intensität der Nutzung korreliert. Beim Daumen war die Größe der kortikalen Repräsentation sogar mit den täglichen Schwankungen der Touchscreen-Nutzung korreliert (diese Plastizität ist also schnell und reversibel). Die Ergebnisse zeigen deutlich, dass die wiederholte Nutzung von Touchscreens die somatosensorische Verarbeitung in den Fingerspitzen umgestalten kann, außerdem weisen sie darauf hin, dass sich die Repräsentation im Daumen innerhalb eines relativ kurzen Zeitraums (Tage) nach intensiver Nutzung ändern kann.

Daraus lässt sich schließen, dass die kortikale Verarbeitung durch die Nutzung digitaler Medien kontinuierlich beeinflusst wird. Das ist weder besorgniserregend, noch ist es ein Argument dafür, früh mit der Nutzung digitaler Endgeräte zu beginnen, da diese Art der Plastizität in jedem Alter möglich ist. Es ist einfach der Effekt der intensiven Ausübung einer Tätigkeit auf unser Gehirn.

Was nicht untersucht wurde, ist, ob diese Erweiterung der kortikalen Repräsentation in den Fingerspitzen und im Daumen auf Kosten anderer motorischer Koordinationsfähigkeiten erfolgte. Dies sollte unbedingt in Zukunft erforscht werden, denn die Antwort ist von enormer Bedeutung. Heutige Jugendliche sind in ihren sonstigen feinmotorischen Fähigkeiten früheren Generationen unterlegen, und es gibt Befunde, dass die generellen motorischen Fähigkeiten umgekehrt mit der Bildschirmzeit korrelieren. Das könnte entweder auf die Konkurrenz zwischen kortikalem Raum und motorischen Programmen oder auf einen allgemeinen Bewegungsmangel zurückzuführen sein. Und auch wenn generell Vorsicht vor reinen Korrelationen geboten ist, es könnte sein, dass das wichtigste Werkzeug der motorischen Frühförderung ein späterer Beginn der medialen Mediennutzung ist.

Pokémons fürs Leben

Motorische Fähigkeiten sind ein Aspekt der digitalen Mediennutzung, andere sind Sprache, Kognition und Wahrnehmung visueller Objekte im sich entwickelnden Gehirn. Die Neurowissenschaftler Jesse Gomez und seine Kollegen der

Stanford University scannten das Gehirn von erwachsenen Probanden, die als Kinder intensiv das Spiel Pokémon gespielt hatten. Es war bereits bekannt, dass die Objekt- und Gesichtserkennung in höheren visuellen Arealen des Schläfenlappens stattfindet (man nennt diesen Teil des Sehsystems den »ventralen« Verarbeitungsweg).

Typische Pokémon-Figuren sind eine Mischung aus tierähnlichen, vermenschlichten Charakteren und Fantasieobjekten, die man sonst in menschlicher Umgebung nicht sieht. Die Autoren konnten zeigen, dass nur Menschen, die in ihrer Kindheit Pokémon gespielt hatten, als Erwachsene ausgeprägt neuronal mit der Gehirnregion auf Pokémon-Figuren ansprachen, die für die Gesichtserkennung zuständig ist. Diese Daten deuten – als proof of principle – darauf hin, dass die Nutzung digitaler Medien zu einer einzigartigen funktionellen Repräsentation von digitalen Figuren und Objekten auch noch Jahrzehnte später führen kann.

Überraschenderweise zeigten alle Pokémon-Spieler die gleiche Aktivierung für die Figuren in den Gehirnarealen, wo normalerweise Objekte und Gesichter verarbeitet werden. Auch hier ist unklar, ob diese Daten nur die enorme Plastizität des Gehirns – neue Repräsentationen von Objektklassen werden in die höheren visuellen Areale aufgenommen – zeigen oder ob die Objektrepräsentation aus intensiver digitaler Mediennutzung als Folge der Konkurrenz um kortikalen Raum an anderer Stelle negative Konsequenzen hat, z. B. für die Gesichtserkennung und Verarbeitung von natürlichen Gesichtern von Gleichaltrigen oder anderen Menschen.

In diesem Zusammenhang sei erwähnt, dass in Studien zur Empathiefähigkeit junger Erwachsener, z. B. von L. Mark Carrier und Kollegen, eine Korrelation zwischen der mit digitalen Medien verbrachten Zeit und einer geringeren kognitiven Empathie gegenüber anderen Menschen berichtet wurde. Ob dies auf fehlende kognitive Komponenten oder auf Probleme bei der Gesichtserkennung oder mangelnden Kontakt zu Gleichaltrigen (aufgrund von zu viel Online-Zeit) zurückzuführen ist, ist unklar. Außerdem gibt es einige Studien, die *keine* Korrelation zwischen Empathiefähigkeit und Bildschirmzeit belegen. Entscheidend für die unterschiedlichen Ergebnisse könnte sein, wie viele reale Kontakte junge Menschen neben der Bildschirmzeit haben.

Ein Kommentar noch zu Aussagekraft von Korrelationen, die häufig zu Recht infrage gestellt werden. Das zentrale Problem wird in der Statistik mit »Nonsens-Korrelationen« *(spurious correlations)* bezeichnet. Damit ist gemeint, dass man bei einem Vergleich von zwei Zeitreihen mit einem Trend eine hohe Korrelation erhalten kann, selbst wenn zwischen den beiden Zeitreihen kein Zusammenhang existiert. So erhält man beispielsweise in der Analyse US-amerikanischer Daten eine fast perfekte Korrelation zwischen der Anzahl von Personen, die jährlich sterben, weil sie sich in ihrem Bettlaken verheddern (das gibt es!), und dem durchschnittlichen jährlichen Pro-Kopf-Käsekonsum (www.tylervigen.com/spurious-correlations) – alles, wie man sich denken kann, zufällige Korrelationen ohne kausale Beziehung. Hier muss man sich klarmachen, dass etwas als statistisch signifikant bezeichnet wird, wenn man sich zu 99,9 % oder 99,99 % sicher ist, dass das Ergebnis nicht zufällig entstanden ist – was im Umkehrschluss aber bedeutet, dass, wenn man tausend Korrelationen feststellt, mindestens eine dabei ist, die eben doch zufällig ist.

Ein anderes Beispiel: Je weniger Haare man auf dem Kopf hat, desto höher ist das jährliche Einkommen. Korrelation oder kausale Beziehung, sprich: Wird man wirklich reicher, weil die Haare ausfallen? Die simple Erklärung lautet, dass mit zunehmendem Lebensalter nun mal viele Menschen ihre Haare verlieren. Zugleich erhöht sich oft der jährliche Verdienst, weil viele Menschen über die Arbeitsjahre hinweg in höhere berufliche Positionen aufrücken. Es handelt sich eben um eine bloße Korrelation: Zwei Entwicklungen verlaufen gleichzeitig und parallel zueinander, ohne kausalen Bezug.

Anders verhält es sich, wenn man zwischen den korrelierenden Zeitreihen weitere erhärtende Daten hat, die den Mechanismus einer Korrelation erklären, oder mehrere vergleichende Untersuchungen, die unabhängig voneinander zu einem ähnlichen Ergebnis kommen. Dann kann man einen kausalen Zusammenhang in Betracht ziehen. So wie bei den Studien zur Empathiefähigkeit. Die meisten deuten stark darauf hin, dass eine negative Beziehung besteht, die kausal damit zusammenhängt, dass es jungen Menschen schwerer fällt, sich in die Köpfe anderer Menschen zu versetzen, wenn sie schon zu Grundschulzeiten viele Stunden am Tag mit Tablets, Spielkonsolen und Handys verbringen, statt mit gleichaltrigen Freunden zu spielen. Man könnte also aus diesen Studien ableiten, dass die Bildschirmzeit (egal, an welchem Gerät) bei Kindern bis zum zehnten Lebensjahr besonders stark reglementiert werden sollte. So würde man jungen Gehirnen die Möglichkeit einräumen, in der direkten Interaktion mit Gleichaltrigen, Eltern und Freunden genügend Erfahrung zu sammeln, um Gefühle und Gedanken anderer Menschen möglichst genau zu erkennen. Um neuronale Kapazitäten für die emotionale Intelligenz anzulegen, ist es eine wichtige Voraussetzung, reale Menschen zu treffen. Chatrooms allein reichen dafür nicht aus. Dies ist kein Argument gegen Bildschirmzeit generell, sondern ein Argument für eine gesunde Balance zwischen Online- und Offline-Zeiten. Eine Faustregel könnte lauten: Je jünger die Menschen sind, desto realer sollte die Welt um sie herum sein.

Ganz im Sinne von Augustinus' Weisheit »Das Leben der Eltern ist das Buch, in dem die Kinder lesen« gilt aber gerade für die

Kindesentwicklung, dass es nicht nur darum geht, wie viel Bildschirmzeit die Kinder selbst haben, sondern auch darum, wie die Erziehungsberechtigten um sie herum Medien nutzen. Mehrere Studien weltweit haben gezeigt, dass ganz generell die Schulleistung von Kindern um 6 % besser wird, wenn ihre Handynutzung zeitlich reglementiert wird. Bei schwächeren Schülern verbesserte sich die Schulleistung sogar um 14 %, wie eine große Studie von Beland und Murphy bereits 2016 belegte. Inwieweit sich die Schulleistung verändert, wenn die Nutzung digitaler Medien bei Eltern eingeschränkt und ebenfalls zeitlich reglementiert wird, ist bislang noch nicht untersucht.

Eine Studie von Chen Yu von der Indiana University in den USA hat ergeben: Je besser die Eltern darin waren, sich nur einer Sache zu widmen (ohne Unterbrechungen!), umso konzentrierter waren auch deren (Grundschul-)Kinder. Umgekehrt zeigt die Studie, dass Kinder umso schneller Spiele abbrachen, je häufiger die Eltern auf ihre Handys schauten. Kinder imitieren nicht nur das Online-Verhalten der Eltern. Auch wie konzentriert sie versuchen, bei einer Tätigkeit zu bleiben, wird davon beeinflusst, was ihre Eltern ihnen vorleben!

Wie ablenkbar Erwachsene sein können, beschreibt der Autor Nir Eyal in seinem lesenswerten Buch *Die Kunst, sich nicht ablenken zu lassen*. Er berichtet am Anfang, was ihn veranlasst hat, ein Buch über die »Gefahren« der digitalen Ablenkbarkeit zu schreiben: Er spielt gerade mit seiner Tochter, als eine Nachricht auf dem Handy eintrifft und er das Spiel unterbricht. Das nutzt die Tochter, um aus dem Spielgeschehen heraus zu fragen, was denn seine Superkraft sei. Als Vater will man so etwas gefragt werden und eine coole Antwort geben. Eyal reagiert aber nicht gleich, weil er noch schnell die eingegangene Nachricht beantwortet. Als er wieder aufblickt und antworten will, ist seine Tochter weg …

Wenn Eltern mit ihren Kindern spielen, sollten sie sich ganz auf das Kind und das Spielen fokussieren und möglichst vermeiden, gleichzeitig noch etwas anderes zu tun – davon profitiert dann auch das zukünftige Spielverhalten der Kinder. Die Zeit, die Eltern spielend mit ihren Kindern verbringen, nimmt ohnehin schon seit Jahren ab – sicher nicht zuletzt aufgrund der allgegenwärtigen medialen und digitalen Konkurrenz, auf die die Aufmerksamkeit der Eltern leicht gelenkt wird.

Wie stark sich die digitale Mediennutzung von Erziehungsberechtigten schon auf Vorschulkinder auswirkt, zeigt auch die folgende Studie, für die knapp 200 Eltern-Kind-Beziehungen über sechs Monate beobachtet wurden: Je mehr Zeit Eltern an Bildschirmen verbrachten, umso aggressiver und unruhiger waren ihre zweijährigen Kinder. Vermutlich, um die Aufmerksamkeit der Eltern zu gewinnen.

Die Zeit des freien Spielens, der Interaktion von Eltern mit ihren Kindern und deren Chance, (medien-)freie Zeit für sich und Freunde zu haben, ist wichtig. Ein Grund liegt darin, dass Kinder in diesen Zeiten lernen, selbst Entscheidungen zu treffen und ihr Leben mitzugestalten. All das steigert die Selbstkompetenz, die bei Schülern und Schülerinnen einen wichtigen Faktor für den Schulerfolg darstellt.

Die OECD, eine Organisation von 38 Ländern mit vergleichsweise hohem Lebensstandard, definiert Selbstkompetenz (auch personale Kompetenz) so: »Selbstständiges Handeln, das den Einzelnen in die Lage versetzt, sein Leben durch eigenständiges Kontrollieren der Lebens- und Arbeitsbedingungen auf verantwortungsvolle und sinnvolle Weise zu gestalten. Die Fähigkeit, in einem größeren Rahmen oder Kontext zu agieren, Lebenspläne und persönliche Pro-

jekte zu entwickeln und zu handhaben sowie seine eigenen Rechte, Interessen, Grenzen und Bedürfnisse zu verteidigen und zu behaupten, ist sehr wichtig für die effektive Teilhabe an den verschiedenen Lebensbereichen – am Arbeitsplatz, im persönlichen und familiären Leben und im bürgerlichen und politischen Leben.«

Die neueste OECD-Studie von 2021 unter Federführung des deutschen Bildungsforschers Andreas Schleicher zeigt, dass in Deutschland die Selbstkompetenz und Selbstwirksamkeit von Jugendlichen, ihr Glaube an die eigene Fähigkeit, mit Lernsituationen effektiv umzugehen und Schwierigkeiten zu überwinden, sinkt. Was diskutiert werden müsste, ist, ob auch dies mit einem zunehmenden Medienkonsum in dem Sinne zusammenhängt, als dass dadurch bedingt weniger Zeit für freies kreatives Spielen vorhanden ist. Studien deuten darauf hin, dass kreatives Spielen die Selbstwirksamkeit steigert. Ist freies Spielen gerade in der Vorschul- und Kindergartenphase nur eingeschränkt möglich, sinkt die Selbstwirksamkeit.

Negative Effekte auf das Sprachvermögen

In diesem Zusammenhang sind die Ergebnisse der amerikanischen Kommunikationswissenschaftlerin Sherry Turkle erhellend. Sie führte eine Langzeitstudie über 15 Jahre hinweg durch und konnte eindeutige Belege finden, dass heutige Jugendliche immer abhängiger werden von der Resonanz anderer in den sozialen Netzwerken, während sie sich weniger eigenständig beschäftigen und selbstständig mit den Herausforderungen des Lebens auseinandersetzen – was in Turkles Augen mit einer geringeren Selbstkompetenz einhergeht. Die Entwicklung der Persönlichkeit ist also ein Aspekt, den man berücksichtigen muss, wenn es um die Auswirkungen unseres digitalen Lebens auf Kinder und Jugendliche geht.

Ein anderer ist die oft beklagte, aber wenig systematisch erforschte Sprachkompetenz heranwachsender Generationen. Inwiefern die Entwicklung der menschlichen Sprachzentren im Gehirn – vor allem die des Wernicke-Areals für Semantik und die des Broca-Areals für die Motorik und die Grammatik der Sprache – durch intensive Nutzung digitaler Medien beeinflusst wird, haben John Hutton et al. vom Cincinnati Children's Hospital Medical Center 2020 mithilfe einer ausgefeilten Diffusions-Tensor-MRT-Technik untersucht. Diese Methode liefert Aufschluss darüber, wie gut Gehirnareale miteinander vernetzt sind und welche Datenleitungen (Bündel von Axonen) besonders effektiv und schnell Informationen übertragen. Darüber hinaus verwendeten die Autoren kognitive Aufgaben für Vorschulkinder im Zusammenhang mit der Nutzung digitaler Medien. Diese wurden standardisiert mit einem 15 Punkte umfassenden Screening-Tool für Eltern (ScreenQ) ergänzt, das die Empfehlungen der American Academy of Pediatrics (AAP) zu bildschirmbasierten Medien widerspiegelt. Die ScreenQ-Scores wurden dann statistisch mit der Diffusions-Tensor-MRT-Messung und mit kognitiven Testergebnissen korreliert, jeweils mit Kontrollgruppen für Alter, Geschlecht und Haushaltseinkommen.

Die Ergebnisse waren niederschmetternd. Die Autoren fanden eine klare Korrelation zwischen intensiver frühkindlicher digitaler Mediennutzung und einer schlechteren mikrostrukturellen Integrität der Datenverbindungen zwischen dem Broca- und dem Wernicke-Areal im Gehirn. Bekannt war bereits vor dieser Studie, dass Sprachverständnis und -fähigkeit stark mit der Entwicklung dieser Faserbahn korrelieren. Nicht überraschend beobachteten Hutton und Kollegen eine geringere Lese- und Schreibfähigkeit bei Kindern mit hoher Bildschirmzeit, selbst wenn das Alter und das durchschnittliche Haushaltseinkommen durch eine Kontrollgruppe als Faktoren eliminiert wurden. Die Nutzung digitaler Medien war außerdem mit signifikant niedrigeren Werten in den exekutiven Funktionen (Konzentrationsfähigkeit, Impulskontrolle) korreliert. Die Autoren schlussfolgern: »In Anbetracht der Tatsache, dass die bildschirmbasierte Mediennutzung allgegenwärtig ist und bei Kindern im häuslichen Umfeld, in der Kinderbetreuung und in der Schule zunimmt, legen diese Ergebnisse die Notwendigkeit weiterer Studien nahe, um die Auswirkungen auf das sich entwickelnde Gehirn zu identifizieren, insbesondere während der Phasen des dynamischen Gehirnwachstums in der frühen Kindheit.«

Hutton und Kollegen weisen auch darauf hin, dass die Lesefähigkeit beeinträchtigt werden kann, wenn die Faserbahnen zwischen den Sprachbereichen nicht voll entwickelt sind. In Anbetracht der Tatsache, dass die Lesefähigkeit bei Kindern ein hervorragender Prädiktor für ihren Schulerfolg ist, wäre es von Vorteil, auch die Nutzungszeit digitaler Medien in Korrelation zum Schulerfolg zu untersuchen.

Darüber hinaus wäre es interessant, sich anzusehen, ob das Lesen von gedruckten Büchern andere Auswirkungen hat als das Lesen von E-Books und Websites. Meine Hypothese ist, dass es mit der vermehrten Nutzung elektronischer Medien eine Veränderung in der Art und Weise geben könnte, wie das menschliche Gehirn Sprachinformationen verarbeitet. Die veränderten Lesegewohnheiten könnten insbesondere Auswirkungen auf Leseanfänger und auf Kinder mit einer Leseschwäche haben.

Charlotte Grosse Wiesmann in der Arbeitsgruppe von Angela Friederici am MPI für Kognitions- und Neurowissenschaften in Leipzig hat kürzlich mit solchen Untersuchungen begonnen. Für ihre Studie wurden Kinder mit fMRT beobachtet, als sie in getrennten Durchläufen jeweils fünf Minuten drei ähnliche Geschichten im Audio- oder nur illustrierten oder nur animierten Format hörten bzw. sahen, gefolgt von einem Test zur Faktenerinnerung. Die funktionelle Konnektivität innerhalb und zwischen den Gehirnnetzwerken wurde über die getesteten Formate hinweg mit fünf funktionellen Gehirnnetzwerken verglichen, die jeweils zuständig sind für die visuelle Wahrnehmung bewegter Bilder, die Verarbeitung von illustrierten Bildern in Büchern, Sprache, *Default Mode Network* (Tagtraummodus) und kortikale Assoziation. Verbrachten Vorschulkinder mehrere Stunden am Tag vor Bildschirmen (Smartphone, Tablet, Fernseher), war im Vergleich zu Testergebnissen bei der Nutzung von Hörbüchern die funktionelle Konnektivität innerhalb des Sprachnetzwerks verringert. Insgesamt war die Konnektivität zwischen den Netzwerken für alle Kinder bei Animation im Vergleich zu den anderen Formaten, insbesondere Illustration, vermindert, was auf eine Vorliebe für visuelle Wahrnehmung auf Kosten der Netzwerkintegration im Sprachbereich hinweist.

Diese Ergebnisse deuten auf erhebliche Unterschiede in der funktionellen Netzwerkkonnektivität des Gehirns für animierte und traditionellere Geschichtenformate bei Kindern im Vorschulalter hin. Und darauf, worin die Attraktivität von illustrierten Kinderbüchern in diesem Alter als effizientes Gerüst für die Sprache liegen könnte bzw. welche neurobiologischen Prozesse diesen Formaten zugrunde liegen. Unterschiedliche Formen des »Geschichtenerzählens« setzen ganz unterschiedliche neurobiologische Prozesse in Gang: Illustrierte Kinderbücher haben in diesem Alter für die sprachliche Entwicklung von Kindern einen wesentlich günstigeren Einfluss als Filme.

Die Studie bestätigt, dass tiefes, reflektiertes Lesen durch die Nutzung digitaler Medien negativ beeinflusst wird. Was trotzdem auch erwähnt werden sollte: Während die Verschiebung des

Lesemusters die Entwicklung der vertieften Lesefähigkeiten bei jungen Erwachsenen zwar bedrohen könnte, bieten digitale/elektronische Medien auf der anderen Seite einen noch nie da gewesenen Zugang zu Informationen und Lernwerkzeugen für Kinder (s. Kap. 3).

Zusammengenommen deuten die oben beschriebenen Studien an, dass die intensive Nutzung von Smartphone und Tablet im Vorschulalter die Sprachfähigkeit (Wortschatz, Lese- und Schreibfähigkeit) negativ beeinflusst. Die neuronalen Netzwerke von Kindern gewinnen zwar durch die Verarbeitung komplexer visueller Reize, aber das wiegt den negativen Effekt auf das Sprachvermögen und auf die Konzentrationsfähigkeit bei Weitem nicht auf. Vor allem zeigen die neurobiologischen Befunde, dass die Konnektivität, also die Vernetzung der Sprachareale zwischen Schläfenlappen und Stirnlappen, leidet. Darüber hinaus können sich negative Effekte in Bezug auf die Konzentrationsfähigkeit durch eine verminderte Leistungsfähigkeit des Stirnlappens schon frühkindlich einstellen. Wohl einer der größten evolutiven Vorteile unserer Spezies war die Möglichkeit, mithilfe eines Stirnlappens im vorderen Teil unserer Großhirnrinde vorausschauend zu denken. Dieser Stirnlappen allein ist größer als das gesamte Gehirn der meisten Tiere. Durch die Fähigkeit, sich die Zukunft vorzustellen, sie zu antizipieren und zu simulieren, konnten in den Köpfen unserer Vorfahren schlechte Ideen sterben, sodass sie keinen Schaden anrichteten. Vorausschauendes Denken erlaubt es auch, Ackerbau zu betreiben, bei dem man die Früchte der Natur, statt sie gleich zu essen, im Boden vergräbt oder Samen aussät und dann lange warten muss, bis man ernten kann. Eigentlich ist es in Bildungsfragen ähnlich: Je mehr man in die nachfolgende Generation und deren Ausbildung investiert, umso größer wird der Wohlstand in der Zukunft sein. Leider verlässt uns manchmal diese Weitsicht – wie man etwa am Lehrermangel sieht, obwohl man sehr gut die Anzahl der Schülerinnen und Schüler anhand der Stärke der Geburtsjahrgänge schon sechs Jahre im Voraus absehen könnte.

Smartphone-Nutzung nach Altersgruppen

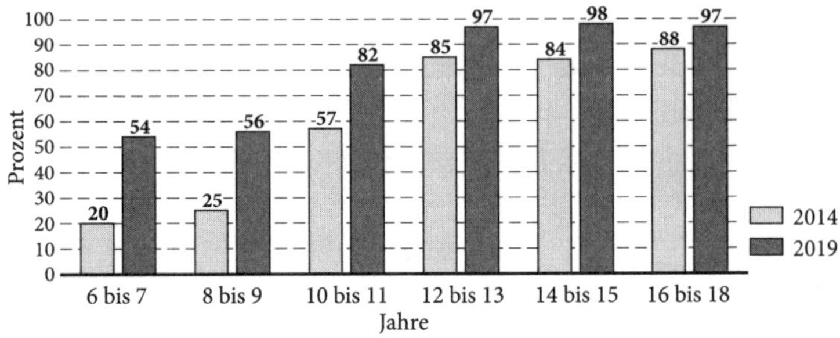

Abb. 6: In der Gruppe der Sechs- bis Siebenjährigen hat sich die Zahl derer, die zumindest ab und zu ein Smartphone nutzen, seit 2014 verdreifacht, bei den 8- bis 9-Jährigen verdoppelt. Bitkom-Studie »Kinder und Jugendliche in der digitalen Welt«, 915 Teilnehmende (6 bis 18 Jahre), Bitkom Research im Auftrag des Digitalverbands Bitkom, im März/April 2019

Digitale Medien im Kindergartenalter

Im Kindergarten und in der Grundschule sollte meines Erachtens weitgehend auf digitale Medien verzichtet werden. Und zwar nicht, weil sie dort zwangsläufig einen schlechten Einfluss hätten, sondern weil es wichtig ist, Schutzräume zu schaffen. Kinder sollten dort mit anderen Kindern und mit den Betreuern und Betreuerinnen und den Lehrpersonen interagieren. Zu Hause dominieren möglicherweise digitale Erfahrungen – Bildungseinrichtungen könnten zumindest in jungen Jahren kompensatorisch Gegenwelten aufbauen und so die ganze Vielfalt menschlicher Kompetenzen und Möglichkeiten fördern, von der Feinmotorik über Sport und Spiel und Wissen bis hin zur Förderung von

Selbstkompetenz. Leider zeigen Studien, dass gerade in sozialen Brennpunkten, in denen man Kindergärten mit besonders intensiver und zeitlich aufwendiger Betreuung bräuchte, der Personalschlüssel ungünstiger ist als in gut situierten Wohnvierteln. Der Einsatz digitaler Medien lässt die Bildungsschere noch weiter aufgehen. Nur Kinder, denen zu Hause selbstständiges Lernen vorgelebt wird und die hier Hilfestellung bekommen, profitieren von Online-Lernmöglichkeiten in Kita und Grundschule. Alle anderen, vor allem Kinder, die keinen eigenen Lernraum haben und keine gute häusliche digitale Infrastruktur, verlieren weiter den Anschluss, wenn Bildungseinrichtungen bereits für diese Altersgruppe auf digitales Lernen setzen.

Die Schulen schaffen es immerhin, die Schere der erworbenen Kompetenz zwischen den Kindern nicht weiter aufgehen zu lassen – allerdings nur dann, wenn auch Unterricht stattfindet. Das Homeschooling während der Corona-Lockdowns hat die Leistungsdifferenzen zwischen sozial ungleichen Gruppen weiter verschärft, wie Studien des ifo Instituts aus den Jahren 2020 und 2021 zu entnehmen ist. Noch dramatischer sind die sozialen Auswirkungen der Ausfälle im Kitabereich, denn in diesem Alter werden die Grundlagen angelegt, die einen späteren Schulerfolg ermöglichen oder ihm im Wege stehen – zwei Drittel der Varianz vom Mittelwert stammen aus dieser Zeit und machen einen großen Teil der Ungleichheit aus, die zu einer Bildungsschere führt, die vor allem Kinder benachteiligt, die in ökonomisch schwachen, bildungsfernen Familien aufwachsen. Schulunterricht im Klassenverband, also in Schul- und Kindergartengebäuden, ist somit auch eine Frage der sozialen Gerechtigkeit. Darüber hinaus braucht es Angebote, Eltern zu vermitteln, wie sie mit einfachen Mitteln ihre Kinder fördern können und wie schädlich frühkindlicher Konsum digitaler Medien für das kindliche Gehirn sein kann.

Zocken und Liken: digitale Medien in der Pubertät

Eine besonders wichtige Zeit für die Entwicklung des Gehirns ist die Adoleszenz, in der sich Gehirnareale, die an emotionalen und sozialen Persönlichkeitsaspekten oder an der Ausbildung des Charakters beteiligt sind, intensiv verändern. Alle Aktivitäten, die von Jugendlichen in dieser Zeit intensiv betrieben werden, können einen nachhaltigen Effekt auf das Gehirn haben. Dazu gehören auch soziale Medien.

Wie immer sollte man bei der Betrachtung nicht nur danach fragen, welche Effekte diese digitalen Aktivitäten auf das Gehirn haben, sondern auch, welchen Beschäftigungen Jugendliche eventuell durch eine intensive Mediennutzung *nicht* nachgehen, etwa Sport, Musizieren oder das Treffen von Freunden. Gerade Letzteres ist besonders wichtig. Jugendliche interagieren heute über die sozialen Medien zwar meist mit vielen Gleichaltrigen gleichzeitig, treffen sie allerdings oft nicht persönlich. Sie verarbeiten Emotionen anders, und die Unterschiede zu früher korrelieren hoch damit, wie intensiv sie soziale Medien nutzen.

Hinweise auf die Gründe liefert das Volumen der grauen Substanz der Amygdala, einem Hirnareal, das für Emotionen zuständig ist. Hier zeigt sich korreliert mit der Stärke der digitalen Mediennutzung eine Abnahme im Volumen, was darauf hindeutet, dass die Gehirnentwicklung in diesem für das Erkennen von Emotionen so wichtigen Gehirnareal leidet. Soziale Medien, vor allem wenn sie kombiniert sind mit internetbasierten Computerspielen, könnten das Verhalten und die emotionale Entwicklung Jugendlicher an zwei Stellen beeinflussen: Zum einen wenn es um die Verbindung mit anderen geht und um die Notwendigkeit, zu einer Peergroup zu gehören. Zum anderen bei der Frage, wie viel Wert ein Heranwachsender auf den Eindruck legt, den er oder sie auf andere macht. Letzteres wird auch als *impression management* bezeichnet und meint den Aufbau von Reputation durch Online-

Aktivität. Diese beiden Aspekte sind von besonderer Relevanz, denn gerade Jugendliche zeigen in ihrem Selbstwertgefühl eine starke Abhängigkeit von der Resonanz und dem Zusammengehörigkeitsgefühl, die sie von und mit anderen Jugendlichen erleben. Wenn junge Menschen weniger Zeit mit anderen Jugendlichen in einem Raum verbringen, sind sie weniger gut darin, Informationen hinsichtlich ihres Wahrheitsgehaltes einzuschätzen. Es fehlt an dem, was man als gesunden Menschenverstand bezeichnet. Gerade Jugendliche, die viele Stunden am Tag online sind, sind entsprechend besonders anfällig für Fake News oder Schocknachrichten und sind – wie die neueste OECD-Studie aus dem Jahr 2021 zeigt – oft nicht in der Lage, eine offensichtliche Fake-News-Website von einer realen Nachrichtenseite zu unterscheiden. Nur 45 % der 15-Jährigen konnten zwischen Tatsache und Meinung trennen. Dazu kommen unrealistische Selbsterwartungen, etwa durch geschönte Instagram-Fotos und Selbstberichte anderer Art.

Mehrere Studien belegen, dass die Emotionsregulation durch intensive Nutzung sozialer Medien (auf Kosten realer Treffen mit Freunden) schwerer fällt. Was bei diesem Thema allerdings fehlt, sind Längsschnittstudien. Zu untersuchen, ob das jugendliche Gehirn sensibler als das erwachsene auf soziale Netzwerke reagiert und ob der Mangel an direkter persönlicher Interaktion sich nachhaltig auf die Gehirnentwicklung auswirkt, wäre insofern essenziell, als obige Befunde zwar aussagekräftige und bedeutungsvolle Korrelationen sind, aber nicht dokumentieren, ob die soziale Kompetenz von Jugendlichen, die viele Stunden online sind, deshalb geringer ist, oder ob umgekehrt fehlendes soziales Einfühlungsvermögen und fehlende soziale Kontakte der Grund für die vielen Online-Stunden sind.

Die bisher wohl größte Studie zur psychischen Verfassung von Jugendlichen wurde von Dr. Jean M. Twenge, Professorin für Psychologie an der San Diego State University und eine der weltweit führenden Generationsforscherinnen, durchgeführt. Die Daten stammen aus »Monitoring the Future« – einem Projekt, für das mehr als eine Million Jugendliche in den USA in der 8., 10. und 12. Schulklasse von 1991 bis 2015 befragt wurden. Die Teenager in den USA (die repräsentativ auch für deutsche Jugendliche stehen) gaben unter anderem Auskunft zu ihrer digitalen Techniknutzung und Freizeitgestaltung sowie dazu, wie zufrieden sie insgesamt mit ihrem Leben sind, wie viele Freunde sie haben und wie lange sie schlafen.

Zu wenig Schlaf

Prozentsatz von 8.-, 10.- und 12.-Klässlern, die meistens weniger als sieben Stunden pro Nacht schlafen

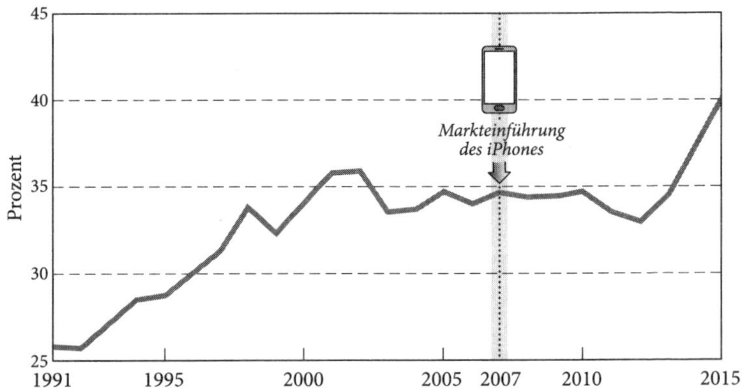

Abb. 7: Allein zwischen 2012 und 2015 ist die Anzahl der Teenager, die weniger als sieben Stunden pro Nacht schlafen, um 22 % gestiegen.

Die Ergebnisse waren vor allem im Hinblick auf die Nutzung sozialer Medien ebenso überraschend wie beunruhigend, denn egal ob Tablet, Laptop oder Smartphone – schon ab einer Stunde Nutzung pro Tag verschlechterte sie die Grundstimmung der

Immer weniger Treffen mit Freunden

Wochenstunden, die Teenager mit Freunden verbringen

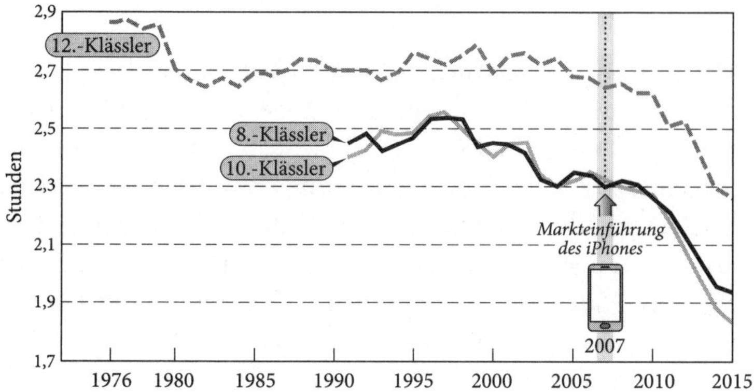

Einsame Jugendliche

Anteil der Jugendlichen, die dem Satz »Ich fühle mich oft ausgeschlossen« oder »Ich fühle mich oft einsam« (meistens) zustimmen

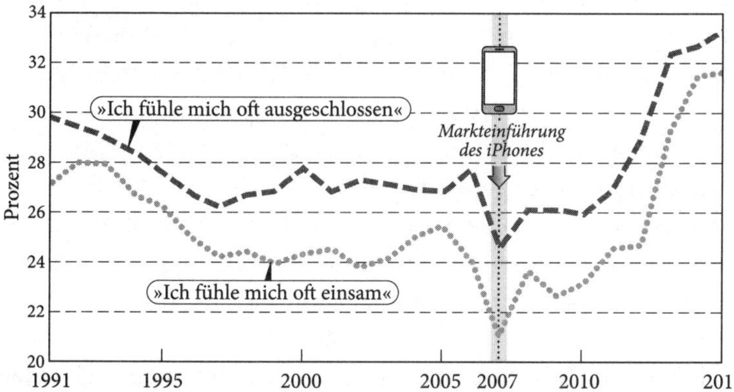

Abb. 8–9: Mit zunehmender Smartphone-Nutzung verändert sich bei 12- bis 18-Jährigen das soziale Verhalten und die psychiatrischen Probleme nehmen zu. Depressionen und Angststörungen stiegen bei den 12- bis 18-Jährigen im Zeitraum von 2008 bis 2018 um 33 %.

pubertierenden Jugendlichen. Was ihr subjektives Wohlbefinden und Glück anging, waren die Teenager umso unzufriedener, je mehr Zeit sie am Bildschirm verbrachten – sei es zum Computerspielen, zum Chatten oder zum Surfen in sozialen Netzwerken. Gleichaltrige, die lieber lasen, Sport trieben oder sich mit ihren Freunden trafen, bekundeten mehr Zufriedenheit. Seit dem Jahr 2010 – als iPhones schon drei Jahre nach der Einführung flächendeckend in den USA von Jugendlichen verwendet wurden – fühlen sich Teenager im Hinblick auf ihr Wohlbefinden, ihr Selbstbewusstsein und ihre Zufriedenheit schlechter, zudem nahm ihre Schlafdauer ab, wie die Studien von Jean M. Twenge zeigen.

Erstaunlich ist vor allem, dass die befragten Jugendlichen sich insgesamt einsamer fühlten, wenn sie viele Stunden online verbrachten. Weiterhin zeigten die Daten eine Korrelation dahin gehend, dass Jugendliche nicht mehr so oft Alkohol trinken wie vor 20 Jahren, seltener Liebesbeziehungen eingehen, Geschlechtsverkehr haben und schwanger werden sowie weniger jobben, um sich etwas Geld zu verdienen.

Das klingt zwar nicht rundum schlecht. Doch ob der intensive Gebrauch des Smartphones tatsächlich dazu beiträgt, dass Jugendliche sich insgesamt unglücklicher und einsamer fühlen oder ob nicht umgekehrt unzufriedene Teenager eher in die digitale Welt flüchten, lässt sich anhand der Daten nicht beurteilen. Die zufriedensten Teenager der Stichprobe waren diejenigen, die etwas weniger als eine Stunde täglich in der digitalen Welt verbrachten (nicht gerechnet die Nutzung digitaler Medien für die Schule) und damit den größten Teil ihrer Zeit offline waren – und nicht etwa jene, die gar keine digitalen Medien nutzten.

Da parallel zu dieser mehrjährigen Befragung der Anteil der Jugendlichen, die ein Smartphone besitzen, auf über 50 % anstieg (heute liegt der Anteil in den USA bei über 90 %), ist Jean M. Twenge davon überzeugt, dass diese parallele Entwicklung einer flächendeckenden und intensiven Smartphone-Nutzung bei vielen Jugendlichen die plausibelste Erklärung liefert für den doch relativ plötzlichen Einbruch ihres psychologischen Wohlbefindens. So nahmen etwa Angststörungen nahezu parallel zur Zunahme der Smartphone-Nutzung signifikant zu (die Studie von Frau Twenge läuft bereits seit dem Jahr 2000). Auch daran, dass Jugendliche heute 30 Minuten weniger pro Nacht schlafen als Gleichaltrige vor 20 Jahren, dürfte die neue, unentwegte Smartphone-Nutzung ihren Anteil haben, denn die meisten Jugendlichen daddeln bis kurz vor dem Einschlafen auf ihrem Smartphone. Neben dem, was da an Nachrichten gelesen wird oder an – womöglich aufwühlenden – »Likes« (»Gefällt mir«) eingeht oder auch *nicht*, halten nicht zuletzt die LED-Bildschirme wach durch ihren hohen Blauanteil, den sie abstrahlen (wenn man nicht den Nachtmodus anstellt). Er aktiviert Fotorezeptoren in der Netzhaut des Auges, die wiederum die Melatonin-Ausschüttung unterdrücken und das Einschlafen künstlich nach hinten verschieben.

Während die unbedachte und eigentlich auch unnötige Beschäftigung mit dem Smartphone sicher einen erheblichen Anteil am zunehmenden Schlafmangel Jugendlicher hat, ist bei den anderen Korrelationen über den Zusammenhang der Smartphone-Nutzung mit Veränderungen im Verhalten junger Menschen die Interpretation schwieriger. Dazu kommt, dass es vermutlich Risikogruppen von Jugendlichen gibt, die auch ohne Handy leicht ablenkbar wären. Diese Schwäche könnte durch die direkte Verfügbarkeit sozialer Medien verstärkt werden, wobei vor allem das Arbeitsgedächtnis leidet und die Konzentrationszeiten sich weiter verkürzen. Es wäre aber auch möglich, dass Jugendliche, die sich ausgeschlossen fühlen, familiären oder schulischen Stress haben, im Internet oder in sozialen Medien schnell Ablenkung oder Ersatz suchen. Entsprechend geben diese Jugendlichen an, dass sie soziale Medien mehr als 35 Stunden pro Woche nutzen, sich einsam fühlen und weniger Freunde als andere haben. Das heißt im Umkehrschluss aber auch, dass Einsamkeit nicht kompensiert werden kann durch digital basierte soziale Netzwerke. Am besten ist es vermutlich, wenn Jugendliche heute beides tun: sich mit Freunden treffen ebenso wie chatten, posten oder streamen.

Warum Jugendliche sich so leicht zum Chatten, Liken und Daddeln verführen lassen, ist eine andere Frage. Das geschieht ja nicht, weil soziale Netzwerke oder Computerspiele ihre krakenartige Macht von sich aus entfalten, sondern: Ablenkbar *will* man sein. Dass es eine Art Trio infernale der Ablenkung gibt, ist unbestreitbar: 1. die schiere Masse der verfügbaren Informationen, 2. die Geschwindigkeit, mit der sie verbreitet werden, 3. die Allgegenwart und sofortige Verfügbarkeit neuer Inhalte.

Bei Jugendlichen kommen oft noch tiefergehende Gründe dazu, die spezifisch sind für dieses Lebensalter. Oft flüchten sie in eine »einfachere« Online-Welt, weg von den Unberechenbarkeiten direkter sozialer Interaktion, und versuchen so, Konflikten aus dem Weg zu gehen. Doch leider macht alles, was Unbehagen beseitigt, potenziell süchtig. Erst wenn man die Triebkräfte des jugendlichen Verhaltens genauer kennen würde, könnte man Veränderungen bewirken bzw. den digitalen Medienkonsum besser kanalisieren und verstehen. Vielleicht müssen wir uns nicht nur mit den Verführungstechniken von sozialen Netzwerken und Computerspielen beschäftigen, sondern auch stärker damit, wie die Lebenswirklichkeit von Jugendlichen bei uns heute aussieht. Welchen Rückhalt geben Familien, welche Wertschätzung erfahren Jugendliche, und welche Zukunftsperspektiven haben sie? Finden die Schulen das richtige Maß an für Teenager relevanten Themen, und stehen Anspruch und Unterstützung in einem rechten Verhältnis zueinander?

Eines kann man sicherlich festhalten: Menschen jeden Alters, aber ganz besonders Teenager, wollen nicht allein gelassen werden. Während der Pandemie geschah aber genau das häufig. Timothy Wilson von der University of Virginia, Charlottesville, und Kollegen aus Harvard haben in *Science* unter dem vielsagenden Titel »Just think: The challenge of the disentangled mind« (dt.: Einfach nur denken: Die Herausforderung des losgelösten Geistes) eine Metaanalyse von elf Studien veröffentlicht. Die Autoren fanden heraus, dass die meisten Teilnehmer es kaum aushielten, auch nur zehn Minuten allein in einem Raum zu verbringen, ohne etwas anderes zu tun, als zu denken. Man könnte es auch so ausdrücken: Menschen ziehen immer eine Tätigkeit dem reinen Denken vor – selbst wenn diese Beschäftigung so unangenehm ist, dass sie normalerweise Geld bezahlen würden, um sie zu vermeiden. So gaben über 30 % der Probanden an, dass sie sich lieber selbst Elektroschocks verabreichten, anstatt mit ihren Gedanken allein gelassen zu werden. Es gilt wohl, was der englische Schriftsteller Samuel Johnson (1709–1784) einmal so formulierte: »Mein Leben ist eine lange Flucht vor mir selbst.« Oder wie Thomas Alva Edison (1847–1931) vor 100 Jahren konstatierte: »Es gibt keinen Ausweg, den ein Mensch nicht beschreitet, um die tatsächliche Arbeit des Denkens zu vermeiden.« Die ständig verfügbaren sozialen Medien und Spiele-Apps haben die Möglichkeit, ständig irgendetwas zu tun, um dem Denken und damit sich selbst auszuweichen, perfektioniert.

Warum aber ist der Mensch gerade in der Pubertät so empfänglich für die hyperbolische Nutzung sozialer Medien oder digitaler Spielwelten? Das hat auch etwas damit zu tun, dass Jugendliche besonders anfällig sind für süchtig machende »Substanzen«, seien es Drogen, Glücksspiel oder das Internet. Der erhöhte Dopaminspiegel, wie er für diese Lebensphase typisch ist, vermindert ihr Risikobewusstsein und fördert die Neigung, einer kurzfristigen Belohnung in Form einer Droge nachzugeben. Darüber hinaus ist der Stirnlappen noch in der Entwicklung. Er ist evolutiv angelegt, kurzfristige Belohnungen für langfristige Ziele aufzuschieben. Wie der Neurologe Jay Giedd von den NIH, Bethesda, USA, in seinen Forschungen mithilfe bildgebender Verfahren detailliert zeigen konnte, hat die Suchtgefahr vor allem mit der Gehirnentwicklung zu tun. Er glaubt, dass alles, was Jugendliche während ihrer Pubertät tun – sei es Sport zu treiben oder Videospiele zu spielen –, die Entwicklung ihres Gehirns nachhaltig beeinflusst.

Wenig überraschend ist im Umkehrschluss, dass die »Pubertät« als Risikofaktor bei der übermäßigen Nutzung von Internet und digitalen Medien gilt. Klar wird das auch, wenn man sich Studien aus den USA ansieht, in denen untersucht wurde, inwieweit der Lernzuwachs in einem Schuljahr pubertierender Jugendlicher korreliert mit der Bildschirmzeit an Smartphones, Tablets, Laptops oder Computern. Getestet wurden die Rechtschreibung sowie die Sprach- und Mathematikkenntnisse der Schüler und Schülerinnen. Diese Untersuchungen ergaben, dass gerade während der Pubertät der Lernzuwachs umso geringer war, je mehr Stunden die Jugendlichen vor Bildschirmen verbrachten, vor allem mit Aktivitäten in sozialen Netzwerken und mit digitalen Spielen. Natürlich gilt auch hier: Bitte nicht Korrelation mit Kausalität verwechseln! Es könnte auch sein, dass die Jugendlichen in die digitale Welt geflüchtet sind, weil sie besonders schlecht in der Schule waren. Gegen Letzteres spricht allerdings, dass gerade pubertierende Gehirne besonders anfällig sind für die konzentrationsverhindernden und ablenkenden Wirkungen digitaler Medien.

Betrachten wir am Ende dieses Abschnitts noch die Situation, in der sich das Gehirn von Jugendlichen befindet, wenn ihre Mediennutzung einen vorläufigen Höhepunkt erreicht. Gut belegt ist, dass die emotionale Kontrolle und die Fähigkeit zur weitsichtigen Planung bei pubertierenden Jugendlichen vorübergehend schlechter funktionieren. Daran sind weniger die beginnenden Hormonschwankungen schuld, als dass diese Zeit begleitet wird von einer vorübergehenden, aber großen Baumaßnahme im Stirnlappen des Gehirns.

Wie der Neurologe Jay Giedd mithilfe der funktionalen Kernspintomografie (fMRT) an Kindern, Jugendlichen und jungen Erwachsenen festgestellt hat, erlebt das jugendliche Gehirn ungefähr mit Beginn der Pubertät einen großen Umbauprozess, eine Phase großer Instabilität von neuronalem und synaptischem Wachstum genauso wie von Abbauprozessen. Dieser Prozess betrifft vor allem Teile des präfrontalen Kortex, der für die Hemmung und Steuerung von Gefühlen zuständig ist. Er reguliert und kontrolliert die spontanen Impulse, ist eine Art Planungszentrale für künftige Handlungen – und das Areal, das es dem Menschen erlaubt, trotz mannigfaltiger Ablenkung konzentriert bei einer Sache zu bleiben und nicht jeder Störung (seien es Gedanken, Geräusche, WhatsApp- und TikTok-Nachrichten …) sofort nachzugehen. Der präfrontale Kortex – wenn er voll entwickelt ist – wägt mögliche Handlungsausgänge ab und nimmt Einfluss auf andere Gehirnzentren, um diesen vorhergesagten Konsequenzen einer geplanten Handlung Rechnung zu tragen. Bei pubertierenden Jugendlichen ist der Einfluss des präfrontalen Kortex vorübergehend eingeschränkt. Ihre Impulsivität lässt sie häufig die Konsequenzen ihres Handelns nicht richtig durchdenken, und das macht sie nicht nur besonders anfällig für stundenlanges Surfen und Daddeln, sondern erhöht auch die Suchtgefahr und die Risikobereitschaft.

Die Neu- und Umgestaltung in einigen Gehirnarealen machen also einen Teil der Schwierigkeiten aus, die pubertierende Jugendliche mit sich selbst und mit dem verantwortungsbewussten Umgang mit digitalen Medien oder digitalen Spielewelten oder im Umgang mit Drogen haben. Es fehlt die so wichtige Impulskontrolle, vor allem wenn das Smartphone mit seinen Spiele-Apps und sozialen Netzwerkdiensten jederzeit zur Verfügung steht.

Aber es gibt noch einen anderen Aspekt der digitalen Mediennutzung während der Pubertät: Die Pubertät ist eben auch die Zeit enormer Chancen und enormer Risiken. Und wie die Teenager ihre Zeit verbringen, scheint dabei besonders entscheidend zu sein. Durch das *»Lose it or use it«*-Prinzip können die Aktivitäten im jugendlichen Alter dazu beitragen, die Festverdrahtung, die tatsächlichen physischen Verbindungen im menschlichen Gehirn, zu steuern. Eine Monokultur an digitaler Mediennutzung auf Kosten vielfältiger anderer Tätigkeiten mit Gleichaltrigen nutzt die Entwicklungsmöglichkeiten eines jugendlichen Gehirns bei Weitem nicht aus. Möglicherweise schränkt es sie sogar ein.

Es ist insgesamt betrachtet eine Ironie der Natur, dass genau die Zeit, in der das Gehirn besonders anfällig für Veränderungen ist, auch die Phase ist, in der wir Menschen am ehesten mit Drogen oder Alkohol experimentieren. Schaut man auf die Gehirnentwicklungskurven, die in der Pubertät ihren Höhepunkt erreichen und dann abfallen, ist man versucht, Jugendlichen zuzurufen: Wenn ihr heute Abend Drogen oder Alkohol konsumiert (oder zehn Stunden am Tag in virtuellen Welten verbringt), dann kann das nicht nur für diese Nacht oder dieses Wochenende Auswirkungen auf euer Gehirn haben, sondern auf die nächsten 70 Jahre eures Lebens! Aber was hülfe es?

Nervenschonender ist es, sich als Erwachsener zu sagen: Die Dosis macht das Gift. In Bezug auf digitale Medien hat es, wie wir weiter oben gesehen haben, den Anschein, dass sowohl ein geringer als auch ein übermäßiger Konsum mit einem verminderten Wohlbefinden einhergehen – während auf der anderen

Seite eine bedachte, selbstkontrollierte und mäßige Nutzung mit einem erhöhten Wohlbefinden verbunden ist (wohl auch, weil dann noch genug Zeit für anderes bleibt). Nicht zu leugnen ist vermutlich, dass Jugendliche wahrscheinlich besonders anfällig für die Auswirkungen der Nutzung digitaler Technologien auf ihr Wohlbefinden sind. Auf der anderen Seite ist es aber auch wichtig, sie nicht permanent zu bevormunden. Jede Generation muss ihr soziales Miteinander neu definieren dürfen. Der Ratschlag, dass sich Online-Zeiten stärker von Offline-Zeiten abgrenzen sollten und es hier nicht ein ständiges Nebeneinander geben sollte, ist aber trotzdem sinnvoll, wie wir bereits im vorigen Kapitel gesehen haben.

Oder wie Jean M. Twenge es formuliert: »Der Schlüssel zu einer Nutzung digitaler Medien und Glück ist begrenzte Nutzung.«

Hier noch einige konkrete Ratschläge für die Nutzung von Smartphone und Co.:

Für Eltern:

- Konzentrieren Sie sich weniger darauf, wie viel Zeit die Jugendlichen online verbringen, sondern mehr darauf, wie sie ihre Zeit offline verbringen.
- Begleiten Sie Jugendliche gelegentlich in ihre Online-Räume, und nutzen Sie diese Zeit, um herauszufinden, was sie dorthin zieht und interessiert.
- Wenn Ihr Kind im realen Leben (offline) mit Ängsten, Schwierigkeiten mit Gleichaltrigen, Schlafproblemen oder Schulproblemen zu kämpfen hat, sollten Sie genau darauf achten, wie und wann es Online-Räume und -Netzwerke nutzt, da Offline-Risiken oft auf Online-Risiken schließen lassen. Fragen Sie: Ist mein Kind online auf der Suche nach Unterstützung? Vermeiden Sie in Ihrem gemeinsamen (realen) Leben Interaktionen

und Verantwortlichkeiten? Verbringt Ihr Kind Zeit mit Gleichaltrigen und in Gemeinschaften, die es unterstützen?

Für Pädagogen und Pädagoginnen:

- Junge Menschen werden bei der Gestaltung und Schaffung von Online-Angeboten, insbesondere von solchen, die auf die psychische Gesundheit abzielen, oft außen vorgelassen. Dabei gehören sie zu den Bevölkerungsgruppen mit dem größten Bedarf und der größten Wahrscheinlichkeit, dass sie sich engagieren. Hier sollen wir Jugendlichen ein Gestaltungs- und Mitsprachemandat geben.
- Junge Menschen brauchen eine Anleitung, um digitale Kompetenz entwickeln zu können – nicht bei der mechanischen Nutzung und Anwendung (darin sind sie den Älteren weit überlegen), sondern was die Technik, den Datenschutz und die Gefahren angeht.

Für Jugendliche:

- Sie sollten nicht alles glauben, was sie über ihre Generation lesen! Smartphones und soziale Medien haben ein Suchtpotenzial, sie sind aber keine Drogen, wenn wir sorgfältig zwischen Online- und Offline-Zeiten unterscheiden. Smartphone, soziale Medien und das Internet können hilfreich sein, um den Alltag mit Familie, Schule und Freunden zu meistern. Und vor allem sind sie eine der wichtigsten Möglichkeiten, um überhaupt mit anderen Menschen in Verbindung zu bleiben.
- Trotzdem sollten sich auch die Jugendlichen selbst fragen, warum sie wie, wann und wie oft online gehen und was sie aus diesen Erfahrungen mitnehmen. Positive Online-Interaktionen ermöglichen es ihnen, sich mit Online und Offline-Gemeinschaften zu verbinden, etwas zu schaffen und aktiv zu etwas beizutragen.

- Jugendliche müssen lernen, im realen Leben Strategien zur Bewältigung von Ängsten, Stress und anderen Problemen zu entwickeln – für solche Krisenzeiten können sie auch online Hilfe suchen (z. B. über Apps wie Headspace, http://www.headspace.com/de, oder auf https://www.jugend.support/selbstgefaehrdung-sucht/online-stress/, wo sie bei Themen von Angst bis Depression Unterstützung finden).

Und für uns alle gilt, was der Digital Leader Erik Qualman sagt: »Wir haben keine Wahl, ob wir soziale Medien nutzen, die Frage ist, wie gut wir es tun.«

Digitale Medien, Bildungsscheren und -chancen

Die möglichen positiven Auswirkungen der Anwendung digitaler Medien in Bildungseinrichtungen (Schulen, Universitäten, Fortbildungen in Firmen) bestehen auch darin, dass digitale Lernmethoden die Bildungsteilhabe aller sozioökonomischen Schichten verbessern könnten, da Lernen auf das individuelle Niveau der Lernenden angepasst werden kann. Doch kann Bildungsungerechtigkeit wirklich mithilfe digitaler Medien verringert werden?

Alle drei Jahre belegt die weltweit durchgeführte PISA-Studie, dass die deutschsprachigen Länder gutes Mittelmaß sind. Der Einsatz digitaler Lern- und Lehrmittel hat diese Position bisher nicht verbessert. Zudem belegen alle bisherigen PISA-Studien, zuletzt 2020, dass der Bildungserfolg in Deutschland sehr stark an den sozioökonomischen Status, also den Einfluss des Elternhauses, gekoppelt ist.

Dasselbe Bild zeigt sich an den Universitäten: In Deutschland streben von 100 Kindern, deren Eltern selbst Akademiker sind, 79 einen universitären Abschluss an, doch nur 27 % der Kinder von Nichtakademikern. Der Einfluss des Elternhauses in beide Richtungen war umso höher, je mehr digitale Medien zum eigenständigen Lernen in Schulen eingesetzt wurden. Das zeigt sich gerade in aktuellen Studien, die während der Corona-Pandemie durchgeführt wurden. Versagen hier die Schulen beim Einsatz digitaler Medien? Oder verstärken digitale Lernwerkzeuge durch das Elternhaus bedingte soziale Ungerechtigkeiten weiter?

In diesem Kontext relevant ist eine große soziologische Studie mit 60 000 Teilnehmerinnen und Teilnehmern, die fragte, inwieweit die familiäre Umgebung eines Kindes (mit all ihren digitalen und nicht-digitalen Möglichkeiten und Begrenzungen) in Deutschland die Schulleistung bestimmt. Genau dies untersuchte der in Dublin forschende deutsche Soziologe Jan Skopek. Die Ergebnisse sind erhellend: Der Weg zu einer erfolgreichen Bildung wird bereits zu einem erheblichen Anteil in Vor- und Grundschulen, also am Beginn der Schulkarriere, gebahnt, und weiterführende Schulen können Versäumnisse am Anfang kaum noch ausgleichen. Die Bildungsschere geht bereits am Beginn der Schulkarriere durch den Einfluss des Elternhauses weit auf. Wenn Kinder in weiterführende Schulen wechseln, bringen sie je nach sozialer Herkunft ein unterschiedliches Maß an Kompetenz als Grundlage mit – und die Schule schafft es nicht, diesen Unterschied über die Schulzeit hinweg wieder auszugleichen (immerhin schafft sie es aber, das Auseinanderdriften der Leistungskurven zu stoppen!). Die entscheidende Weichenstellung erfolgt somit im Vor- und Grundschulalter.

Die Grundlagen der Gehirnentwicklung, vor allem was den Spracherwerb angeht, werden bis zum zehnten Lebensjahr angelegt. Unsere Sprachzentren im Gehirn reifen in dieser Zeit, in denen sie besonders plastisch, also veränderbar und lernfähig sind, danach lässt ihre Prägbarkeit deutlich nach. Das kann man u. a. am mühsamen Fremdsprachenerwerb an weiterführenden Schulen erkennen. Sprachfähigkeiten wirken sich wiederum auf fast alle Schulfächer überproportional stark aus (das bedeutet stärker als der Einfluss anderer Schulfächer und Talente, also auch stärker als mathematisch-logische Fähigkeiten). Kinder aus Familien mit einem eher niedrigeren sozioökonomischen Status hören im statistischen Mittel in ihren ersten vier Lebensjahren zehn Millionen Wörter und verwenden selbst 500 Wörter; Kinder aus Akademikerfamilien hören 45 Millionen Wörter und haben einen durchschnittlichen Wortschatz von 1000 Wörtern. Je mehr Zeit die Eltern mit digitalen Medien verbringen, umso kleiner ist der Wortschatz der Kinder.

Die Studie von Skopek zeigt auch, dass Eltern aus den besser gestellten sozialen Schichten ihre Kinder mehr fordern, mehr mit ihnen spielen und ihnen abends häufiger Geschichten vorlesen – sie also mehr in Offline-Aktivitäten involvieren. Vor allem aber *reden* sie mit dem Nachwuchs. Kinder aus niedrigeren sozialen Schichten werden im statistischen Mittel dagegen von ihren Eltern eher in Ruhe gelassen. Das kann auch Vorteile mit sich bringen, hat aber für den Schulerfolg Nachteile. Natürlich kann keine Rede davon sein, dass diese Befunde für jede Familie zutreffen, es gibt breite Schwankungen in allen sozioökonomischen Gruppen, aber die Mittelwerte sind deprimierend robust.

Wenn wir erreichen wollen, dass Bildungserfolg nicht von der Herkunft abhängt, müssen wir früher ansetzen und auch den Kitabereich als Bildungslandschaft ansehen. Hier lernt jedes Kind, ganz unabhängig vom Elternhaus, sich verständlich zu machen und mit anderen Kindern umzugehen – allerdings nur, wenn wir hier auch entsprechend investieren.

Training fürs Gehirn: digitale Medien für die Älteren

Wie schon erwähnt, wirken sich digitale Medien je nach Alter unterschiedlich auf das Gehirn aus. Apps, Videospiele und andere Online-Tools können für ältere Menschen einen Trainingseffekt haben – und damit ganz andere Folgen, als wenn Vorschulkinder sich damit beschäftigen oder sie zur Ablenkung für jüngere Erwachsene dienen. Tatsächlich können sie zur geistigen Fitness des alternden Gehirns beitragen, wie verschiedene unabhängige Studien gezeigt haben. Bildschirmzeit ist also nicht gleich Bildschirmzeit, sondern zeitigt je nach Alter ganz unterschiedliche Ergebnisse. So wurde etwa in Studien an Senioren, die erst spät einen Internetanschluss bekommen und gelernt hatten, Suchmaschinen zu verwenden, bei simulierten Internetsuchen eine deutliche Zunahme der neuronalen Aktivität im Gehirn beobachtet. Ich gehe weiter unten noch genauer darauf ein. Insgesamt zeigt sich, das bestimmte Computerprogramme und Videospiele, die einen schnellen Wechsel zwischen verschiedenen Tätigkeiten (Multitasking) trainieren, das Gedächtnis, die fluide Intelligenz und andere kognitive Fähigkeiten wie das Konzentrationsvermögen verbessern.

Digitale Medien, Internet und Gehirnjogging am Handy als Anti-Aging? Das klingt wie ein Werbeslogan für eine Nutzergruppe, die bisher nicht genügend berücksichtigt wurde bei der Entwicklung von Apps. Altwerden fassen wir meist als einen fortschreitenden Verlust kognitiver und körperlicher Funktionen auf, als würde sich nach Erreichen des Erwachsenenalters die Entwicklungsuhr gewissermaßen rückwärts drehen, bis wir wieder auf einem kindlichen Niveau ankommen.

Bei bestimmten Erkrankungen des Gehirns ist das auch tatsächlich so. Doch beim gesunden Gehirn hängt die Leistungsfähigkeit im Alter vor allem davon ab, wie stark und wie gut wir es trainieren. Je komplexer die Aufgaben, umso mehr wird das Gehirn gefordert. Gehirne wachsen im wahrsten Sinne des Wortes mit der Größe der Aufgabe: Eine neue Sprache zu lernen oder zu musizieren – oder eben die Beschäftigung mit vorher unbekannter digitaler Technik –, lässt neue Kontaktstellen zwischen Nervenzellen (Neurone) entstehen. In einer für das Gedächtnis wichtigen Gehirnregion, dem Hippocampus, werden sogar neue, junge Neurone in bestehenden neuronale Netzwerke eingebaut.

Bereits 1966 hat der Psychologe Raymond B. Cattell die menschliche Intelligenz in zwei Faktoren unterteilt: die kristalline Intelligenz, die unser erlerntes Wissen beinhaltet, und die fluide Intelligenz, die vor allem die Verarbeitungsgeschwindigkeit des Gehirns misst. Bis vor Kurzem hielt man Letztere für genetisch bedingt und im Alter stetig abnehmend. Es hat sich aber gezeigt, dass intensives Training des Gehirns die Verarbeitungsgeschwindigkeit des Gehirns positiv beeinflussen kann. Das lässt sich an der Reaktionsgeschwindigkeit und der Verarbeitungsgeschwindigkeit von sensorischen Informationen messen.

Für die (große!) ältere Bevölkerungsgruppe ist digitale Medien- und Internetnutzung also anders zu bewerten als für die ganz junge. Gerade für Senioren, die in ihrer Mobilität eingeschränkt sind, kann digital vermitteltes Gehirnjogging unter Umständen eine geeignete Methode darstellen, ihr Gedächtnis auf Trab zu halten.

Im erwachsenen Gehirn können nur in zwei Regionen noch neue Neurone gebildet werden (adulte Neurogenese). Dazu zählen Regionen, die jeweils an den Seitenventrikeln beider Hemisphären liegen, die neue Nervenzellen für das Riechsystem bilden. Eine zweite Region im Hippocampus bildet die für bestimmte Gedächtnisprozesse wichtigen neuen Neurone und erhöht die Kapazität der zu speichernden Informationen. Letztere kann im alternden Gehirn auch den Neuronenverlust kompensieren.

Wie wir inzwischen wissen, ist der Alterungsprozess des Gehirns nicht nur genetisch bedingt, sondern auch abhängig vom Lebensstil und davon, wie es genutzt wird. Wer im Alter noch bereit ist, Neues zu lernen, trainiert sein Gehirn. Das gelingt am effektivsten, wenn eine Schwachstelle im Alterungsprozess des Gehirns besondere Berücksichtigung findet: das Arbeitsgedächtnis im Stirnlappen. Die Abnahme der Rechenleistung des Stirnlappens ist, wenn man so will, die Achillesferse des Gehirns. Es ist vom altersbedingten Abbau besonders betroffen, verkürzt die Konzentrationsspannen bei Senioren und macht sie vor allem leichter ablenkbar. Genau an dieser Stelle könnten digitale Medien und computerbasierte Trainingsprogramme ansetzen. Das zumindest vermuteten Simone Kühn und Kollegen vom MPI für Bildungsforschung in Berlin. 2017 führten sie eine Studie mit älteren Probanden (> 65 Jahre) durch, die die Effekte digitaler Trainingsprogramme messen sollte.

Das Training beruhte darauf, zwei Monate lang eine Reaktionshemmung bei Computerspielen auf Tablets zu trainieren. Danach beobachteten die Forschenden signifikante kognitive Auswirkungen auf die laterale Hemmung (Ausblendung störender, ablenkender Stimuli) im Vergleich zu einer alterskontrollierten Vergleichsgruppe. Insgesamt führte das Training bei den Testpersonen zu einer veränderten und qualitativ besseren und längeren Aufmerksamkeitsspanne.

Die Ergebnisse korrelierten mit Wachstumsprozessen, die sich in einer größeren kortikalen Dicke im rechten präfrontalen Kortex zeigten. Dieses Hirnareal wird mit der Unterdrückung störender Informationen/Gedanken in Verbindung gebracht, etwa wenn wir uns während eines Gesprächs mit einem Freund bemühen, höflich zu sein und nicht aufs Handy zu schauen, obwohl wir gehört haben, dass dort gerade eine Textnachricht eingegangen ist. Die Studie zeigte auch: Das Ausmaß des gemessenen Effekts – der wahrscheinlich über Prozesse der strukturellen Plastizität vermittelt wird – hängt von der Zeit ab, die für die Trainingsaufgabe aufgewendet wurde. Je mehr Trainingszeit, desto besser das Konzentrationsvermögen.

Bei der strukturellen Plastizität handelt es sich um Umbauprozesse an den Synapsen zwischen Neuronen oder den Einbau neuer Neurone in bestehende Schaltkreise, sodass die Verarbeitungswege im Gehirn sich verändern. Dies führt dazu, dass Gelerntes effektiver abgerufen werden kann.

Shapira und Kollegen untersuchten 2007, welche psychologischen Auswirkungen es hat, Computer- und Internet-Suchmethoden in gesetztem Alter zu erlernen. Sie boten 22 betagten Erwachsenen (im Durchschnittsalter von 80 Jahren) einen entsprechenden Kurs an und verglichen die Ergebnisse mit 26 Teilnehmern, die an anderen nicht computerbasierten Gruppenaktivitäten teilnahmen. Die Forscher berichteten über signifikante Verbesserungen nach nur vier Monaten in der Internet-Trainingsgruppe: Lebenszufriedenheit und Selbstkontrolle hatten sich gesteigert, Depression und Einsamkeit abgenommen, während die Kontrollgruppe in jedem dieser Bereiche eine Verschlechterung aufwies. Auch diese Ergebnisse deuten also darauf hin, dass Computer- und Internetschulungen das Wohlbefinden und das Gefühl der Selbstbestimmung bei älteren Menschen fördern können.

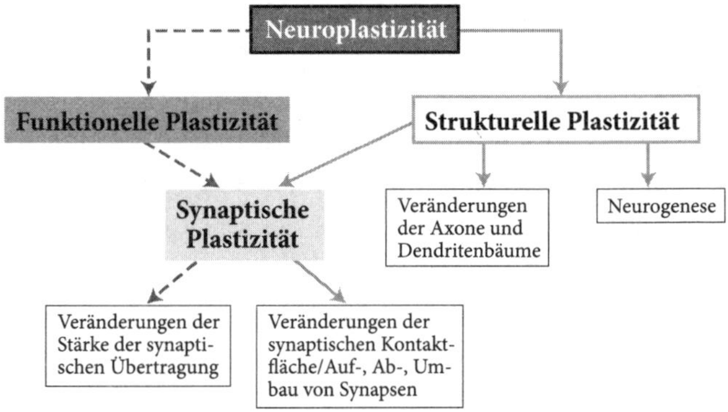

Abb. 10: Klassifizierung der verschiedenen Arten von aktivitätsabhängiger neuronaler Plastizität, die vor allem zu strukturellen und funktionellen Veränderungen an Synapsen führt, aber auch die adulte Neurogenese (Neubildung von Neuronen) anregen kann

Digitale Mittel zur Gesundheitsförderung im Alter	**Gehirnfördernde Tätigkeiten/ Maßnahmen**
Suchmaschinen-Training	Neuronale Aktivierung von Gehirnnetzwerken, die Entscheidungsfindung und die Fähigkeit zu komplexen Analysen verbessern
Kognitive, Gaming-basierte Trainingsprogramme	Konzentrationsvermögen, schneller Wechsel zwischen Tätigkeiten
»N-back Task« (Training-Spiele-Apps, psychologischer Belastungstest)	Arbeitsgedächtnis, fluide Intelligenz
Action-Videospiele	Visuelle Aufmerksamkeit, Reaktionszeit, schneller Wechsel zwischen Tätigkeiten
Überwachungsanwendungen in der eigenen Wohnung	Herzfrequenz, Blutzucker, Atemmuster, Sauerstoff-sättigung
Online-Psychotherapie	Stimmung, Schlaf, soziale Unterstützung
Bildungs-Apps	Kulturelle Teilhabe, wenn man mobilitätseingeschränkt ist, oder VHS-Fortbildungen

Tab. 1: Digitales Training und seine positiven Effekte auf das Gehirn älterer Menschen

Es wird spannend sein zu untersuchen, ob digitale Medien bei älteren Menschen nicht verstärkt eingesetzt werden können, um kognitive Fähigkeiten, die im Alter leider abnehmen, zu erhalten oder sogar zu steigern. Und es gibt schon jetzt einige Apps und digitale Tools, die Senioren beim Selbstmanagement, der Überwachung ihrer medizinischen Werte und beim Kompetenztraining (z. B. für Gedächtnisfähigkeiten oder die Bedienung komplexer Geräte) helfen oder sogar zu einem besseren mentalen Wohlbefinden beitragen.

The magic of maybe – Internet- und Spielsucht

Kein Unternehmen begrüßt es, mit der Herstellung von Drogen oder Glücksspielautomaten in Verbindung gebracht zu werden. Doch genau das passiert jetzt mit den Produzenten von Videospielen und Social-Media-Apps. Jahrelang haben sich Eltern darüber beschwert, dass ihre Kinder »süchtig« sind nach Spielekonsolen, Computerspielen und Smartphones. Seit dem 1. Januar 2022 führt die Weltgesundheitsorganisation (WHO) in ihrem Diagnosehandbuch die »Spielstörung« als Krankheit auf. Zu den Suchtkranken werden auch Menschen gerechnet, die sich mit großem Zeitaufwand in der Internetwelt verlieren. Folgen dieser intensiven Computerspiel-/Social-Media-Nutzung sind die Vernachlässigung von sportlichen Aktivitäten sowie sozialen Interaktionen mit der Familie und Freunden. Häufig etabliert sich auch ein verschobener Tag-Nacht-Rhythmus.

Schon 2022 hat China, als der immerhin größte Computerspielemarkt der Welt, neue Vorschriften erlassen, nach denen Kinder am Freitag, Samstag und Sonntag nur noch eine Stunde pro Tag spielen dürfen – den Rest der Woche gar nicht! Dass das nur umsetzbar ist, wenn die Privatsphäre der Computernutzer schwer verletzt wird, ist wohl eindeutig. Doch dass sich eine bedeutende Wirtschaftsnation dazu veranlasst sieht, zeigt, wie groß die Sorgen diesbezüglich sind – ganz unabhängig davon, ob sie berechtigt sind und unter Verletzung elementarer europäischer

Datenschutzverordnungen umgesetzt werden. Aber auch bei uns wächst die Sorge.

Computerspielsucht und krankmachende Social-Media-Nutzung haben bei Jugendlichen in der Corona-Pandemie laut einer Studie des Deutschen Zentrums für Suchtfragen des Kindes- und Jugendalters (DZSKJ) zugenommen. 4 % der 10- bis 17-Jährigen zeigen ein Nutzungsverhalten, das einer Sucht gleicht. Die Zahl der Betroffenen mit Verdacht einer starken Abhängigkeit hat sich zwischen 2019 und 2021 von 144 000 auf 219 000, also um 50 %, erhöht. Die Nutzung großer Social-Media-Plattformen wie Instagram, Facebook, TikTok, Snapchat oder WhatsApp stieg in diesem Zeitraum ebenfalls um 50 %.

Ob aus der steigenden Nutzungsdauer wirklich folgt, dass Spiele und Social-Media-Apps süchtig machen oder ob der Anstieg (auch) eine Folge der Pandemie-Maßnahmen ist, die Jugendlichen ihrem sozialen Gefüge entzogen haben, ist umstritten. Die Spiele- und Social-Media-Verteidiger argumentieren, es handele sich bei dieser Diskussion nur um eine weitere moralische »Panik«. Denn früher habe es ähnlich düstere Warnungen vor Büchern, Jazz, Rock 'n' Roll, Comics und Fernsehen gegeben. Als jüngstes Opfer eines Generalverdachts sieht sich nun die Computerspielewelt in dieser Reihe. Außerdem, so argumentieren die Verteidiger, seien die Kriterien für die Diagnose der Spielsucht wenig genau und die Grenze zu einem Hobby, das man gerne, oft und mit Begeisterung ausübe, fließend.

Besorgtere Stimmen argumentieren, dass Spieleentwickler im Gegensatz zu Romanautoren sowohl das Motiv als auch die Mittel haben, ihre Produkte so zu gestalten, dass sie quasi unwiderstehlich sind. Die an Bildschirmen verbrachte Zeit nimmt immer mehr zu, und die Gestaltungsmethoden der App-Entwickler zielen darauf, ein suchtähnliches Verhalten der User hervorzurufen.

Das Motiv ergibt sich aus einer Änderung des Geschäftsmodells: Früher wurden Spiele gegen eine einmalige Zahlung gekauft. Heutzutage verwenden viele Entwicklerfirmen ein »Freemium-Modell«, bei dem sie das Spiel selbst kostenlos anbieten und es durch den Kauf von »Gütern« im Netz honoriert wird. Dadurch wird die Spieldauer/App-Nutzung direkt mit den Einnahmen verknüpft – und je länger man spielt, umso besser steht man im Spiel da. Teilweise können die Spieler die Zeit verkürzen, indem sie für reales Geld virtuelle Siege kaufen, und manchmal kauft man sogar nur ein Los, mit dem man viel, weniger oder gar keinen Spielgewinn erhält.

Die WHO hat in ihrer 11. Revision (ICD-11) die Internetgebrauchsstörung (IUD, **i**nternet **u**se **di**sorder) oder Internetspielstörung/Internetsucht (IGD, **i**nternet **g**aming **d**isorder) in die internationale Klassifikation der Krankheiten eingestuft (icd.who.int/browse11/l-m/en). Eine Sucht wird diagnostiziert als chronisch-wiederkehrende Störung des menschlichen Verhaltens, die durch den zwanghaften Drang gekennzeichnet ist, entweder eine bestimmte Substanz zu sich zu nehmen oder Glücksspiele zu spielen oder zum Smartphone zu greifen. Sie geht mit einem Kontrollverlust bei der Einschränkung bestimmter Verhaltensweisen oder der Einnahme von Drogen einher und ist meist mit dem Auftreten negativer Emotionen, z. B. Angst, Reizbarkeit oder Dysphorie (eine Störung des emotionalen Erlebens) in Situationen verbunden, in denen die Droge oder das Verhalten nicht leicht zugänglich ist.

Außerdem hat man herausgefunden, dass bei Schülern und Schülerinnen mit Internetsucht die Wahrscheinlichkeit, unter ADHS-Symptomen zu leiden, höher ist und signifikant häufiger

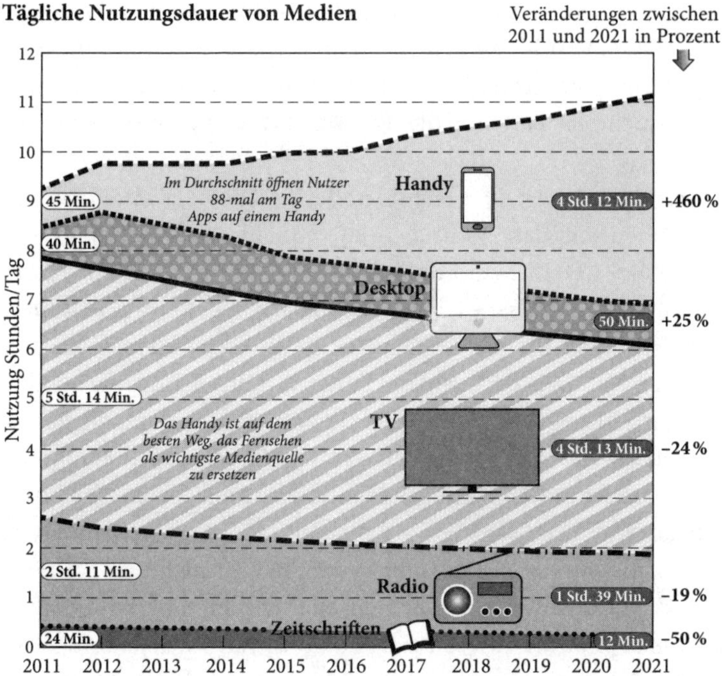

Abb. 11: Nutzungsdauer verschiedener Medien im Zeitraum von 2011 bis 2021 (Studie von Recode, 2021)

Symptome von Unaufmerksamkeit, Hyperaktivität und Impulsivität auftreten als bei Gleichaltrigen, die nur wenige Stunden pro Woche in Internet- und Spielewelten eintauchen. Eine Studie von Panagiotidi und Overton fand vermehrt auftretende ADHS-Symptome auch bei Erwachsenen im Alter von 18 bis 70 Jahren mit Internetsucht: Häufiger zur Sucht führe hier das Spielen von Multiplayer-Online-Rollenspielen und die Tatsache, dass sie im gesamten Tagesverlauf sieben bis zehn Stunden online verbringen. Aber auch wenn ADHS-Symptome und Internetsucht eindeutig korrelieren, ist ein kausaler Zusammenhang dadurch nicht nachgewiesen. Denn es ist beides denkbar: dass ADHS-Symptome bei einem Menschen zu einem höheren Risiko für die Entwicklung einer Spiel- und/oder Internetsucht führen oder dass eine »süchtige« Nutzung der Technik ADHS-Symptome hervorruft.

In diesem Streit über Henne und Ei erscheint es mir am wahrscheinlichsten, dass Menschen, die ohnehin gefährdet sind (beginnende ADHS-Symptomatik, Veranlagung zur Depression, Einsamkeit), durch die leichte Verfügbarkeit der Droge »Online« anfälliger sind für die Abhängigkeit von Computerspielen und sozialen Netzwerken. Denn die Forschung an süchtig machenden Substanzen zeigt eindeutig, dass die Verfügbarkeit und die Leichtigkeit, mit der man eine Substanz oder ein Verhalten bekommen bzw. etablieren kann, entscheidende Faktoren für das Suchtpotenzial sind. Dass schwierige Lebenssituationen oder genetische Dispositionen die Suchtgefahr verstärken, ist nicht neu. Neu ist, dass digitale Medien vor allem durch ihre ständige Verfügbarkeit auf Smartphones maßgeblich beteiligt sind an Suchtgefahren. Gerade Kinder und Jugendliche sind davon betroffen und bedürfen eines besonderen Schutzes.

Neurologisch gesehen ist die Sucht durch funktionelle wie strukturell sichtbare Veränderungen in den Belohnungsnetzwerken des Gehirns gekennzeichnet. Gemeint sind damit die neuronalen Verbindungen der Basalganglien, vor allem des Nucleus accumbens, mit dem präfrontalen Anteil des Stirnlappens und vom vorderen Cingulum (in der Mitte zwischen den Großhirnhemisphären gelegen) zum Stirnlappen. Die Veränderungen dort sind Kennzeichen, die hochkorreliert sind mit einer Substanzabhängigkeit oder einer Verhaltenssucht, wie man sie beim Glücksspiel, aber auch bei »Esssucht« kennt.

Durch Internet-, Smartphone- oder Spielsucht sind besonders Jugendliche gefährdet, da bei ihnen suchtassoziierte Neurotransmitter wie das Dopamin relativ gesehen in größeren Mengen ausgeschüttet werden, Dopamin erhöht zudem die Risikobereitschaft.

Internetspielsucht oder die Sucht, sich in sozialen Medien zu bewegen, beginnt damit, dass im Gehirn, vor allem in den mit Dopamin arbeitenden Neuronen in der Tiefe unseres Gehirns, der Substantia nigra (schwarzer Kern), und im Tegmentum (lat. für Haube), eine hohe Erwartungshaltung mit Erfolg belohnt wird (s. Abb. 12). Das können viele Follower, gewonnene Spiele oder viele »Likes« sein. Neurone, die Dopamin im Gehirn als Botenstoff verwenden, sind verbunden mit dem Nucleus accumbens, der zu den Basalganglien unterhalb der Großhirnrinde gezählt wird. Dopamin aktiviert diesen erbsengroßen Bereich des Gehirns, wenn eine Erwartung erfüllt wurde. Das kann Nikotin sein, Alkohol oder eine stark emotional positiv besetzte Handlung, wie es beim Glücksspiel oder im Kontext von sozialen Medien der Fall sein kann. Der aktivierte und alarmierte Nucleus accumbens hat seinerseits starke neuronale Verbindungen in den präfrontalen Anteil des Stirnlappens und setzt dort einen wahren Cocktail an Neurotransmittern frei, die ein Gefühl der Euphorie auslösen. Hierbei werden körpereigene Opiate (Opioide) ausgeschüttet, die mit den Drogen Morphium und Opium verwandt sind. Dieses neuronale Netzwerk aus dopaminhaltigen Neuronen, Nucleus accumbens und Stirnlappen ist beim Konsumieren von Drogen besonders aktiv; ohne dieses Dreigestirn etabliert sich keine Sucht.

Das Drogenkartell im Gehirn wird vor allem dann angestachelt, wenn unsere Erwartungen übertroffen werden – Erfolgserlebnisse und überraschende Belohnungen sind die entscheidenden Faktoren auf dem Weg in die Abhängigkeit. Unser Gehirn speichert drei verschiedene Aspekte einer Situation: 1. die Tatsache, dass wir eine Belohnung erhalten haben (z. B. viele

»Likes«); 2. das Wissen, für welches Ergebnis, für welche Handlung wir belohnt wurden (welche App, welches soziale Netzwerk haben wir genutzt, das zu einer überraschenden Belohnung geführt hat?); 3. den gesamten Kontext, in dem all dies geschehen ist (bei der Smartphone-Nutzung, in der Spielewelt, in einer bestimmten Internetumgebung).

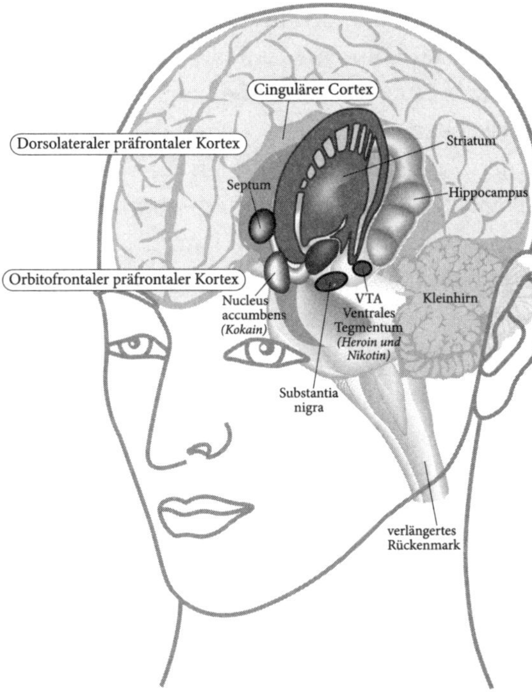

Abb. 12: Belohnungssystem im Gehirn. Signalisieren die dopaminergen Neurone des ventralen Tegmentums, dass ein Ziel erreicht wurde oder man ein Erfolgserlebnis hat, wird der Nucleus accumbens aktiviert. Der Nucleus accumbens ist so etwas wie die Drogenapotheke des Gehirns und schüttet im Erfolgsfall mit Opium verwandte Substanzen (Opioide, Endorphine) in den Stirnlappen (frontaler Kortex) aus.

Ist dieser Dreiklang im Suchtgedächtnis programmiert, sind wir bereit, große Anstrengungen auf uns zu nehmen, um dieses positive Erlebnis eines Stirnlappen-Opiatbades wieder zu erleben. Denn wir meinen zu wissen, dass sich dieses wohlige oder einfach gute Gefühl am Ende wieder einstellen wird, wenn wir nur einer bestimmten Tätigkeit nachgehen. Was uns also antreibt, ist unsere Erwartungshaltung, die sich wiederum auf Erfahrung und damit auf vorherige Erfolgserlebnisse in vergleichbaren Situationen gründet. Bemerkenswert ist auch, dass in einigen Studien ein Zusammenhang zwischen Veränderungen der Hirnanatomie und der Abhängigkeit von sozialen, digitalen Netzwerken festgestellt wurde. Dies zeigt insbesondere, dass intensive Interaktionen mit sozialen Medien mit Veränderungen der grauen Substanz von Hirnregionen, die an süchtigem Verhalten beteiligt sind, korreliert werden können, hier vor allem im Stirnlappen und im Cingulum. Auch andere Studien berichteten, dass die intensive Nutzung sozialer Medien zu tiefgreifenden Auswirkungen auf die neuronalen Strukturen im menschlichen Gehirn führen kann.

Die von den Herstellern eingesetzten psychologischen Tricks, manchmal auch als Dark Patterns (dunkle Muster) der App-Entwicklung bezeichnet (siehe auch S. 30), sind eine Kombination aus Designelementen, die die Spielzeit der Nutzer und Nutzerinnen maximieren soll. Neurowissenschaftler wissen bereits eine ganze Menge über die Dinge, die Tiere, aber auch Menschen als lohnend empfinden.

Es ist also schon lange bekannt, dass für das Suchtpotenzial jeder Droge die Freisetzung des Botenstoffes Dopamin im Gehirn der entscheidende Indikator ist – je mehr Dopamin, umso höher die Suchtgefahr. Noch nicht so lange bekannt ist der Umstand, dass die Dopaminmenge, die ausgeschüttet wird, nicht etwa steigt mit der Wahrscheinlichkeit, mit der eine Belohnung eintritt. Sie ist vielmehr dann besonders hoch, wenn es eine 50:50-Chance auf ein gewünschtes, erhofftes, erflehtes Ergebnis gibt. Das »Vielleicht« hat eine magische Wirkung auf die Dopaminfreisetzung. Der an der Stanford University lehrende bekannte Verhaltensforscher Robert Sapolsky hat es als »The magic of maybe« bezeichnet.

Um zu verdeutlichen, warum gerade der ungewisse Ausgang, z. B. die Bewertung eines Tweets oder eines geposteten Fotos, die auf der Dopaminausschüttung basierende Sucht zu erklären imstande ist, zunächst ein Ausflug in die Welt von Robert Sapolsky. Durch seine Augen beobachten wir in freier Wildbahn ein Pavianmännchen. Es ist in der strengen Hierarchie der Pavianhorde eher als von niederem Rang einzustufen, bemüht sich aber immer wieder um die Tochter des ranghöchsten Weibchens, die seine Existenz jedoch kaum zur Kenntnis nimmt. Wann immer sie sich in den Schatten setzt oder mit Freunden abhängt, ist er zur Stelle und bietet an, sie zu lausen. Dafür bekommt er fast immer nur eine fellbedeckte, aber kalte Schulter gezeigt. Eigentlich, so würde man denken, hätte der junge Affe nach solch spektakulären Misserfolgen sein Verhalten ändern müssen. Doch tatsächlich wurde mit der Zeit die »Königstochter« etwas weniger widerspenstig: Ab und zu, vielleicht einmal in der Woche, gab sie seiner verbissenen Hingabe nach und ließ sich von ihm das Fell pflegen. Einmal, so berichtet Sapolsky, streichelte sie ihn sogar für ein paar Sekunden, was ihn in eine paviangemäße Ekstase versetzte. Das war alles, was es brauchte: Von den Krümeln der Aufmerksamkeit beglückt, verdoppelte der Jungpavian in den nächsten Tagen seine Anstrengungen. Die ganze Seifenoper frustrierte den menschlichen Beobachter Sapolsky ungemein, und er stellte in einem Artikel über die Primatenwurzeln unseres Handelns fest: »Hier, in diesem erbärmlichen Trottel von einem Pavian und seiner Bereitschaft, es trotz einer erbärmlichen Erfolgsquote immer wieder zu versuchen, liegen der Schlüssel zur menschlichen Größe und unsere Primatenwurzeln, warum Belohnungen, die nur manchmal erfolgen, uns so erfolgreich motivieren können. Hier ist der Verehrer, der fünfzig Jahre lang um sie wirbt, der Besessene, der ein Jahrzehnt damit verbringt, eine lebensgroße Nachbildung von Elvis aus Flaschendeckeln zu bauen. Hier ist jeder von uns, der auf das unmittelbare Vergnügen verzichtet, um gute Noten zu bekommen, um auf ein gutes College zu kommen oder um einen guten Job zu bekommen.«

Die Frage, die sich aus dieser Episode im Leben eines unglückseligen Affen ergibt, ist: Warum ist die seltene, sporadische Belohnung, die Hoffnung, aber eben nicht die Sicherheit, eine Belohnung oder ein Ziel zu erreichen, so verlockend? Der neurobiologische Ausgangspunkt dafür liegt im Stirnlappen. Diese Region nimmt bei uns (und anderen Primaten) einen viel größeren Teil des Gehirns ein als bei anderen Tieren. Sie spielt eine große Rolle bei der langfristigen Planung und exekutiven Kontrolle (worauf wir unsere Aufmerksamkeit und unsere Ziele ausrichten). Der Stirnlappen hält das limbische System in Schach, vor allem durch neuronale Projektionen, die einen hemmenden Neurotransmitter in dieses tiefere, ältere limbische System, das auf Emotionen und Impulsivität spezialisiert ist, freisetzen können.

Außerdem ist der Stirnlappen hervorragend in der Lage, stimulierenden Eingaben aus dem limbischen System zu widerstehen – normalerweise. Wird er durch eine Krankheit oder einen Unfall schwer verletzt, wird der betroffene Mensch zu einem »frontalen« Patienten – oft hyperaggressiv und sozial unangepasst. Damit ist der Stirnlappen das, was einer neuronalen Grundlage für das Über-Ich am nächsten kommt.

Das Über-Ich bezeichnet stellvertretend Vernunft/Verstand und bildet den Gegenpol zum Es, das bei Sigmund Freud für Instinkte und sofortige Belohnung steht (neurobiologisch kommt es dem limbischen System am nächsten).

Aber der Stirnlappen ist auch der Bereich, der abhängig werden kann von einer Dopaminausschüttung und dann alles ihm zur Verfügung Stehende in das Ziel setzt, eine Droge zu bekommen oder eine bestimmte Handlung (z. B. beim Glücks- oder Computerspiel) auszuführen. Entscheidend dafür ist eine Dopamin ausschüttende Nervenprojektion aus einer Gehirnregion namens ventrales Tegmentum in den frontalen Kortex hinein. Dieser Kanal fungiert als »Doctor Feelgood«. Er schüttet Dosen von Dopamin aus, wenn eine hohe Erwartung an ein künftiges Vergnügen im Raum steht.

Drogen wie Kokain verstärken das Dopaminsignal auf diesem Weg – ein Grund dafür, dass sie so ein hohes Suchtpotenzial haben. Tiere, die so manipuliert werden, dass sie eine elektrische Erregung durch das ventrale Tegmentum erhalten, arbeiten manisch, drücken auf Hebel und verzichten auf jedes anderweitige Vergnügen, das ihnen angeboten wird, um den Reiz im Gehirn zu erhalten.

Doch wann genau wird Dopamin freigesetzt? Lange Zeit schien die Antwort auf der Hand zu liegen: unmittelbar nach dem Erhalt von etwas höchst Erstrebenswertem, einer Belohnung. Implantiert man Affen Elektroden ins Gehirn, kann man beobachten, wann Dopamin im Nucleus accumbens ausgeschüttet wird bzw. wann die dopaminhaltigen Neurone im Tegmentum (die zum Nucleus accumbens projizieren) aktiviert werden. Wenn man einem Affen aus dem Nichts heraus eine große Belohnung gibt, kann man einen Aktivitätsschub beobachten: Dopamin durchflutet den präfrontalen Kortex.

In einer Reihe von Studien führte Wolfram Schultz, ein Neurowissenschaftler, der an der Universität Freiburg in der Schweiz und in Oxford forschte, einige kritische Untersuchungen durch, die dieses einfache Bild ins Wanken brachten. Schultz trainierte Affen, einfache Aufgaben auszuführen, um eine Belohnung zu erhalten. Wenn ein Tier zum Beispiel den richtigen Hebel drückte, erhielt es nach einigen Sekunden Verzögerung ein begehrtes Futter. Es gab eine besondere Bedingung: Ein Licht ging an und signalisierte dem Affen, dass er nun mit seiner Aufgabe beginnen konnte. Man hatte vor diesen Experimenten eigentlich angenommen, dass das dopaminerge Netzwerk (welches Dopamin produziert und an den Synapsen ausschüttet, dopaminerg: Dopamin ausschüttend) im Gehirn nach der Belohnung durch das Futter aktiviert werden würde. Aber das war nicht der Fall. Die Aktivität erreichte ihren Höhepunkt direkt nach dem Anschalten des Lichts, bevor der Affe seine Aufgabe erfüllte. In diesem Zusammenhang hat das angenehme Dopamin nichts mit der Belohnung selbst zu tun. Es geht beim Dopamin um die Erwartung der Belohnung, um Beherrschung, Vorahnung und Vertrauen. (»Ich weiß, was das Licht bedeutet; ich kenne die Regeln: Wenn ich den Hebel drücke, bekomme ich etwas zu essen. Ich habe das im Griff. Das wird großartig werden.«)

Psychologen bezeichnen diese Phase der Erwartung auf eine Belohnung als »appetitive Phase«; die Phase danach, die mit der Belohnung beginnt, nennen sie die »konsumatorische Phase«. Die Ergebnisse von Schultz – und vielen anderen, die sie bestätigen konnten – zeigen, dass das Vergnügen mehr mit der Erwartung auf eine Belohnung als mit der Belohnung selbst zu tun hat. Ein Kollege von Sapolsky merkte einmal lakonisch nach einer langen Reihe katastrophaler Liebesbeziehungen an:

»Eine Beziehung ist der Preis, den man für die Vorfreude darauf zahlt.«

Aber warum wirkt gerade, wie in der obigen »Affengeschichte«, die Unsicherheit der Belohnung so antreibend? Hier füllte erstmals eine bahnbrechende Studie von Paul Phillips und seinen Kollegen von der University of North Carolina, Chapel Hill, eine entscheidende Lücke: Die amerikanischen Forscher berichteten, wie sie Dopaminschübe bei Ratten bis auf die Millisekunde genau vermessen konnten. Sie beobachteten, dass der Dopaminlevel im Gehirn kurz vor dem Drücken eines Hebels, der Belohnung versprach, anstieg (ein Lichtreiz signalisierte den Beginn des Experimentes). Und jetzt kommt der Clou: Als die Neurowissenschaftler die Dopaminausschüttung künstlich stimulierten (anstatt sie durch den Lichtreiz auszulösen), begann die Ratte plötzlich, den Hebel zu drücken. Das Dopamin löst das Verhalten aus.

Originalton Sapolsky: »Wie könnten diese Erkenntnisse auf die Seifenoper von Jonathan und Rebecca in der Savanne übertragen werden? Da sitzt er nun und döst in der Äquatorsonne. Rebecca taucht in der Ferne auf (dramatischer Auftritt am anderen Ende des Feldes, windgepeitschtes Fell, das ganze Drumherum). Jonathans Begehren erwacht, sein ventrales Tegmentum wird hyperaktiv und schüttet wie verrückt Dopamin aus. Das gibt seinem frontalen Kortex den Anstoß, das Schwierigste zu tun und dem einfachen Ausweg zu widerstehen, einfach in seiner Mittagsstarre zu verharren. Stattdessen steht er auf und läuft über das endlose Feld, angetrieben von der vorweggenommenen Gewissheit (im Hintergrund: Wagner), dass sie sich von ihm streicheln lassen wird. Doch logischerweise sollte Jonathan nur so reagieren, wenn es eine eng gekoppelte Wenn-dann-Klausel gibt, die seine Beziehung zu Rebecca steuert (›Wenn ich ein bestimmtes Verhalten zeige, dann bekomme ich eine Belohnung‹).«

Und genau diese Gewissheit gibt es für Jonathan nicht, es gibt nur ein »Wenn« und ein »Vielleicht«. Der junge Affe hat eben nur manchmal Erfolg. Und doch ist das genug, um sein Verhalten zu stärken und ihn zu motivieren. Diese nicht vorhersehbaren Belohnungen nennt man »intermittierende Verstärkung« – und die ist durchaus vergleichbar mit menschlichem Verhalten im Internet, das verstärkt wird dadurch, dass sich die Belohnung (Likes, E-Mail-Eingänge etc.) eben nur gelegentlich und vor allem quasi unvorhersehbar einstellt.

Auch dieser Frage nach der Bedeutung einer möglichen, aber nicht sicheren Belohnung sind Wissenschaftler um Wolfram Schultz nachgegangen, wiederum mit Affen. Der Aufbau ihres Experimentes war wie folgt: Das Licht geht an, ein Affe drückt einen Hebel und erhält ein paar Sekunden später die Belohnung. Nun die Variation, die die Situation der geschilderten Romanze unter Pavianen experimentell nachstellt: Licht geht an, Hebel drücken, Belohnung erhalten – aber im Durchschnitt nur in 50 % der Fälle. Das ist der Dreh- und Angelpunkt der Ungewissheit: vielleicht ja, vielleicht nein – eben »the magic of maybe«. Bemerkenswerterweise nimmt in dieser Situation die Dopaminausschüttung im Nucleus accumbens zu! Und noch unerwarteter ist die Art und Weise, wie dies geschieht: Das Licht geht an, und es gibt den üblichen Anstieg in der Dopaminausschüttung, der den Affen motiviert, den Hebel zu drücken. Danach beginnt eine zweite Phase der Dopaminfreisetzung, die allmählich ansteigt, bis sie genau zu dem Zeitpunkt ihren Höhepunkt erreicht, an dem normalerweise die Belohnung eintreten würde. Nehmen wir an, die Experimentatoren änderten den Grad der Unvorhersehbarkeit: Das Licht geht an, der Affe drückt den Hebel, aber die Chance auf eine Belohnung liegt nur noch bei 25 %. Oder bei 75 %. Natürlich sind 25 % und 75 % entgegengesetzte Trends bei den Chancen auf eine Belohnung, aber sie haben eines gemeinsam:

Sie sind vorhersehbarer als das 50 %-Szenario. Die Folge ist, dass der sekundäre Anstieg der dopaminsensiblen Aktivität stattfindet, allerdings in geringerem Ausmaß. Das meiste Dopamin wird ausgeschüttet, wenn die Unsicherheit maximal ist, eben bei 50:50!

Diese Erkenntnis erklärt, warum intermittierende Belohnungen so stark wirken. Und Sie können sicher sein, dass die Entwickler und Entwicklerinnen von Social-Media-Apps und Computerspielen das wissen, ebenso übrigens wie die Betreiber von Spielcasinos. Die experimentellen Ergebnisse passen gut zu stressphysiologischen Studien, die die Schattenseiten von »Vielleicht« aufzeigen: Eine Bestrafung, die mit einiger Wahrscheinlichkeit eintritt, kann weitaus stressiger sein als eine vorhersehbare Bestrafung. Wenn die Bestrafung nicht vorhersehbar ist, steigen der Stresshormonspiegel und der Blutdruck wahrscheinlich an, und auch das Risiko stressbedingter Krankheiten nimmt zu. Joan Silk, Primatologin an der UCLA in Los Angeles, hat Beweise dafür vorgelegt, dass eine der Fähigkeiten, die Alphamännchen bei Pavianen entwickelt haben, um die Konkurrenz aus dem Gleichgewicht zu bringen, darin besteht, zeitweise auf völlig willkürliche, unvorhersehbare Weise brutal aggressiv zu sein.

Die oben zusammengefassten Forschungsergebnisse erklären, warum die Chance auf eine große Belohnung so süchtig machen kann, dass Spieler und Spielerinnen Stunden um Stunden mit Computerspielen verbringen – oder Jugendliche nicht einschlafen können, weil noch niemand auf ihre letzte Nachricht reagiert hat. Was uns bei all dem antreibt, ist unsere Erwartungshaltung, die sich wiederum auf Erfahrung und damit auf vorherige Erfolgserlebnisse in vergleichbaren Situationen gründet.

Einige Studien deuten darüber hinaus auf einen Zusammenhang zwischen Veränderungen der Hirnanatomie und der Abhängigkeit von sozialen Netzwerken hin. Intensive Interaktionen mit sozialen Medien korrelieren mit Veränderungen der grauen

Substanz von Hirnregionen, die an süchtigem Verhalten beteiligt sind, hier vor allem im präfrontalen Stirnlappen und dem in der Mitte des Gehirns zwischen den Hemisphären gelegenen Cingulum.

Insgesamt bedeuten diese Daten, dass die neurowissenschaftliche und psychologische Forschung dem Verständnis und der Vorbeugung von Online-Sucht und anderen Verhaltensstörungen im Zusammenhang mit Spielen und der Nutzung sozialer Netzwerke mehr Aufmerksamkeit schenken sollte.

Während Neurowissenschaftler und Psychologen noch die Feinheiten dessen diskutieren, was genau als Sucht gilt und ob die Designtricks von Computerspielen und Social-Media-Apps ethische und rechtliche Grenzen überschreiten, sollten die großen Tech-Firmen vielleicht anerkennen, dass sie in der realen Welt ein wachsendes Problem haben: Die Spiele- und Internetsucht hat jetzt einen Eintrag im Diagnosekatalog der WHO, offizielle Diagnosen werden immer häufiger gestellt werden. Über kurz oder lang werden die Spiele- und App-Hersteller in der öffentlichen Meinung – ob zu Recht oder nicht – mit der Glücksspielbranche und der Tabakindustrie in einen Topf geworfen werden. Der Branche könnte das nachhaltig schaden.

Klüger wäre es sicherlich, der Diskussion einen Schritt voraus zu sein. Eine wichtige Voraussetzung dafür wären verlässliche Daten und nicht gefühlte Realitäten. Viele der Studien, die die Behauptung stützen, dass Spiele im medizinischen Sinne süchtig – oder eben nicht süchtig – machen, genügen hohen wissenschaftlichen Anforderungen nicht, denn sie stützen sich auf selbst berichtete Symptome, problematische Diagnosekriterien, verzerrte Stichproben usw. Deshalb sind sie meist umstritten. Selbst grundlegende Fragen über den Zeit- und Geldaufwand der Nutzer und Nutzerinnen werden oft nicht beantwortet. Dabei ist klar, dass Analysefirmen Smartphones und neueste Spielekonsolen nutzen, um über die permanente Internetverbindung Daten über das Spielgeschehen an die Entwickler weiterzuleiten. Auf diese Weise können die Produkte – aus Herstellersicht – ständig verbessert und optimiert werden, um die Ausgaben bzw. die Spieldauer zu steigern.

Zeit ist bei Online-Spielen eine eigene Währung, denn je mehr Stunden die Spielenden mit einer App verbringen, je mehr Aufmerksamkeit sie ihr widmen, umso höher fallen die Werbeeinnahmen für die Produzenten aus. Leider halten die großen Tech-Firmen Details über das Verhalten von Spielern und Spielerinnen zurück. Auf lange Sicht könnte sich das als unklug erweisen. Klüger wäre es wahrscheinlich, die Computerspiele- und App-Hersteller würden der Forschung einen größeren Teil ihres Datenschatzes zur Verfügung stellen. Sollten die Befürchtungen über das Suchtpotenzial übertrieben sein, gäbe es kaum eine bessere Möglichkeit, dies zu zeigen, als mit belastbaren Daten. Und wenn es ein Alter gäbe, in dem man noch nicht spielen sollte, oder Zeiträume, die frei sein sollten von digitalen Interaktionen, wäre auch das gut zu wissen. Für die Unternehmen ist es in jedem Fall besser, das Problem jetzt zu erkennen und freiwillig etwas dagegen zu unternehmen. Die Alternative ist, dass Datenschutzbeauftragte und die Familienministerien der Bundesländer sie zum Handeln zwingen werden; und wie das Beispiel China gezeigt hat, kann eine Regierung, sobald sie vom Suchtpotenzial überzeugt ist, sehr wirkmächtige Regeln erlassen. Bis (gesundheits-)politische Maßnahmen (vielleicht) kommen werden, hält uns Erwachsene übrigens nichts davon ab, eine selbst auferlegte Internetabstinenz an einigen Stunden des Tages vorzuleben, oder?

Ein unfreiwilliges reales Testlabor stellte die Corona-Pandemie dar, denn nach ihrem Beginn verbrachten Lernende sehr viel mehr Zeit an Bildschirmen als zuvor – zum Teil zum Lernen, zu einem größeren Teil aber, um soziale Medien zu nutzen oder schlicht um zu spielen. Die Zahl internetsüchtiger Studierender hat sich während der Corona-Pandemie mehr als verdoppelt. So ergab eine Studie der Universität Mainz, dass 8 % deutliche Merkmale für eine Online-Sucht aufwiesen (zum Vergleich: im Jahre 2019 waren es »nur« 3,9 %). Aber auch hier sind digitale Medien möglicherweise ein Ventil für ein tiefer liegendes Problem des Einzelnen und stellen eine Verführung dar, denn auch die Mainzer Forschenden fanden Belege dafür, dass die Online-Sucht meist mit Depressionen, Einsamkeit und Angststörungen einhergeht. Internetsucht als exzessiven Konsum mit schädlichen Auswirkungen grenzten die Wissenschaftler klar ab von einer gesteigerten Internetaktivität ohne Suchtcharakter, wie sie unter anderem durch die Umstellung auf Distanzlehre/Homeschooling verbreitet war.

Am deutlichsten wird dieses Suchtpotenzial bei der Online-Glücksspielsucht. Lotto, Bingo, Roulette, Black Jack und Poker spielen – und man muss dafür nicht einmal mehr vom Sessel aufzustehen! Seit 2021 dürfen Menschen in Deutschland zumindest theoretisch legal in Online-Casinos zocken. Praktisch sind bislang keine deutschen Lizenzen für Online-Spielcasinos vergeben worden.

Dass virtuelles Glücksspiel besonders leicht süchtig machen kann, ist gut belegt und dadurch bestätigt, dass etwa 1,4 % der Weltbevölkerung an einer Form der Computerspielsucht leidet. Eine 2021 erschienene Metaanalyse von über 100 Studien zu diesem Thema belegt, dass der wichtigste Risikofaktor für problematisches Spielverhalten nicht in der Persönlichkeit oder den Lebensumständen des Spielers oder der Spielerin zu finden ist, sondern darin, wie verfügbar und welcher Art die Spiele sind. Am gefährdetsten waren Spieler, die über ihre Smartphones uneingeschränkten Internetzugang zu den Spielforen hatten. Es gilt: Je mehr Gelegenheiten zum Spielen man hat, desto höher ist auch die Suchtgefahr.

All dies trübt die euphorische Sicht auf den Einsatz digitaler Medien in anderen Lebensbereichen. Denn die Forschung zu Sucht und Drogen zeigt, dass der niedrigschwellige Zugriff darauf ein Risikofaktor ist, über den auch im Umgang mit sozialen Medien und Computerspielen gerade bei Jugendlichen, aber auch bei Erwachsenen wesentlich mehr aufgeklärt werden müsste.

KAPITEL 3

Das digitale Klassenzimmer: Ist das Ende der Kreidezeit nahe?

»Digitalisierung ist eine der wichtigsten Aufgaben für das Bildungssystem … Kinder und Jugendliche verstehen sich nahezu blind auf Technik, aber der kritische Umgang ist die Herausforderung. Um diesen zu lernen, brauchen sie mehr Menschen, nicht noch mehr Maschinen.«

Prof. Klaus Zierer und Prof. Thomas Gottfried, Die Zeit, 08.01.2023

»Digitalisierung der Schule« ist eine immer wieder laut erhobene Forderung. Was aber steckt eigentlich dahinter: Sind Tablets, Smartphones, Laptops und Lern-Apps die Erlösung von der Mühsal langer und oft fruchtloser Lerneinheiten, die im Staub steinalter Lernmethoden versinken? Wird Lernen in der Schule, an Universitäten, in der Ausbildung und bei Fortbildungen am Arbeitsplatz wirklich leichter mithilfe digitaler Lernhelfer? Werden die digitalen Geräte menschliche Mentoren/Lehrkräfte ersetzen? Und was müssen Kinder heute lernen, wie müssen sie mit »digitalen Medien« umgehen können, um medienkompetent zu sein und später am Arbeitsplatz bestehen zu können (Stichwort: *digital literacy*/Medienkompetenz)? Welche digitalen Lernwerkzeuge können sinnvoll und effizient für das Lernen eingesetzt werden, wenn man die Arbeitsweise kindlicher Gehirne berücksichtigt?

Dabei müssen wir uns in einem ersten Schritt klarmachen, was der so weitläufig und vielfältig – man könnte auch sagen:

schwammig – verwendete Begriff »Digitalisierung« im Schulkontext genau meint, damit man sich nicht in einem sprachlichen und inhaltlichen Kabelsalat verliert.

»Digitale Medien« im Bildungswesen sind ein weites Feld an technischen und didaktischen Möglichkeiten. Damit kann Lernsoftware gemeint sein, die im Unterricht als Lern-App zum Einsatz kommt, oder Übungssoftware, bei der jeder für sich übt. Auch technische Endgeräte fallen unter diesen Begriff ebenso wie Kollaborationsplattformen wie Teams oder Zoom, um Gruppenarbeit auch von zu Hause aus zu ermöglichen oder um länger erkrankte Schüler einzubinden.

Dabei wird meines Erachtens viel zu wenig diskutiert, welche Ziele mit den verschiedenen Aspekten der schulischen Digitalisierung eigentlich verfolgt werden sollen. Im politischen Raum hört man oft, dass Schüler und Schülerinnen besser vorbereitet werden sollen auf eine digitalisierte Arbeitswelt, die wohl bald nicht mehr ohne KI-Roboter oder -Software denkbar sein wird. Seltener ist die Rede davon, ob das schulische Lernen selbst durch digitale Medien für die Schüler und Schülerinnen schneller, leichter oder nachhaltiger werden kann. Oder besteht die Chance, mit den neuen digitalen Möglichkeiten mehr Kinder aktiv in den Unterricht einzubinden? Können digitale Methoden und Endgeräte gar am Ende dazu führen, dass Lehrkräfte entlastet, weniger Lehrkräfte benötigt, Einsparungen ermöglicht werden oder man den regelmäßig wiederkehrenden Lehrkräftemangel ausgleichen kann?

Wer über Schulen mit intensiver digitaler Mediennutzung nachdenkt, muss sich zwei Aspekte vor Augen halten: zum einen, was das in technischer Hinsicht bedeutet, also wie die technische Anbindung von Schulen an das Internet mit hoher Übertragungsgeschwindigkeit und starker Kapazität für Hunderte von Schülern und Schülerinnen sowie Lehrer und Lehrerinnen gelingen kann. Dafür bedarf es – und zwar vor der Einführung – Administratoren für Hard- und Software. Nur mit Fachleuten sind zuverlässige Bedienbarkeit, Datenschutz und Sicherheit gewährleistet (der Bademeister im Schwimmbad wird schließlich auch nicht erst ein Jahr nach der Eröffnung eingestellt!). In der Praxis erledigen diese Aufgaben oft einige Technik-affinere Lehrer und Lehrerinnen mehr oder weniger stillschweigend »mit«, häufig zulasten des Unterrichts und mitunter auch nicht wirklich professionell. Wenn der Staat so etwas wie den »Digitalpakt« zur finanziellen Unterstützung der Schulen anbietet, müsste er eigentlich auch gewährleisten, dass die Beantragung von Fördermitteln daraus nicht zur zusätzlichen Belastung wird. Und er muss Mittel für die kontinuierliche Wartung und Administration der Geräte und der Software, für Fortbildungen und die energetischen Kosten bereitstellen.

Oft hört man, dass dem Fortschritt an den Schulen die Bildungshoheit der Bundesländer im Weg stehe. Sich in Sachen Digitalisierung der Schulen auch über Ländergrenzen hinweg mehr auszutauschen, Cloudspeicher gemeinsam zu nutzen und gemeinsame Verträge abzuschließen, um Hard- und Software anzuschaffen, wäre sicher sinnvoll. Auch wäre es einfacher und für die Entwickler finanziell attraktiver, Schul-Software gemeinsam zu entwickeln, schon um den Datenschutz länderübergreifend zu vereinheitlichen. Während der Corona-Lockdowns durften die Schulen – je nach Bundesland – beispielsweise Zoom oder Teams als Kollaborationssoftware verwenden oder auch nicht nutzen. Selbst in derselben Stadt galten manchmal unterschiedliche Standards, je nachdem ob es kommunale oder vom Landkreis betriebene Schulen waren.

Der zweite große Aspekt ist der, wie digitale Medien im Unterricht eingesetzt werden, um die Lernleistung, das Lernvermögen und vielleicht auch die Freude am Lernen zu erhöhen. Dabei geht es immer auch um die Frage, inwieweit Schulen heute die Anpassung an die Anforderungen unserer Gesellschaft und unserer Arbeitswelt mittragen sollten.

Diese Differenzierungen zum Thema »Digitale Medien an Schulen« sind notwendig, damit man nicht den Überblick verliert, worüber man eigentlich diskutiert, wenn man dafür plädiert, sie kritisiert oder ihr Potenzial zu nutzen versucht. Auch sind diese Überlegungen wichtig, um einige Probleme schon vorab zu benennen, die zusammen mit den im Weiteren aufgeworfenen Fragen gelöst werden müssen, damit Schüler und Schülerinnen möglichst gut auf eine digitale Arbeitswelt vorbereitet werden und mündige Bürger einer immer komplexer werdenden digitalisierten Gesellschaft werden können. Wir sollten versuchen, das Lernen *trotz* mangelhafter digitaler Mediennutzung abzulösen durch schulisches Lernen *auch* mithilfe digitaler Lernwerkzeuge, digitaler Endgeräte und zuverlässiger und sicherer Online-Netzwerke, so mein Plädoyer.

In den folgenden Unterkapiteln werden streiflichtartig einige Themen aus dem großen Bereich des Einsatzes digitaler Medien in Schulen benannt, um einen Bogen zu spannen, wo ihre Möglichkeiten und Grenzen liegen. Und es wird dabei auch ein paar überraschende Erkenntnisse geben.

Alles leichter mit digitaler Elektronik?

1088 wurde in Bologna an der gerade eröffneten Universität eine Vorlesung gehalten, wie sie uns auch im 21. Jahrhundert noch vertraut ist: Ein Professor spricht in einem Hörsaal zu vielen Studierenden, ein ausformulierter Text dient ihm als Grundlage. Während mittlerweile Alexa oder Siri unsere Fragen beantwortet, Schüler und Schülerinnen mit Freunden am anderen Ende der Welt skypen und Filme online schauen, hat sich ein Großteil der Lehrmethoden an Schulen und Universitäten seit dem Mittelalter kaum verändert. Daran ändern auch vorgefertigte Powerpoint-Folien in Online-Vorlesungen nicht grundsätzlich etwas. In ihrer Holzschnitzartigkeit sind diese Ausprägungen der Stoffpräsentation so alt wie die Universitäten selbst.

Nun sollen hierzulande durch politische Vorgaben und Änderungen der Lehrcurricula der Bundesländer digitale Medien in Schulen und Universitäten diese Form dramatisch ändern, die Lehre in realen Räumen soll ergänzt werden mit virtuellen Plattformen, und Lehrkräfte sollen zusätzlich mit digitalen Lernagenten unterstützt werden. Ein wichtiges Schlagwort dabei ist der Begriff »EdTech« (engl. **Ed**ucational **Tech**nology, Bildungstechnologie). Er bezeichnet die digitale Nutzung und Verwaltung von Medien im Rahmen von Bildungsprozessen. EdTech umfasst den Einsatz digitaler Endgeräte und der entsprechenden Software in Bildungseinrichtungen, sowohl für das Lehrerpersonal als auch für Lernende in Schule und Universität, genauso wie in der Ausbildung, Fortbildung und Weiterbildung im Erwachsenenbereich.

Daten auf Schritt und Tritt

Wie digitale Medien und KI-Systeme nicht nur künftig genutzt werden könnten, sondern anderswo schon heute eingesetzt werden, wird im OECD-Bildungsreport über digitale Medien/EdTech an Schulen von Andreas Schleicher und seinen Co-Autoren bereits dargelegt. Über ein besonders markantes Beispiel berichtete der Economist: In China werden, mit sicher zum Teil datenschutzrechtlich bedenklichen

Mitteln, zurzeit Schulgebäude mit Sensoren, Kameras und Computern ausgestattet, um bestimmte Verwaltungs- sowie Lehr- und Lernfunktionen zu übernehmen. Einige Schulen experimentieren bereits damit und entwickeln innovative Wege, um intelligente Technik in ihren Betrieb zu integrieren.

Ein Beispiel: Die Luwan No. 1 Central Primary School (Huangpu District, Shanghai) ist eine öffentliche Schule, die nicht nur digitale Endgeräte und Lernsoftware im Wechsel mit klassischen Lernmethoden in den Unterricht integriert, sondern auch Künstliche Intelligenz für Auswertungen und Anwendungen in die Verwaltung des Schulgeländes sowie in das Lehren und Lernen integriert. So werden mithilfe der IoT-Sensortechnologie (engl. ***I****nternet* ***o****f* ***T****hings, Internet der Dinge) auf dem digitalen Campus Daten gesammelt und analysiert, um Umweltfaktoren wie Sicherheit, Beleuchtung, Wasser- und Luftqualität automatisch zu kontrollieren und zu verwalten, aber auch um Auskunft über die Aktivitäten auf dem Campus zu erhalten, z. B. über die Personendichte in den Fluren. Im Hinblick auf eine »gläserne« Schüler- und Lehrerschaft sicher bedenklich, werden in Kombination mit tragbaren Geräten auch physiologische Daten wie die Körpertemperatur und die Herzfrequenz der Schüler und Schülerinnen aufgezeichnet. Von den Lehrern und Lehrerinnen vergebene Noten werden gespeichert, um den Lernprozess zu protokollieren. Die App Digitale Schüler analysiert die Daten, um detaillierte, ganzheitliche Porträts aller Schüler und Schülerinnen zu erstellen. Die Datenerfassung soll, so der Anspruch, das Verständnis für den Lernstand und die Entwicklung der Kinder verbessern und den Lehrern Daten liefern, mit denen sie ihren Unterricht auf deren Bedürfnisse abstimmen können. Die digital und automatisiert gesam-*

melten Daten umfassen das akademisches Niveau, Disziplin, körperliche und geistige Gesundheit, ästhetisches Empfinden und soziales Verhalten. Hinzu kommt der Versuch, auch sozio-emotionale Aspekte wie Lerneifer und affektive Zustände durch Sprach- und Gesichtserkennungstechnologie mithilfe digitaler und lernender KI-Algorithmen zu vermessen – sicher aus Datenschutzgründen nach europäischem Standard mehr als fragwürdig. Das »digitale Unterrichtssystem« bietet den Lehrern Unterstützung in verschiedenen Aspekten des Unterrichts. Dazu gehören Unterrichtsvorbereitung, Klassenraumorganisation, Hausaufgaben, Nachhilfe und Bewertung. Ein KI-gesteuertes Nachhilfesystem unterstützt Schüler und Schülerinnen mit personalisierten Anleitungen beim Zugang zu Ressourcen, Werkzeugen und Wegen. Bis Juni 2021 wurde dieses Modell von mehr als 250 Schulen in Shanghai, Qinghai, Shaanxi, Guizhou und anderen Städten erprobt und übernommen.

Eine an die Tongji-Universität angegliederte Schule, die in China mit neuen Lernformen experimentieren soll, hat ein digitales Klassenzimmer-System in Englisch, Geografie und Biologie eingeführt. Die gesammelten Lerndaten der Schüler bilden die Grundlage für den Unterricht und das weitere Lernen. Vor dem Unterricht verwenden die Lehrkräfte interaktive Übungswerkzeuge, um den Lernstand der Schüler zu beurteilen; außerdem führen sie von Zeit zu Zeit kurze Leistungstests in der Klasse durch, um aktuelle Lerndaten zu erhalten. Diese werden elektronisch gespeichert und sollen helfen, die Leistungsentwicklung zu beurteilen. Dies ermöglicht es den Lehrern, ihre Methoden kurzfristig während des Unterrichts zu ändern und individuelle Strategien für die Hausaufgaben und eventuelle notwendige Nachhilfeprogramme zu entwickeln. Auf der Grundlage dieser Informationen stellen die Lehrkräfte Online-Aufgaben, die vom System automatisch bewertet werden und die Grundlage für personalisierte Wissensanalyse-Berichte bilden. Auf Grundlage der Leitungserhebungen schlägt das System interaktive Lernübungen mit einer Tablet-App vor, um den individuellen Lernbedürfnissen gerecht zu werden. Die Lehrkräfte erhalten Anleitungen, um gezielte Aufgaben für die Zeit nach dem Unterricht vorzuschlagen, Beratung anzubieten und ihren Unterricht an die Bedürfnisse der Schüler anzupassen. Das System ermöglicht auch kollaboratives Lernen, wobei sowohl die Schüler selbst als auch ihre Lehrer die Arbeiten sehen und kommentieren können.

Die Versprechen und Ideen, das Bildungswesen durch den Einsatz fortschrittlicher Technik zu verbessern, ist nicht neu. Im Jahr 1928 erfand der in den USA forschende Psychologe Sidney Pressey eine »Unterrichtsmaschine«, die »Lehrer und Schüler von der Plackerei im Unterricht befreien« sollte. Der Automat bestand aus einer Papiertrommel, auf der Multiple-Choice-Fragen standen. Wenn man die Taste mit der richtigen Antwort drückte, drehte sich die Trommel weiter und warf zur Belohnung Süßigkeiten aus. Trotz der zuckersüßen Köder ging Presseys Lernmaschine den Weg der meisten dieser Erfindungen: Die Schüler verloren schnell die Lust, und die Lehrer ernteten den versprochenen Erfolg nicht. Die Maschine verschwand schnell und leise wieder aus dem Repertoire der Lehrmittel. Seitdem hat eine Reihe von Erfindungen, die versprachen, das Lernen zu erleichtern, denselben Weg genommen.

Die in den späten 1980er-Jahren beginnende Durchdringung unseres Alltags mit digitaler Technik, erst mit Desktop-Computern und Laptops, dann mit Smartphones und Smartwatches bis hin zu Tablets hat viele Bereiche unseres Lebens umgestaltet, vom

Navigationssystem bis zur automatisierten Steuerprüfung. Doch auf das Bildungswesen hatte sie bisher kaum Auswirkungen, und wenn, waren diese nicht gut evaluiert.

Im Jahr 1984, in dem der erste Apple Macintosh verkauft wurde, kam ein Computer auf 125 amerikanische Schüler, im Jahre 2012 waren es sechs auf zehn. Doch 2015 stellte die OECD fest, dass es keinen Zusammenhang zwischen den IT-Ausgaben eines Landes (wie viel geben Unternehmen, Behörden und Bildungseinrichtungen für Computer, Tablets, Netzwerkinfrastruktur aus) und den Fähigkeiten von 15-Jährigen in den Bereichen Mathematik, Naturwissenschaften und Lesen gibt. Eigentlich hatten Schulbehörden, aber auch viele Bildungsexperten erwartet, dass eine bessere Ausstattung einer Schule mit Computern die Lernleistung der Schüler steigern würde. Dem war aber nicht so. Die Computerausstattung korrelierte noch nicht einmal leicht mit der Lernleistung. Prof. Ludger Wößmann vom ifo Institut in München fand sogar eine negative Korrelation. Wichtiger als technischer Zugang scheint also der qualitative Einsatz von mit diesen Medien gut ausgebildeten Lehrern und Lehrerinnen zu sein.

Bis heute werden digitale Bildungswerkzeuge kritisch beäugt, abgelehnt und herbeigesehnt zugleich – von Bildungsinstitutionen, der Lehrerschaft und teilweise auch von Eltern. Zu Beginn der Corona-Pandemie 2020 wurde Online-Unterricht über Nacht zur zwingenden Notwendigkeit – und so zu einem riesigen Feldversuch für den Einsatz digitaler Plattformen unter wenig kontrollierten Bedingungen und ohne jede Vorbereitungszeit für die Lehrerschaft. Auf der Habenseite stand, dass die Bildungseinrichtung Schule auch ohne Präsenzpflicht irgendwie weiter aufrechterhalten werden konnte. Allerdings war diese Zeit an vielen Stellen auch eine Zumutung: für überforderte Lehrerinnen und Lehrer, die sich nicht mit der notwendigen Technik auskannten oder mit der schon lange kritisierten schlechten Anbindung der

Schule ans Internet und ständigen Systemzusammenbrüchen zu kämpfen hatten; für Schüler und Schülerinnen, aber auch deren Eltern, die im Lernprozess allein gelassen wurden. Die Ergebnisse dieser Zeit sind in Deutschland jedenfalls ernüchternd, wie Studien unter anderem des ifo Instituts in München gezeigt haben: Ein Lernfortschritt war nicht vorhanden, im Gegenteil, der Lernstand war in etwa so, wie man ihn nach den Sommerferien erwarten würde, also de facto ein Rückschritt. Ein vernichtendes Urteil dafür, wie bei uns digitale Medien in Schulen heute eingesetzt werden.

Schaut man sich allerdings die Ergebnisse im Detail an, so stellt man fest, dass an ihnen nur zum Teil die digitalen Medien schuld waren. Entscheidender – und daraus kann man für die Zukunft des Lernens mit digitalen Medien nur lernen – war die mangelnde Erfahrung der Lehrkräfte mit E-Learning, die Unfähigkeit der Schulbehörden, die Schulen zu unterstützen, und in einzelnen Fällen sicher auch die mangelnde Führung durch Schulleitungen und Kultusministerien, die es nicht geschafft haben, die Lehrer auch nur auf einen Mindeststandard zu verpflichten, was sie während der Schul-Lockdowns anbieten müssen. So zeigte 2021 eine Umfrage des ifo Instituts unter mehr als tausend Eltern von Schulkindern, dass die Zeit, die Kinder während der Schulschließungen mit schulischen Themen verbracht hatten, sich von 7,4 auf 3,6 Stunden täglich verkürzt hatte. 38 % der Schüler und Schülerinnen hatten höchstens zwei Stunden pro Tag gelernt, 74 % höchstens vier Stunden. Dafür ist die mit Fernsehen, Computerspielen und Handy verbrachte Zeit von 4,0 auf 5,2 Stunden täglich gestiegen. Vor allem leistungsschwächere Schulkinder ersetzten Lernerfahrungen durch Online-Ablenkung und Fernsehen. Über 50 % der Schulkinder hatten weniger als einmal pro Woche einen für alle verbindlichen gemeinsamen Online-Unterricht. Nur für 6 % gab es tägliche Online-Lerneinheiten. Noch seltener hatten die Schüler und Schülerinnen individuellen Kontakt mit den Lehrkräften. Besonders davon betroffen waren Nichtakademiker- und leistungsschwächere Kinder.

Kein Wunder also, dass der Lernfortschritt ausblieb, wenn Kinder so wenig Kontakt zum Lehrer (und ihren Mitschülern) hatten und nur 50 % der normalerweise aufgewendeten Zeit mit Lernen verbrachten. Die Fakten werden hier nicht genannt, um zu beweisen, dass digitale Medien als Lernwerkzeuge nichts taugen; dafür war die Zeit der Pandemie und der Lockdowns psychisch und auch sozial eine zu starke Belastung und eine zu starke Abweichung vom »normalen« Kontext und Lernrhythmus. Doch die Chance, einen Beleg dafür zu erbringen, dass digitale Endgeräte und Medien automatisch, also schon intrinsisch einen Mehrwert erbringen, wurde verpasst.

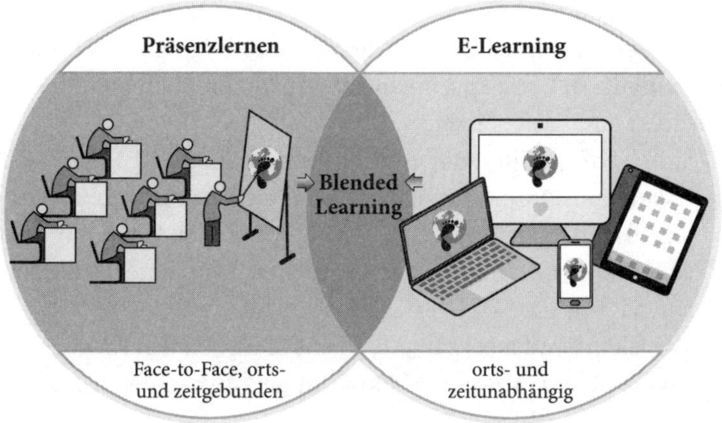

Abb. 13: Blended Learning: Bei dieser Lernform, werden digitale Medien und Unterricht mit einer Lehrkraft im Wechsel durchgeführt, so dass die Schülerinnen und Schüler erst mal ein Thema selbst erarbeiten und dann Fragen und inhaltliche Vertiefungen im gemeinsamen Unterricht besprechen.

Studien aus skandinavischen Ländern haben gezeigt, dass der Einsatz digitaler Medien in Schulen auch anders laufen kann. Dort sind digitale Lehrformate unter dem Stichwort »Blended Learning« schon länger etabliert (s. Abb. 13). Auch bei dieser Mischform aus »normalem« Unterricht und computergestütztem Lernen gab es während der Pandemie Lernverluste. Die Schule als sozialer und motivierender Raum scheint unersetzlich zu sein, vor allem der direkte Kontakt zu Lehrkräften und Mitschülern. Doch in den skandinavischen Ländern schrumpfte der Lernfortschritt in dieser Zeit nur um 20 %. Im Vergleich zu den Vorpandemie-Jahren fielen die Schüler und Schülerinnen hinsichtlich der zu erreichenden Lernziele im Durchschnitt nur um etwa drei Monate zurück in Bezug auf den eigentlich zu erwartenden Lernstand ihres Jahrgangs. In Deutschland lag der Lernrückstand im Vergleich zu den Vorjahren bei zwölf Monaten, also einem ganzen Schuljahr.

Die Schlussfolgerungen aus dem Corona-bedingten unfreiwilligen digitalen Lernexperiment kann man, durch Studien belegt, wie folgt zusammenfassen:

1. Sind Lehrerkräfte entsprechend ausgebildet und lassen sich kreativ auf Online-/digitale Lernformen ein, erweisen diese sich als nützliche Werkzeuge (siehe hierzu auch Daten aus dem Nationalen Bildungsbericht Österreich 2015, unter Mitarbeit von M. Korte).
2. Vor allem Kinder bis zur 5./6. Klasse brauchen den Klassenverband und einen realen Mentor, für sie funktionieren digitale Medien am schlechtesten.
3. Blended Learning, der Wechsel zwischen lehrerzentriertem Unterricht im Klassenverband und der individuellen Bearbeitung von Aufgaben mit E-Learning-Tools und (!) Online-Betreuung durch dafür qualifizierte Lehrer und Lehrerinnen, führt zu den besten Lernergebnissen im Hinblick auf den Ein-

satz digitaler Medien im Unterricht. Einem Wettstreit mit analogen Lernformen soll hierbei nicht das Wort geredet werden, denn unter Pandemiebedingungen fehlten die Kontrollgruppen, in denen parallel analog – und ohne Angst und Unsicherheit – unterrichtet wurde. Aber es ist bemerkenswert, dass Blended Learning selbst unter Pandemiebedingungen erfolgreiches Lernen und Verstehen auf einem guten Niveau ermöglicht hat.

4. Reiner Online-Unterricht ist ein Motivationskiller und zeigt, wie sehr unsere Gehirne evolutiv auf eine Gruppe von uns umgebenden Menschen angewiesen ist. Gehirne, gerade kindliche, suchen das Gemeinschaftsgefühl mit anderen Menschen, und das lässt sich virtuell nicht vollständig simulieren.
5. Digitale Lernplattformen ohne entsprechende schulische Betreuung führen zu einer Vergrößerung der Bildungsschere zwischen unterschiedlichen sozioökonomischen Gruppen.

Blended Learning

Einer der Gründe, warum Blended Learning eine so erfolgreiche Unterrichtsmethode ist, hängt damit zusammen, dass es das Gruppenlernen mit Phasen des eigenständigen Lernens mit Apps oder Internetrecherchen kombiniert (s. Abb. 13). Das Lernen in der Gruppe, auf das unsere sozialen Gehirne besonders geeicht sind, ist gut für die Motivation. Das kann man neurobiologisch daran sehen, dass das Lernen in der Gruppe die Ausschüttung von Oxytocin (ein im Gehirn produziertes Hormon) an den Kontaktstellen zwischen Neuronen (Synapsen) fördert. Die Veränderbarkeit von Synapsen (synaptische Plastizität) ist eine wichtige Voraussetzung für Lern- und Speichervorgänge im Gehirn. Aber auch das Lernen mit Apps erhöht die Motivation. Die Apps lassen sich auf das individuelle Niveau jeden Schülers einstellen und geben direkte Rückmeldungen über Erfolg und Misserfolg. Das erinnert an das individuelle Betreuungskonzept, das schon vor einigen Jahrzehnten als sinnvolles Lernelement erkannt wurde. Der Lernforscher Benjamin Bloom hatte seinerzeit in einer Studie gezeigt, dass individueller Einzelunterricht, gepaart mit Lernen in der Gruppe, zu den besten Lernergebnissen führt. Anklänge an diese Idee finden wir heute beim Blended Learning wieder (für die selbstständige Bearbeitung eines Themas mit Stift und Zettel würden wahrscheinlich ähnliche Aussagen gelten).

Blooms Studie von 1984 wurde berühmt und immer wieder diskutiert, weil sein 1:1-Unterricht (ein Lehrer unterrichtet ein Schulkind) die Leistung der Schüler um zwei Standardabweichungen verbesserte. Das bedeutet, dass die so unterrichteten Kinder in ihrer Lernleistung über 98 % der Kinder in einer Kontrollklasse lagen. Noch bemerkenswerter war, dass im Hinblick auf leistungsstarke und leistungsschwächere Schüler und Schülerinnen die Streuung der Leistungen geringer wurde. Die schwächeren Kinder profitierten also ganz besonders von der damals neuen Methode, sodass am Ende der Studie knapp 90 % der so unterrichteten Schüler und Schülerinnen das Niveau der besten 20 % in den Kontrollklassen erreichten.

Bislang hat es kein Land geschafft, Blooms Idee auch nur annähernd umzusetzen, die Kosten wären einfach exorbitant. Vor allem würde beim zu starken Fokus auf das 1:1-Unterrichten der soziale Klassenverband fehlen. Doch es könnte sinnvoll sein zu überlegen, ob geeignete digitale Sprach- oder Mathematik-Apps nicht wie »Tutoren« wirken könnten, indem sie das individuelle Leistungsniveau der Lernenden berücksichtigen, Rückmeldung geben und die Lerngeschwindigkeit an die Lernenden anpassen. So würden die 1:1-Lernsituationen bezahlbar und im Wechsel mit der Arbeit im Klassenverband mit einer Lehrkraft auch gut evaluiert.

Meine Vorstellung von einer guten Einbindung digitaler Lernformen in ein Unterrichtskonzept sieht so aus: Zunächst informieren Lernende (das gilt für Siebtklässler wie für Studierende und Arbeitnehmer) sich selbst über ein Thema. Hierbei muss die Lehrkraft als Berater und Motivator je nach Voraussetzungen der Schüler und Schülerinnen zur Verfügung stehen, sonst läuft auch dieses gute, praktische Verfahren für zu viele Schüler und Schülerinnen ins Leere. Dann sollten Fragen und Unklarheiten im (Klassen-)Verbund diskutiert und das neu gewonnene Wissen eingeordnet werden. Ein Lehrer/Mentor wirkt dabei instruierend und motivierend mit. Im Anschluss vertiefen die Lernenden das Wissen mit geeigneten Apps. In allen drei Phasen müsste der Mentor sehen können, was die Lernenden bearbeiten, und ggf. eingreifen können, wenn Fragen und Verständnisschwierigkeiten auftauchen. Denn eine Sache können Lern-Apps noch nicht: darauf reagieren, wo der Denk- oder Wahrnehmungsfehler liegt, welches Wissen genau fehlt, und verstehen, wo man noch einmal nachhelfen muss. Für diese Hilfestellungen braucht man Menschen, die als Lehrerin, Mentor oder Tutorin Intentionen nachvollziehen und Denk- oder Anwendungsfehler erkennen können.

In meinen Augen ist eine »Entweder-oder«-Diskussion bei digitalen Medien verfehlt, denn sie können ab einem bestimmten Alter der Lernenden grandiose Werkzeuge in den Händen von Lehrkräften und Schülern sein, vorausgesetzt, sie werden entsprechend von Lehrkräften dabei begleitet. Den Lehrern und Lehrerinnen könnte das Leben mit Software erleichtert werden, die ihnen bei der Notenvergabe und der Unterrichtsplanung hilft. Digital verfügbare Best-Practice-Beispiele und im Kollegium geteilte Datenbanken könnten im Alltag genutzt werden ebenso wie elektronische Klassenbücher.

Tablet statt Tafel – wirklich ein Fortschritt?

Nichts symbolisiert traditionellen Schulunterricht so sehr wie eine Tafel, auf die mit Kreide geschrieben wird. Dementsprechend wird das Ende der »Kreidezeit« von Schülern und manchen Eltern immer wieder eingefordert. Doch liegt die Zukunft des Lernens ausschließlich in Tablets und Smartboards?

Gleich ein Beispiel aus der Praxis: die Sprach-App ChatClass, mitentwickelt von Professor Torben Schmidt, der an der Leuphana Universität Lüneburg lehrt, die Schulkinder bei ersten sprachlichen Gehversuchen in einer Fremdsprache anregen und sie ermutigen soll, »Learning by doing« durch Zuhören, Sprechen und Ausprobieren zu betreiben. Doch die Limitierungen dieses Ansatzes werden schnell klar: Schreiben muss man hier nicht – und damit fehlt zum erfolgreichen Lernen ein wichtiger Baustein.

Wie alle E-Learning-Methoden zeigt auch diese App: Digitale Mittel können durchaus zum Lernerfolg beitragen, allerdings nur, wenn sie zielorientiert eingesetzt werden. Die meisten Bildungsexperten kommen zu dem Schluss, dass digitale Lern- und Lehrmittel keinen Ersatz für klassische Unterrichtswerkzeuge (Tafel, Bücher, Gruppenlernen, Frontalunterricht) darstellen, sondern eher als eine Erweiterung des »didaktischen Werkzeugkoffers« zu betrachten sind. Welche didaktischen Mittel im Unterricht wie eingesetzt werden, sollte vom Inhalt abhängen und in der Verantwortung eines Lehrers, einer Lehrerin liegen. Er oder sie sollte über den Einsatz entscheiden, je nachdem, was im jeweiligen Lernkontext sinnvoll erscheint. So wie man mit einem Schraubenzieher kein Brett zuschneiden kann, eignet sich auch ein digitales Lernwerkzeug nur für ganz bestimmte Zwecke – so wie im Übrigen auch ein Lehrbuch.

Wie ein Nebeneinander von analog und digital aussehen kann, lässt sich an vielen Schulen schon jetzt beobachten, auch in Deutschland. Im Idealfall greifen eine gute digitale Infrastruktur und zielgerichtete didaktische Konzepte ineinander. In den Schultaschen der Schüler befinden sich Schulbücher, Stifte und Tablets selbstverständlich nebeneinander. Und obwohl die Klassenzimmer mit Smartboards, Tablets und PCs ausgestattet sind, lernen die Schüler und Schülerinnen auch weiterhin dort, wo es sinnvoll ist, mit klassischen Methoden und extrahieren wichtige Informationen aus Texten in korrekter Rechtschreibung mit Zettel und Stift.

In einer idealen Schulwelt wird dieser Unterricht kombiniert mit digitalen Lernwerkzeugen, die in bestimmten Lernbereichen eingesetzt werden, weil sie direkt an die Kinder zurückmelden können, ob etwas richtig verstanden oder geschrieben wurde. Die Lehrkraft kann passende Aufgaben individuell nach Leistungsstand vergeben. Wenn ein Kind beispielsweise Schwierigkeiten mit der Groß- und Kleinschreibung hat, bietet die Lehrkraft darauf abgestimmte Übungsaufgaben an und stellt den Schweregrad dem Lernstand gemäß ein. Eine solche E-Learning-App erfüllt das, was Bildungsforscher – unabhängig von der Frage nach analogem oder digitalem Lernen – schon lange fordern, nämlich das Lernniveau möglichst exakt an die Leistungsfähigkeit jedes einzelnen Kindes anzupassen. Gefördert mit EU-Mitteln, gibt es mit ANTON eine solche App inzwischen für die Klassen 1 bis 10 für mehrere Fächer.

Ist also (endlich) alles auf dem richtigen Gleis Richtung digitale Zukunft im Bildungsbereich? Nun, auch wenn viele neue Möglichkeiten inzwischen erprobt werden, erweisen sich Lern-Apps in anderer Hinsicht als sperrige Lernmittel: Eine Gefahr besteht zum Beispiel darin, dass der Umweg über die Technik ein Kind kognitiv überlastet. Das ist schnell der Fall, wenn es über Sprungmarken und Hyperlinks zwischen unterschiedlichen Inhalten, Seiten und Bildern hin und her blättert und dabei weder die Lehrkraft noch die Mitschüler ansieht (und dadurch helfende

Gesten ebenso wie motivierende Mimik verpasst). Auf digitalen Seiten verliert unser Gehirn schnell den Überblick, wo man sich im Netzwerk der Informationen und im Fluss des Textes gerade befindet, wie verschiedene Studien aus den USA und Großbritannien gezeigt haben. Hinzu kommt, dass das Tippen, Klicken und Wischen zwischen den Seiten vom Lese- und Gedankenfluss ablenkt. Nicht wenige haben diese neuen Erkenntnisse überrascht, denn lange hatte man gedacht, dass diese Art des vernetzten Lesens und Aufnehmens über Hyperlinks einer der großen Vorteile des digitalen Lernens sei. Tatsächlich erweist es sich als eine seiner größten Hürden.

Einer der Gründe liegt in der begrenzen Speicherkapazität unseres Arbeitsgedächtnisses. Dort müssen beim Hin- und Herblättern zu viele Informationen zwischengespeichert werden. Außerdem merken wir uns assoziativ Inhalte auch über Ortsinformationen: Wo etwas auf einer Seite oder in einem Buch gestanden hat, hilft uns beim gedanklichen Abrufen der Information. Diese Möglichkeit geht verloren, wenn man wild zwischen Text, Bild, Video, Tabellen und anderen Informationen auf Bildschirmen hin und her klickt, das haben Studien von Prof. Katharina Scheiter, Professorin für Empirische Lehr-Lernforschung an der Universität Tübingen ergeben. Sie hat mit Forschern der Universität Hannover und dem Schulbuch-Verlag Schroedel-Westermann ein digitales Lehrbuch für den Chemieunterricht entwickelt: *eChemBook*. Es ist aufgebaut wie ein neues, didaktisch gut gemachtes, »normales« Lehrbuch mit einfachen, klaren Sätzen. Zusätzlich kann man Videos zu Experimenten anschauen, Aufgaben bearbeiten und Simulationen, z. B. zu Gasdruck, Temperatur und Geschwindigkeit von Atomen, durchführen.

Aber selbst für solch gut durchdachte digitale Lernmittel gilt, dass sie am erfolgreichsten sind, wenn das Lernen begleitet wird von einer Lehrkraft. Das belegen Untersuchungen z. B. der amerikanischen Kognitionsforscher Patricia Brooks und Louis Alfieri, die herausfanden, dass Schüler und Schülerinnen Anleitung von einer Lehrkraft benötigen, um eine wissenschaftliche Hypothese zu entwickeln und zu lernen, wie man diese mit Experimenten oder Umfragen überprüft.

Zusammenfassend lässt sich für digitale Lernmittel das Gleiche konstatieren wie für analogen Unterricht: Die didaktische und pädagogische Qualität sowie die authentische Persönlichkeit der betreuenden Lehrkraft sind das Entscheidende für die Vermittlung von Wissen in der Schule. Für analoge Lernformen ist dieser Zusammenhang von dem neuseeländischen Bildungsforscher John Hattie gut belegt worden, der über 50 000 Studien über Kennzahlen zum Lernerfolg in einer Metaanalyse zusammenfasst hat. Er stellte fest, welcher lernbegleitende Umstand den stärksten Effekt auf den Bildungserfolg hat: Wichtiger als die Klassengröße, die Form des Unterrichtes (z. B. Frontalunterricht vs. Gruppenarbeit) oder die Herkunft der Kinder sind die Lehrkräfte selbst. Entscheidend ist, wie die Rückmeldung an die Schüler und Schülerinnen erfolgt, also wie motivierend und qualifiziert die Lernkontrolle ist. Genau darin besteht auch die Chance der digitalen E-Learning-Tools: Sie können bei vielen Aufgabenstellungen direkt zurückmelden, ob etwas richtig oder falsch ist, für jeden Lernenden auf dem entsprechenden Niveau. Einschränkend muss man allerdings hinzufügen, dass ein »Richtig« oder »Falsch« allein nur einen geringen Bildungsnährwert hat. Nur menschliche Lehrer und Lehrerinnen können erkennen, was an Einsicht und Verständnis fehlt, wieso ein bestimmter Fehler gemacht wurde und wie er künftig zu vermeiden wäre.

Und die Entwicklung geht weiter: Es gibt bereits Sprachprogramme, zusätzlich zu den Lehrbüchern, die qualifiziert Rückmeldung geben, wenn z. B. eine Steigerungsform oder eine Zeitform falsch angewendet wurde. Der Tübinger Computerlinguist

Detmar Meurers hat ein internetbasiertes Arbeitsheft zu einem Englisch-Schulbuch evaluiert und konnte den Erfolg belegen. Selbst bei komplexeren Texten kann es Hilfestellungen in Form von *Scaffolding* geben. Damit ist eine Art Gedankengerüst (engl. *scaffold*) gemeint, das die Schüler und Schülerinnen je nach Vorwissen unterstützt und anleitet, ohne die Lösungen vorzugeben.

Je qualifizierter die Rückmeldungen eines Lernprogramms sind, desto besser ist der Lernfortschritt, wie eine Metaanalyse der TU München 2020 zeigte. Und noch etwas wurde durch die Metaanalyse klar: Ein Lehrbuch als PDF anzubieten und lediglich zusätzlich mit ein paar Hyperlinks, Bildern, Videos zu versehen, wirkt sich negativ auf die Schülerleistung aus im Vergleich zur Erarbeitung des Stoffes im Klassenverbund mit einer Lehrkraft im Zentrum der Wissensvermittlung oder in einem physischen Lehrbuch. Verlagsseitig ist so ein digitales Lernmittel zwar kostengünstiger herzustellen – und es Lernenden zur Verfügung zu stellen, ist einfacher. Aber digitale Lernmittel, die sich von analogen nur dadurch abgrenzen, dass man über Links in ihnen hin und her springen kann, sind nutzlos. Digitale Schulbücher mögen den Schulranzen leichter machen, aber wenn sie die technischen Zusatzmöglichkeiten nicht nutzen, haben sie wohl mehr Nachteile als Vorteile.

Eine Auswertung von 33 wissenschaftlichen Untersuchungen lieferte 2019 zahlreiche Hinweise darauf, dass wir Menschen komplexe Zusammenhänge weniger gut verstehen, wenn wir sie auf einem Bildschirm lesen statt in Büchern. Dies zeigt sich vor allem bei Sachtexten. Gerade hier waren gedruckte Bücher oder Lehrhefte den elektronischen Medien überlegen. Dies zeigte sich u. a. daran, dass die Probanden, sowohl Jugendliche als auch Erwachsene, sich Inhalte auf Papier besser einprägten, sich z. B. an Details besser erinnern konnten. Noch wichtiger war der Befund einer großen Studie aus Norwegen (kein Land, das bekannt wäre für seine Technikfeindlichkeit): Schülern fiel es bei gedruckten Texten leichter, Zusammenhänge herzustellen und sie korrekt wiederzugeben. Durchgeführt wurde die Studie mit Schülern und Schülerinnen der 10. Klasse, die einen längeren Sachtext lesen mussten. Im Anschluss sollten sie Fragen zu diesem Text beantworten, während ihnen der Beitrag weiterhin digital oder auf Papier vorlag. Sie hatten also die Möglichkeit, Details nochmals nachzulesen. Die Gruppe, die die Texte am Bildschirm gelesen hatte, schnitt deutlich schlechter ab. Eine Analyse der Augenfolgebewegungen und der Lesegeschwindigkeit der Schüler und Schülerinnen bestätigte die Hypothese, dass ihnen die Orientierung auf Papier leichter fiel.

Ganz generell gilt wohl, dass wir nicht nur die gelesene Information speichern, sondern auch, wo diese steht – oben oder unten auf der Seite, weiter vorne oder hinten im Buch. Auf einem Bildschirm, egal ob Monitor, Tablet oder Smartphone, ändert sich die Position eines Textabschnittes auf dem Display beim Scrollen und mit jeder Änderung der Schriftgröße. Wir sehen nicht nur in einem Buch besser, wie weit wir schon gelesen haben und wo etwas auf der Seite steht, wir fühlen es auch beim Blättern. Unbewusst nehmen wir sogar den individuellen Geruch eines Buches wahr. All diese visuellen, haptischen und olfaktorischen Erinnerungsstützen sind für uns als Leser unbewusste Merk- und Assoziationshilfen. Aber auch unsere generellen Lesegewohnheiten an Bildschirmen scheinen eine Rolle zu spielen. Wer den ganzen Tag kurze Nachrichten oder schnelle Informationshappen in Suchanfragen überfliegt, der hat diese Art des schnellen Lesens an digitalen Endgeräten verinnerlicht, und die assoziative Umgebung (der Kontext) des Bildschirmes führt dann oft schon zu einem anderen Leseverhalten als bei Büchern oder ausgedruckten Texten.

Wann handschriftliche Notizen besser sind

Einen Lerneffekt hat es aber nicht nur, wenn wir etwas lesen, sondern auch, wenn wir etwas schreiben. Die US-amerikanische Psychologin Pam Mueller und ihr Kollege Daniel Oppenheimer spielten Studierenden einen aufgezeichneten Vortrag vor. Die Probanden durften sich während des Videos Notizen machen – einige auf dem Laptop, also per Tastatur, andere handschriftlich auf Papier. Letzteren fiel es danach hochsignifikant leichter, Verständnisfragen zum Inhalt korrekt zu beantworten.

Zwei Faktoren scheinen bei diesem Unterschied eine Rolle zu spielen: Zum einen bewirkt die Handschrift eine individuelle Kodierung des Gehörten über die Motorik. Schon frühere Studien haben gezeigt, dass beim Fakten-Erinnern motorische Areale im Gehirn aktiv werden, die schon bei der Mitschrift aktiv waren. Die Gedächtnisprozesse im Gehirn nutzen also nicht nur inhaltliche Zusammenhänge und Wissensassoziationen, sondern zusätzlich eine Gedächtnisspur zur Motorik des Geschriebenen. Es ist auch nur die eigene Handschrift, die eine motorische Spur im Gedächtnis hinterlässt – im Unterschied zu einer Tastatur, die immer gleich ist und die beim Tippen keine individuelle motorische Assoziation zum Wort oder zu einem notierten Satz ermöglicht.

Darüber hinaus zeigte sich auch, dass die Schreibgeschwindigkeit eine Rolle spielt: Etwas handschriftlich zu Papier zu bringen, dauert länger. Deshalb neigten die Probanden dazu, das Gehörte stärker zusammenzufassen und nicht einfach wortwörtlich zu protokollieren. Die Handschrift-Gruppe setzte sich also schon beim Schreiben intensiver mit dem Redeinhalt auseinander und formulierte die Notizen mit ihrem eigenen Wortschatz, der leichter assoziiert werden kann.

Im Mai 2020 wurde eine Metaanalyse zum Schreiben per Hand veröffentlicht, deren wissenschaftliche Arbeit darin bestand, alle qualitativ anspruchsvollen Studien zu diesem Thema zusammenzutragen und zu gewichten, um dann aus der Gesamtheit aller zu diesem Forschungsgebiet gehörenden Studien Schlussfolgerungen zu ziehen. Diese Metaanalyse bescheinigte den von Hand verfassten Notizen eindeutige Vorteile beim späteren Abruf der entsprechenden Informationen und Zusammenhänge.

Auch beim Schreibenlernen ist ein Stift in der Hand weiterhin unverzichtbar, da er zum einen die Feinmotorik schult und Grundschüler sich zum anderen besser an die Buchstabenreihenfolge und die Form der Buchstaben erinnern, wenn sie sie mit der Hand schreiben. Dies belegen Studien mit bildgebenden Verfahren, z. B. an der Indiana University in den USA: Bei Grundschulkindern, die das Schreiben mit der Hand geübt hatten, trat die neuronale Aktivität weitaus stärker und deutlich besser vernetzt zwischen den beiden Großhirnhemisphären auf als bei Kindern, die nur Buchstaben in eine Tastatur tippten. Der Lese-Schaltkreis unseres Gehirns, bestehend aus miteinander verbundenen Regionen, die beim Lesen aktiviert werden, wird während des Schreibens mit der Hand aktiviert und eben nicht, wenn wir nur tippen. Diese Untersuchung hat auch gezeigt, dass das Schreiben von Buchstaben in einem sinnvollen Kontext im Vergleich zum Schreiben als reines Abmalen bzw. Benennen eines einzelnen Objekts eine viel stärkere Aktivierung von Arealen in beiden Gehirnhemisphären hervorruft. Wenn ein Kind eine Schreibschrift lernt, entwickelt das Gehirn eine funktionelle Spezialisierung, die sowohl Empfindung und Bewegungskontrolle als auch Denken integriert. Bildgebende Untersuchungen des Gehirns zeigen, dass beim Erlernen der Handschrift im Vergleich zum Tippen mehr Hirnareale koaktiviert werden. Eine stärkere Aktivierung und eine Involvierung mehrerer Gehirnareale zeigt, dass der Lernvorgang intensiver ist und es später mehr Möglichkeiten geben wird, dass Gelernte abzurufen. All das wirkt sich positiv auf die Denkfähigkeiten aus, die beim Lesen und Schreiben gebraucht werden. Überraschenderweise merken sich Kinder über das Schreiben mit der eigenen Hand auch besser, wie ein Wort geschrieben wird und welche Bedeutung es hat, als wenn sie es in eine Tastatur eingeben.

Als Hirnforscher neigt man dazu, Lernen in all seinen Aspekten auf Prozesse im Gehirn zu reduzieren. Dabei übersehen wir aber mitunter wesentliche Aspekte der Verkörperung *(Embodiment)*, also der Verknüpfung von geistigen und körperlichen Zuständen. Embodiment hilft den Lernenden, die Zusammenhänge besser zu begreifen. Körperliche Aktivitäten gehen mit bestimmten kognitiven Abläufen einher. So lässt sich eine Fremdsprache leichter erlernen, wenn man Vokabeln und häufig vorkommende Phrasen mit geeigneten Gesten verknüpft. Selbst im Bereich der mathematischen Konzepte helfen körperliche Erfahrungen, etwa in Form räumlicher Zahlenparcours. In der Interaktion von Lehrenden mit Lernenden spielen Verkörperungen eine wichtige Rolle. Wer beim Lehren mit den Händen gestikuliert, hilft den Lernenden beim Verständnis der Zusammenhänge – und nebenbei sich selbst dabei, seine Gedanken während des Redens zu ordnen.

Sogar Gesten, die lange Zeit didaktisch als verpönt galten, kommen inzwischen wieder in Mode. So hat das britische Team von Professor Korbinian Moeller eine App für Kinder entwickelt, die das Zählen mit den Fingern einbaut, um so das Verständnis für Beziehungen zwischen Zahlen zu verbessern. Die App Cabuu, die 2019 mit dem Comenius-Award ein besonderes Gütepradikat bekommen hat, unterstützt das Vokabellernen durch entsprechende Gesten der Finger und Hände.

Alle diese Beispiele zeigen, dass Digitalisierung kein Selbstzweck sein darf – aber sie bieten auch keinen Anlass, digitale Lernwerkzeuge aus dem Repertoire einer neuen Lehrergeneration zu verbannen. Viele Schulen sind dazu übergegangen, in ihren Lehrkonzepten Stift und Tastatur abwechselnd zu nutzen. Viele Tablets erlauben beides. Einen Winkel im Mathematikunterricht kann man mit Bleistift und Geodreieck konstruieren – oder mit einer Geometrie-Software wie GeoGebra. Bei der Unterrichtsvorbereitung sollten sich Lehrkräfte idealerweise immer fragen, wann der Einsatz digitaler Hilfsmittel der Wissensvermittlung nutzt und wann er nicht sinnvoll oder sogar kontraproduktiv ist.

Unabhängig von solchen didaktischen Fragen sind die Vorteile digitaler Endgeräte spätestens seit Beginn der Corona-Pandemie nicht mehr zu übersehen. Zum einen haben Schulkinder so von zu Hause Zugriff auf den Stoff des Unterrichts, wenn ein Schulbesuch nicht möglich ist (das sind Hardware-bedingte Vorteile, die eine gute Netzanbindung an die Schule voraussetzen und gute Endgeräte wie Schullaptops und Tablets). Zum anderen wird durch eine didaktisch hochwertige Software auch im »normalen« Schulalltag die gemeinsame Bearbeitung von Texten und Aufgaben in Kleingruppen erleichtert. Sie erlaubt es im Idealfall, die eigenen Notizen und bereitgestellten Informationen über Suchfunktionen leichter zu finden im Vergleich zu einem handschriftlich verfassen Heft oder Zettelsammlungen in Ordnern. Nicht zuletzt könnte eine spezielle Lehrer-Software von Lehrkräften genutzt werden, um den individuellen Leistungsstand der Schüler und Schülerinnen mit geeigneten Programmen einzuschätzen, die die Aufzeichnung und Bewertungen standardisieren könnten.

Was sich, wie der Tübinger Erziehungswissenschaftler Andreas Lachner zu bedenken gibt, nicht bestätigt hat, ist die Erwartung, dass digitale Endgeräte die Motivation der Lernenden dauerhaft fördern. Das gelte zwar direkt nach der Einführung, aber nach einigen Wochen verpufft der Effekt.

Unser Gehirn kodiert auch im 21. Jahrhundert neue Informationen umso nachhaltiger, je intensiver diese gelernt werden mussten. Oder anders ausgedrückt: Egal, mit welchem Lernwerkzeug wir arbeiten, Lernen bleibt harte Arbeit. Allerdings belohnt uns das Gehirn dann auch: Das Gelernte wird dauerhafter gespeichert und kann zuverlässiger abgerufen werden im Vergleich zu Lernsituationen, in denen uns der Lösungsweg bereits präsentiert wurde und wir nur passiv gelernt haben. Natürlich gibt es keinen Grund, Lernen unnötig schwer zu machen. Doch den Einsatz digitaler Endgeräte zum heilsbringenden Dogma der Wissensvermittlung zu machen, ist ebenso wenig zielführend. Der sinnvolle Einsatz digitaler Medien im Unterricht setzt aber in jedem Fall eine gelungene Schulung für Lehrer und Lehrerinnen voraus. In unserem Digitalzeitalter müssen auch die Wissensvermittler selbst wieder zu Lernenden werden. Fortbildungen müssen fachdidaktisch motiviert zeigen, wo und wann welche digitalen Lernwerkzeuge zum Einsatz kommen können. Reine Technikschulungen sind eher weniger zielführend. Eines ist gewiss: Auch in Zukunft werden die Lehrkräfte und ihre gelungene Gestaltung der Schulstunde die entscheidende Rolle für den Lernerfolg der Schüler und Schülerinnen spielen.

Für die Kinder selbst gilt: Sie werden wahrscheinlich dann die besten Schreiber und Denkerinnen, wenn sie lernen, ihre Gedanken sowohl über eine Tastatur als auch mit der Hand festzuhalten.

Was muss der Mensch heute tatsächlich noch wissen?

Eine andere viel diskutierte Frage ist die, ob wir heute noch etwas selbst wissen müssen – oder ob es nicht reicht zu wissen, wo und wie wir nach Informationen im Internet suchen können. Anders gesagt: Verlieren Schüler und Schülerinnen, die heute von den unendlichen Möglichkeiten des Internets ständig umgeben sind, an Intelligenz und Gedächtnisvermögen, wenn die Kompetenz des eigenen Wissens abgegeben wird an externe Speicherorte?

Vielleicht beruhigt es zunächst ein wenig zu wissen, dass wir Menschen im Laufe der Geschichte und der Zivilisation von Kulturen immer versucht haben, uns die Last einer kognitiven Aufgabe (z. B. das Erinnern komplexer Informationen) zu teilen. Das hat unter anderem zu einer Spezialisierung innerhalb sozialer Gemeinschaften geführt. Homo sapiens neigt dazu, die Last des Wissens auszulagern, egal, ob auf Tontafeln, Tablets oder eben in der Expertise anderer Menschen mit ihren vielfältigen Tätigkeiten und Berufen. Der Begriff »transaktives Gedächtnis« bezieht sich auf genau diese Idee: dass Menschen ein System der Kodierung, Speicherung und des Abrufens von Informationen aus verschiedenen Wissensbereichen aufbauen und die Aufgaben auf verschiedene Experten ihrer sozialen Gruppe verteilen. Diese Art von Gedächtnis umfasst sowohl die Quelle der Informationen als auch die Kenntnis des Prozesses, wie man auf diese Informationen zugreift oder sie abfragt, wenn sie benötigt werden. Ein transaktives Gedächtnissystem entsteht dann zwischen Menschen untereinander und zwischen Menschen und Speicherorten wie Büchern, Tontafeln oder Cloudservern im Internet.

Bezogen auf die Kulturgeschichte der Menschheit ist das Internet eine noch relativ junge Erfindung. Erst 1983 eingeführt, hatte sich bereits 20 Jahre später seine Reichweite über den ganzen Globus ausgebreitet. In den letzten zwei Jahrzehnten hat die Welt dann noch einmal einen deutlichen Anstieg der Zahl der Menschen, die mit dem Internet verbunden sind, erlebt (von 5 % im Jahre 2000 auf 58,7 % 2020 laut Internet Growth Statistics). Den bislang letzten Schub löste die Covid-19-Pandemie aus, in deren Verlauf viele schulische, berufliche und persönliche Aktivitäten auf virtuelle, internetbasierte Medien verlagert wurden.

Das Internet ist für Schüler und Schülerinnen wie für die Gesellschaft insgesamt zu einem Teil des täglichen Lebens geworden. Seine potenziellen Implikationen für das Lehren und Lernen zu untersuchen, scheint dringend notwendig. »Ich weiß es nicht – google es!« ist zu einer alltäglichen Antwort auf Fragen geworden, die spontan nicht beantwortet werden können. Mit dem Zugang zum Internet nutzen auch Lernende oft Suchmaschinen mit komplexen Algorithmen, um sich die benötigten Informationen zu beschaffen. Ob man nach einem Rezept sucht oder nach Material für ein Referat, in der Regel ist alles mit ein paar Klicks verfügbar. Jede gute Suchmaschine generiert auf Anfrage Zehntausende Treffer zu nahezu allen Themengebieten. Das kann im Extremfall dazu führen, dass manche Menschen regelrechte »Entzugserscheinungen« haben, wenn sie sich nicht sofort mit den benötigten Informationen versorgen können.

Unabhängig von solchen psychologischen Befunden ist es für die Zukunft des Lernens aber entscheidend, ob wir noch (Fakten)-Wissen vermitteln sollten. Diese Frage ist umso brisanter, da in einer Umfrage aus dem Jahre 2020 eine Mehrheit der befragten Menschen in Deutschland angab, wöchentlich oder gar täglich ihnen unbekannte Sachverhalte im Internet zu recherchieren. Sie räumten allerdings auch ein, dass sie dieses schnell erworbene Wissen genauso schnell wieder vergessen und nicht nachhaltig speichern.

Dabei ist der Wille, unser Faktengedächtnis am Leben zu halten, durchaus vorhanden. Das sieht man daran, dass nur jeder sechste Befragte angab, man müsse zukünftig nichts mehr selbst wissen, da man ohnehin alles im Internet nachschlagen könne. Intuitiv scheint unser Gehirn hier Gefahren zu wittern. Zwei von drei Erwachsenen kennen zwar noch ihre uralte Telefonnummer aus dem Elternhaus. Gefragt nach der eigenen Handynummer oder gar denen nahestehender Menschen, schaut man allerdings in leere Gedächtnishallen und erntet ein Schulterzucken. Leidet etwa unser Gedächtnis, wenn wir es nur rudimentär trainieren?

Weitere Fragen, die sich stellen, sind etwa: Was ist, wenn das Internet einmal aus irgendeinem Grund nicht funktioniert oder man kein WLAN hat? Noch wichtiger: Bildung kann nur dort entstehen, wo man Wissenselemente miteinander in Beziehung setzen kann, diese kritische hinterfragt und selbst mit seinem erworbenen Wissen weiterdenkt. Denn kompetent nachdenken kann man nur mit den Werkzeugen des erworbenen Wissens, vor allem wenn es darum geht, Zusammenhänge zu erkennen.

Es gibt keine Evidenz dafür, dass wir in eine »digitale Demenz« schlittern, und doch scheint Vorsicht geboten, wenn wir Wissenskompetenz aus unserem eigenen Gehirn auslagern. Das hängt vor allem damit zusammen, dass die Vorstellung falsch ist, wir hätten eine Art Festplatte für Wissen im Kopf und diese könne man ins Internet auslagern. In unseren Gehirnen lässt sich die Hardware nicht von der Software trennen – ein entscheidender Unterschied zu technischen Systemen. Wenn wir etwas lernen und dieses neue Wissen speichern, ändern sich vor allem drei Dinge:

1. Wir verarbeiten Informationen im Kontext des neuen Wissens anders. Je mehr wir wissen, umso differenzierter erleben wir die Welt um uns. Wer viel über Musik weiß, hört Musikstücke vielfältiger, genau wie ein Botaniker die Natur um sich herum differenzierter wahrnimmt als jemand, der sich mit Pflanzen nicht auskennt.
2. Wir denken differenzierter. Wissen kann man nicht isoliert betrachten, es kommt immer darauf an, wie wir neues Wissen bewerten und einordnen – und das klappt besser, wenn wir bereits viele Informationen im betreffenden Kontext gespeichert haben. Erst wenn wir Informationen einordnen können, wird daraus qualifiziertes Wissen.

3. Wir handeln differenzierter, wenn wir in unserem Gehirn gespeicherte Wissenselemente abwägend miteinander verbinden können, um dann aus verschiedenen Handlungsmöglichkeiten die bestmögliche auszuwählen.

Haben wir selbst nur noch wenige Fakten und Zusammenhänge gespeichert, verstehen wir als Folge davon Abläufe und Ergebnisse weniger gut und können z. B. Suchergebnisse weniger sinnvoll einordnen. Nicht zuletzt wird unser Gedächtnis nicht mehr trainiert. Und damit wird es für uns künftig immer schwieriger, neue Informationen assoziativ zu speichern.

Passiv zuschauen klappt nicht

Nicht nur beim Lernen sollten wir uns nicht ausschließlich auf externe Hilfsmittel verlassen. Auch bei der Verwendung technischer Hilfssysteme, die unsere Leistungsfähigkeit unterstützen sollen, ist Vorsicht geboten. Ein Beispiel: Beim Autofahren verändern sich auf die Dauer unsere Reaktionszeiten, wenn uns technische Hilfsmittel alles abnehmen: Ist ein Fahrer auf sich allein gestellt, reagiert er in Zehntelsekunden auf eine unvorhergesehene Situation. Verlässt er sich auf Assistenzsysteme bei autonom fahrenden Fahrzeugen, braucht er bis zu sieben Sekunden, um zu reagieren. Ein eindrucksvolles konkretes Beispiel für diesen Unterschied ist der Unfall eines Roboter-Autos von Uber in Arizona 2018: Wie ein von der Polizei veröffentlichtes Video zeigt, reagierte die Technik des autonomen Fahrzeugs nicht auf eine Frau, die im Dunkeln die Straße überquerte. Die Fahrerin des Autos schaute zufällig Sekunden (!) vor dem Zusammenprall genau in die Richtung der Fußgängerin. Aber sie riss nur vor Entsetzen den

Mund auf, als sie begriff, was gleich geschehen könnte, anstatt selbst einzugreifen, was selbstverständlich möglich gewesen wäre! So langsam verhält sich in der Regel niemand, der selbst fährt und auf den Straßenverkehr konzentriert ist.

Dieses Beispiel zeigt eindrücklich, dass wir uns nicht zu sehr auf Automatisierung verlassen sollten. Das spricht nicht grundsätzlich gegen den Einsatz technischer Systeme, aber es muss eine aktive Zusammenarbeit von Mensch und digitaler Technik bleiben. Wir sind als Spezies Mensch ganz schlechte Beobachter einer Situation, wenn wir nicht aktiv daran teilhaben – Passivität ist die Vorstufe zum Einschlafen. Und das gilt auch für Lernsituationen: Nur wenn wir als Handelnde beteiligt sind, lernen wir effektiv. Das Lernen ist weniger nachhaltig, wenn unsere Aufmerksamkeitssysteme durch Multitasking überlastet sind. Aber auch wenn wir zu wenig ausgelastet sind, lernen wir nicht gut – das Gehirn verfällt dann in einen Tagtraummodus (Grundzustand des Gehirns, der auch als default mode bezeichnet wird), der verhindert, dass wir neue Informationen bewusst wahrnehmen und speichern. Hier kommt das sogenannte Yerkes-Dodson-Gesetz zum Tragen, das besagt, dass die Leistungsfähigkeit unseres Gehirns auch davon abhängt, wie sehr es ausgelastet ist.

Es gilt also auch in digitalen Zeiten, das rechte Maß an erträglicher Belastung zu finden – im Arbeits- und Privatleben wie in der Schule. Schülern und Schülerinnen sollten wir nicht zu viel abnehmen durch Expertensysteme, wie sie viele Programme/Apps auf Tablets und Smartphones darstellen. Auch YouTube-Videos können zwar richtige Lösungswege aufzeigen, nur wird das Gelernte dann weder verinnerlicht noch langfristig erinnert. Auf der anderen Seite müssen Kinder lernen, sinnvoll mit digitalen Medien umzugehen, um sie effektiv nutzen zu können – das heißt auch, dass sie deren

Grenzen kennen und wissen sollten, was zu tun ist, wenn diese Systeme versagen.

Davon abgesehen gelingt menschlichen Gehirnen etwas, das künstlichen (bislang) fehlt: Sie können Intentionen (Absichten) erkennen und haben ein Gespür für den Sinn von Handlungen anderer. Diese Fähigkeiten sind maßgeblich daran beteiligt, dass deutsche Autofahrer und Autofahrerinnen statistisch gesehen nur alle 300 Millionen Kilometer einen schweren Unfall bauen.

Kompetenz erwerben und zusätzlich digital ausbauen

In einer umfassenden Studie konnte Vishruth Nagam von der Stony Brook University, USA, 2021 zeigen, dass wir Informationen selbst anders speichern und sie auch weniger eigenständig abrufen können, wenn wir wissen, dass sie auch online verfügbar sind. Allein die Gewissheit, dass sie online zur Verfügung stehen und auch künftig abrufbar sind, wirkt sich schon negativ auf unser semantisches Gedächtnis aus.

Für die Klassenzimmer müsste das Motto deshalb lauten: »Kompetenz erhalten und digital ausbauen«. Wir sollten in meinen Augen versuchen, »Wissenscyborgs« zu werden, bei denen ein hohes Maß an eigenen Kenntnissen und Wissenselementen quasi verschmilzt mit den großen digitalen Informationsspeichern des Internetzeitalters. In der Lehre an Schulen und Universitäten sollten digitale Medien in erster Linie als Werkzeuge dienen. Verschiedene Unterrichtsmedien zu verwenden, die zudem etwas mit dem Alltag der Lernenden zu tun haben, ist eine willkommene Ergänzung der klassischen Unterrichtsmaterialien. Allerdings sollte sichergestellt sein, dass jeder Schüler und jede Schülerin erst einmal die Grundlagen beherrscht: Lesen, Schreiben, Rechnen und logisches Denken. Daher reicht es meines Erachtens völlig, digitale Medien in größerem Umfang erst ab der 7. Klasse einzusetzen. Dann allerdings bieten sie zusätzliche Lernkontrollmöglichkeiten: Sie erlauben individuelleres Üben und Vertiefen, da sich die Geschwindigkeit guter Lern-Apps auf das Lerntempo des Einzelnen einstellen lässt. Das Lernen selbst kann mit digitaler Hilfe anschaulicher gestaltet sein, was die Motivation verbessert. Außerdem ist das Lernen an jedem Ort möglich, an dem wir uns gerade aufhalten. Egal ob in der Schule oder zu Hause.

Allerdings müssen für die Einbindung digitaler Lernwerkzeuge neue Methoden entwickelt werden. Sonst besteht die Gefahr, dass sie durch Mentoren und Lehrkräfte nicht genügend unterstützt oder dass nicht erprobte Unterrichtskonzepte verwendet werden, die bei allen Beteiligten Stress verursachen, ohne die entsprechenden Früchte zu tragen. Ein anderes Risiko besteht in der Illusion, dass Lernen durch digitale Medien spielend leicht werde. Das ist eine Selbsttäuschung! Egal, ob es sich um Schulfächer, später das betriebliche Lernen oder Fremdsprachenerwerb handelt: Lesen, Verstehen und Behalten sind mühsam, unabhängig vom verwendeten Medium, egal ob vom Blatt, aus einem Buch oder am Bildschirm. Das Gehirn merkt sich Zusammenhänge am besten, wenn es sich diese aktiv hat erarbeiten müssen.

Die Herausforderung wird auch in Zukunft darin bestehen, analoges und digitales Lernen smart miteinander zu verbinden. Und selbst wenn es rückwärtsgewandt klingt: Neuere Forschungsergebnisse deuten darauf hin, dass wir gut beraten sind, weiterhin überwiegend mit Büchern zu lernen.

Sinnvoller als die Einzelschulung am PC ist die Gruppenarbeit, also das Erarbeiten eines Themas in Kleingruppen von zwei bis sechs Schülern, das zeigen verschiedene Studien aus mehreren Ländern. Das Gleiche gilt für die gemeinsame Erarbeitung von fachlichen Zusammenhängen mit einer Lehrkraft oder einem

Mentor. Hier haben sich die Ergebnisse für die digitalen Medien bei den Erhebungen der OECD über Bildungsstandards übrigens durchweg für alle Industrieländer in den letzten Jahren nicht verbessert. Das hängt auch damit zusammen, dass Menschen ein soziales Gehirn haben, das mit anderen Gehirnen lernen will.

Dieser Umstand muss digitale Medien nicht ausschließen. Aber sie sind eben nur *eine* Möglichkeit zu lernen und zu üben, wir sollten sie nicht als alleinige Methode der Zukunft sehen. Junge und alte Gehirne fördert man am besten, wenn wir bestehende Lernwerkzeuge um digitale Medien ergänzen und sie nicht dadurch ersetzen. Lerninhalte sind nicht mit Lernwerkzeugen zu verwechseln, und weder digitale noch analoge Lernmaterialien dienen dem Selbstzweck.

Tippen, Klicken, Lesen: Leseerziehung in einer Welt der Bildschirme

Lehrmethoden sollten sich generell daran orientieren, welche evolutive Ausstattung unser Gehirn mitbringt. Seine Verarbeitungsmethoden sind archaisch und bestimmen auch in unserer digitalen Zeit unsere Lernfähigkeit. Dazu gehört, dass wir leichter lernen, wenn wir es mit haptisch verfügbaren Lerngegenständen tun (Embodiment). In vielen Schulen und Universitäten wird die Abschaffung von gedruckten Büchern zugunsten preiswerterer und möglicherweise didaktisch überlegener E-Books und Apps diskutiert. Doch brauchen wir wirklich keine Bücher mehr? Sind digitale Medien mit ihren magisch leuchtenden Bildschirmen der Lernweg der Zukunft?

Betrachten wir dazu folgende Fakten: Anders als die mittlerweile aufgrund der Musik-Streaming-Dienste nicht mehr existenten CD-Türme hat das Verschwinden von tatsächlich gedruckten Büchern erhebliche Auswirkungen auf die kognitive

Entwicklung von Jugendlichen. Hier eine ebenso erstaunliche wie simple Korrelation, die eine 2018 in *Social Science Research* veröffentlichte Studie aufzeigt, bei der die Wissenschaftler den Einfluss des Volumens häuslicher Bibliotheken auf das Leseniveau 15-jähriger Schüler und Schülerinnen aus 42 Nationen ermittelten, zunächst ohne weitere Faktoren zu berücksichtigen. In einem zweiten Schritt wurden der sozioökonomische Status, die Bildung und die berufliche Tätigkeit der Eltern sowie das Bruttosozialprodukt des jeweiligen Landes miteinbezogen. Das überraschende Ergebnis: Von allen diesen Faktoren war *allein* die Anzahl der Bücher im Haushalt der mit Abstand wichtigste Indikator für die Leseleistung von 15-Jährigen. Befanden sich in einem Haushalt 100 Bücher oder mehr, war der Effekt am stärksten. Der Vorsprung in der Leseleistung in Bezug auf das jeweilige durchschnittliche Leistungsniveau einer Klasse lag bei 1,5 Lesejahren (bei 500 Büchern war der Vorsprung mit 2,2 zusätzlichen Bildungsjahren noch größer).

Die Anzahl der Bücher in einem Haushalt, die ja eine gelebte Lesekultur abbilden, sind einer der zuverlässigsten Indikatoren dafür, dass die Eltern dem Denken und der Bildung der eigenen Kinder etwas Gutes tun, und damit weit mehr als eine zufällige Korrelation. Es ist wahrscheinlich, dass Eltern, die Bücher besitzen, ihren Kindern auch vorlesen und sie zum Lesen ermuntern. Mein Verdacht ist zudem, dass die Barriere zum Lesen niedriger ist, wenn sie in einer Umgebung aufwachsen, in der Bücher vorhanden sind. Sie gehören wie selbstverständlich zu ihrem Leben dazu, sie bedienen sich an den Regalen, entdecken beim Stöbern im Idealfall auch immer wieder etwas, das ihre Neugier weckt. Der andere Effekt, der hier zum Tragen kommt, ist möglicherweise Nachahmung. Kein Tier lernt so gut durch Nachahmung wie der Mensch. Eltern, die selbst lesen und regelmäßig ein Buch zur Hand nehmen, leben eine Lesekultur im Alltag vor. Einen ähnlichen Effekt dürfte die inzwischen untergegangene Frühstückszeitungskultur gehabt haben.

Auch eine emotionale Bindung ist wichtig für die Kindesentwicklung. Viele Studien haben bestätigt, dass sie die Resilienz erhöht, wenn einmal Probleme im Leben auftreten. Eine Kindle-Datei kann nicht das gleiche Gefühl vermitteln wie ein gelesenes und mit Lesespuren übersätes Buch. Eselsohren sind ein Zeichen dafür, dass ein lesender und verstehender Geist am Werk war und es eine persönliche Beziehung zu diesem Buch gab.

Romantische Gedanken eines Mittfünfzigers? Wie kann es sein, dass gedruckte Bücher unserem Gehirn so sympathisch sind? Eine alters- und generationenunabhängige Erklärung liegt vielleicht darin, dass wir – wie schon erläutert – die räumlichen Bezüge, die in einem Buch sichtbar bleiben, assoziativ nutzen, um uns an den Inhalt zu erinnern – so wie Landmarken in einer Landschaft uns helfen, den richtigen Weg zu finden. Darüber hinaus ist entscheidend, dass beim Lesen nicht nur unser Sehsinn an der Informationsaufnahme beteiligt ist, sondern alle Sinne und unser gesamter Körper. Das alles trägt dazu bei, dass wir einfach mehr mögliche Wege haben, uns an Zusammenhänge in Texten zu erinnern. In der Wissenschaft wird dies als *embodied cognition* bezeichnet. Damit ist gemeint, dass unser Denken gefördert wird durch körperliche Aspekte wie die somatosensorischen (haptischen) Reize der Interaktion mit einem Buch. Wer ein Buch in der Hand hält, registriert ein bestimmtes Gewicht, eine bestimmte Form, eine für ein bestimmtes Buch spezifische Materialoberfläche wie die Glätte des Papiers, die Dicke des Umschlages, die Schrifttype. All das erlaubt eine individualisierte Beziehung zum gelesenen Text und damit eine privilegierte Erinnerung. Auf einem Flachbildschirm fehlt diese Verkörperlichung des Denkens und Lesens. Denn egal, ob es sich um einen Krimi oder ein Sachbuch über unser Planetensystem handelt – alles wiegt immer so viel wie die Hardware und hat immer die gleiche glatte, flache äußere Form.

Unsere Augen und Hände nehmen darüber hinaus wahr, wie die Dicke des Buches auf der linken Seite zunimmt und sich auf der rechten Seite verliert, wenn wir es lesen (oder durcharbeiten). Bei einem Buch können wir zudem noch sagen, wo auf der Seite wir etwas gelesen haben – Wissen kann assoziiert werden mit einem Ort in einem Raum. Das ist die älteste, wirkmächtigste und erfolgreichste Erinnerungsmethode der Menschheit: die Loci-Methode. Bei der bereits von Cicero verwendeten Gedächtnistechnik wird jeder Gegenstand, Lehrsatz, jedes Argument und jeder Zusammenhang mit einem bestimmten Ort oder einer Stelle (im Haus, im eigenen Zimmer oder auf dem eigenen Körper) assoziiert und räumlich-visuell simuliert. So ähnlich nutzen wir die Stärken des menschlichen Gedächtnisses auch, wenn wir einen Text in einem realen Buch lesen.

Nicht uninteressant ist auch der Umstand, dass Lichtreflexion auf Papier für das menschliche Auge weniger ermüdend ist als die unvermeidlichen Reflexionen auf einem Bildschirm. Sogar riechen können wir ein Buch. Sein Geruch nach Druckerfarbe, Papier, Kleber, Alter und den Materialien des Umschlags machen es persönlicher und erlauben Assoziationen, über die wir uns leichter an den Inhalt erinnern. All dies geht in die Verarbeitung des gelesenen Textes in unserem Gehirn mit ein und hilft so assoziativ, die Fakten und vor allem die Zusammenhänge zwischen einzelnen Fakten wieder abrufen zu können. Sie erhöhen das Leseerlebnis in seinem sinnlichen Reichtum. All diese Faktoren beeinflussen dann auch, ob die Tendenz zum ungelesenen Zweitbuch stagniert oder man nach und nach dem Kreis der Über-100-Bücher-Besitzer näher kommt – mit den positiven Bildungseffekten, die ich oben beschrieben habe.

Zusammengenommen helfen all diese real-sinnlichen und

räumlichen Anordnungsaspekte dem Gehirn beim Lernen und Erinnern aus realen Büchern, denn diese kleinen Hinweise bilden zusammen eine mächtige Assoziationsspur zu den gelesenen Inhalten selbst.

Aus neurobiologischer und evolutiver Sicht beruht der Wert des gedruckten Buches darauf, dass unser neuronales Faktengedächtnis auf Mechanismen in unserem Gehirn basiert, die in den Gehirnarealen ablaufen, denen auch unser räumliches und assoziatives Gedächtnis entstammt. Lesen ist mehr als eine Auge-Gehirn-Interaktion. Es findet im Kontext und durch die Zusammenführung aller Sinneserfahrungen statt – die dann wiederum das Speichern, Assoziieren, den Abruf von Informationen sowie vor allem, was Zusammenhänge betrifft, das Rekonstruieren der Erinnerungen erleichtern. Denn unsere Sinne bauen mehr als eine Brücke zum gelesenen Text.

Generell gilt: Ganz unabhängig vom Lesegerät ist Lesen selbst schon ein außerordentlich gutes Trainingsprogramm für unser Gehirn – egal ob auf Papier oder per E-Book. Der Vorgang des Lesens fördert die Konzentrationsfähigkeit, da nur etwa alle drei Minuten eine neue Buchseite aufgeschlagen wird. So wird die Aufmerksamkeitsspanne gesteigert. Das trainiert indirekt das für so viele Tätigkeiten wichtige Arbeitsgedächtnis. Wir müssen zum Beispiel die Figuren und Handlungsstränge im Kopf behalten, Botschaften und Teile der Geschichte herauslesen, um einem Roman folgen zu können (oder bei Sachbüchern Argumentationsketten zu folgen). Hinzu kommt, dass wir uns beim Lesen merken müssen, was zuvor geschehen ist; und wir sind gezwungen, uns die Szenerie und die Handlung selbst im Geiste auszumalen, was zudem das räumliche Vorstellungsvermögen anregt. Das aktiviert den wichtigen orbitofrontalen Anteil des Stirnlappens, der dadurch gestärkt wird. Dieser häufig übersehene Bereich der Großhirnrinde (er ist umgeklappt wie der Schirm einer

Schirmmütze, der nach innen geklappt ist, und daher kaum sichtbar) wird trainiert, wenn wir uns in die Köpfe anderer Menschen mit deren Gedanken und Gefühlswelten begeben. Und genau das machen wir, wenn wir Geschichten lesen (oder hören).

All das ist in der Regel anstrengender, als YouTube-Videos oder Netflix-Serien zu schauen. Doch das Gehirn belohnt den Aufwand durch ein unnachahmliches Trainingsprogramm. Kurzum, Lesen trainiert Schülergehirne auf vielfältige Art und Weise und verbessert gleich mehrere Gehirnleistungen: zum einen das Arbeitsgedächtnis, das durch Lesen gestärkt wird und zugleich den Stirnlappen trainiert. Zum anderen wird das verbale Gedächtnis gestärkt. Es hilft uns, Gesprächen zu folgen oder die Inhalte längerer Sätze im Arbeitsspeicher »aufzubewahren«. Wir werden so zu besseren und aufmerksameren Zuhörern.

Studien haben zudem belegt, dass Kinder, die viel lesen, vier bis fünf Millionen geschriebene Wörter im Jahr verarbeiten; »Wenigleser« schaffen dagegen nur 50 000 geschriebene Wörter. Die schiere Masse des Lesestoffes erlaubt es, Sprachroutinen zu entwickeln. Ein geübter Leser kann 300 geschriebene Wörter pro Minute erfassen, beim Sprechen schaffen wir dagegen meist »nur« 150 Wörtern pro Minute. Lesen kann also wesentlich schneller sein, als beispielsweise ein Hörbuch anzuhören. Wer viel liest, kann zudem besser antizipieren, was jemand sagen wird: Der Beginn eines Satzes und bestimmte grammatische Strukturen lassen erahnen, wie Sätze weitergehen und wahrscheinlich beendet werden. Wir werden so nicht nur beim Zuhören und Lesen schneller, sondern können auch Gedankengänge schneller und damit besser verfolgen.

Unser mehr und mehr digitales Zeitalter bringt ein Paradoxon mit sich: Während viele Arbeitsplätze immer stärker vom Informationsaustausch und von schnellen und guten Lesefähigkeiten abhängen, sind Kinder und Jugendliche in ihren Familien zunehmend von digitalen Medien und Ablenkungen umgeben, die das Lesenlernen, das verstehende Lesen und die Kommunikation beeinträchtigen. Wo sollen die späteren Arbeitnehmer herkommen, die in der Lage sind, reflektiert und kritisch zu lesen, wie es in der sich schnell verändernden Arbeitswelt nötig sein wird?

Am Ende brauchen wir vielleicht ein zweifach kompetentes Gehirn, wie die Neurowissenschaftlerin und Sprachforscherin Marianne Wolf in ihrem lesenswerten Buch *Langsames Lesen, schnelles Lesen* ausführt. Um die Stärken der digitalen Medien, vor allem von E-Books, besser nutzen zu können, müssen wir beides getrennt und unabhängig voneinander tun: Bücher lesen und digitale Medien nutzen – und nicht wie bisher das Lesen ständig unterbrechen, um das Internet und die sozialen Medien zu nutzen. Für das Erlernen einer Fremdsprache gilt Ähnliches: Auch dort ist es wichtig (meist unbewusst) zu lernen, schnell zwischen Mutter- und Fremdsprache hin und her zu wechseln *(code switching)*. Kinder, die mehrsprachig aufwachsen, lernen beide Sprachen am besten, wenn ein Elternteil ausschließlich in der einen Sprache mit ihnen kommuniziert und der andere in der zweiten. Die Kinder können schnell zwischen den Sprachcodes umschalten, je nachdem, wer mit ihnen spricht. Dieses blitzschnelle Umschaltenkönnen macht Kinder – und damit auch die späteren Erwachsenen – kognitiv flexibler. Die Ergebnisse des »**R**apid **A**lternating **S**timulus Tests« (RAS-Test) von Thomas und Heidi Bally haben das bestätigt. Bei diesem Test müssen 50 Gegenstände anhand verschiedener Kategorien benannt werden. Dafür sind Wissen und geistige Flexibilität erforderlich. Menschen, die zweisprachig aufgewachsen sind, lösen solche Aufgaben besonders schnell und mit weniger Fehlern. Übertragen auf die zwei Welten Bücher und digitale Medien hieße das, dass der Wechsel zwischen langsamem, reflektiertem Lesen von Büchern und schnellen Recherchen sowie anderen Lesemodi im Internet uns in der Gesamtsumme der kognitiven Fähigkeiten ebenfalls flexibler und anpassungsfähiger macht. Der Wechsel tut unserem Geist gut, nicht die Konkurrenz zwischen verschiedenen Medienformaten.

Wir wären gut beraten, uns mit den kognitiven Auswirkungen digitaler Medien wissenschaftlich auseinanderzusetzen und auf die bestmögliche Nutzung ihrer Stärken in den Lern- und Denkstrukturen künftiger Generationen hinzuarbeiten. Am sinnvollsten wäre es wahrscheinlich, Lesen mit gedruckten Büchern zu lernen und zeitlich davon getrennt das Arbeiten und Lesen mit und in digitalen Medien.

Der Universalgelehrte Nikolaus von Kues (1401–1464) vertrat die Ansicht, dass der beste Weg zwischen zwei gleichrangigen, aber widersprüchlichen Optionen darin bestehe, einen »Zusammenfall der Gegensätze« herbeizuführen, also zu versuchen, beide Seiten zu verstehen und dann in »belehrender Unwissenheit« (das reflektierte Wissen darüber, dass man selbst Grenzen des Wissens hat und der Zweifel ebenso zum Wissenserwerb gehört wie der Erwerb von Faktenwissen) beide Wege parallel zu gehen. Vielleicht wäre das auch für unsere digitale Zeit der Weg, ein zweifach kompetentes Gehirn zu erwerben.

Für unser Bildungssystem sollte das Ziel sein, dass Jugendliche mit allen Medien kompetent umgehen, etwa so, als hätten sie Französisch und Englisch nebeneinander gelernt. Der parallele Kompetenzerwerb – schnelles Denken und Lesen (Internet) auf der einen, langsames und reflektiertes Lesen (Bücher) auf der anderen Seite – kann die Entwicklung notwendiger Lese- und Denkkompetenzen fördern und dem Verkümmern kognitiver Fertigkeiten entgegenwirken. Das würde zudem verhindern, dass Lesegewohnheiten am Bildschirm auf das Lesen von gedruckten Medien übergreifen. Dafür ist nichts weiter notwendig, egal ob beim Geschichtenlesen vor dem Schlafengehen oder beim Lernen für die Schule tagsüber, als dass Smartphone und Tablet ausgeschaltet bleiben, wenn die Kinder Bücher lesen. So würden Kinder über diese Trennung von Anfang an auch lernen, dass jedes Medium (wie jede Sprache) eigene Regeln und Anwendungsvorteile hat, spezifische Merkmale und seinen besonderen Rhythmus.

Digitale Bücher und Apps sind moderne Ergänzungen der Werkzeugkästen der Lehrenden, doch auch sie müssen aufpassen, dass die nächste Generation die Fähigkeit zu lesen nicht verliert. Konzentriertes Lesen gehört nicht ohne Grund zu den größten Kulturleistungen der Menschheit, die nicht nur einen Wagenheber-Effekt für unsere Kultur hatte, sondern auch jeden Menschen auf ein neues, höheres Niveau des reflektierten Denkens und Lernens hebt.

Gamification: Zocken statt Pauken?

Jede Spielkonsole nutzt archaische Schaltkreise des Gehirns, um Spieler und Spielerinnen zumindest bis zu einem gewissen Grad abhängig zu machen von dem Wunsch, die angebotenen Spiele immer wieder zu spielen. Diese Spiele *(Games)* sind so erfolgreich darin, eine ganze Generation von Kindern, Jugendlichen und mittlerweile auch deren Eltern, an die kleinen oder großen Bildschirme zu binden, dass der Gedanke naheliegt, ähnliche Methoden auf das Lernen im schulischen oder betrieblichen Kontext anzuwenden. *Gamification* wird dieser Ansatz im Bildungsbereich genannt. Der Gamification-Gedanke ist auch grundsätzlich naheliegend, denn tatsächlich hängt im Gehirn Motivation eng mit Belohnung und Erwartung zusammen, genauer mit Dopamin und körpereigenen Opiaten.

Schon so lange, wie es Schulen gibt, weiß jeder Mentor, jede Mentorin und jede Lehrkraft, dass spielerische Elemente eine schöne und Neugier weckende Abwechslung der Lern- und Lehrroutinen darstellen. Ob Quizshows, Stadt, Land, Fluss oder Wissensrallyes – der Spielcharakter und der Wettbewerb als Lernmotivatoren sind für manche Unterrichtsstunde wertvoll. In den letzten Jahren werden vermehrt Lern-Apps mit Spielcharakter in den Unterricht integriert – eine aus der Spielewelt der Jugendlichen herübergeschwappte Form des *Nudging*, also der mehr oder weniger unbewussten Verführung durch den Spieltrieb, um die Motivation zu steigern, sich mit dem Lernstoff zu beschäftigen.

Wenn spielerische Elemente zur Motivation und Aufmerksamkeitssteigerung in einen anderen Kontext, in ernsthafte Situationen oder Aufgaben übernommen werden, bezeichnet man das als Gamification (von engl. *game;* auf Deutsch in etwa: Spielifizierung). Typische Elemente bei solchen Spielen sind eine Punktevergabe, verschiedene Spiellevel, Fortschrittsbalken und das Sammeln von virtuellen Auszeichnungen bis hin zu Bestenlisten. Fast immer ist das alles eingebunden in die erzählerische Rahmenhandlung einer fiktionalen Spielwelt.
Hier zur Veranschaulichung ein paar aktuelle Beispiele aus der Gamification-Lernwelt: Bei Classcraft ist der Hinweis auf das weit verbreitete Minecraft/Warcraft schon im Namen mehr als deutlich. In dem Online-Rollenspiel, das z. B. im Erdkunde-, Geschichts- und Religionsunterricht eingesetzt wird (auch in anderen Fächern wäre es denkbar), wählen die Kinder einen persönlichen Helden-Avatar. Der wird aber nicht in Kriegsmissionen verwickelt und muss auch keine Zombies bekämpfen, sondern befindet sich auf einer Lernmission, in die Abenteuer eingebaut sind. Wer kluge Antworten weiß, kann seine Expeditionsausrüstung verbessern. Es ist also alles angelehnt an die Spielwelt der Originale.

Gamification versucht, über Spielelemente, die Anreize schaffen sollen, wie sie den Jugendlichen aus der Spielkonsolenwelt bekannt sind, die Lernmotivation zu fördern und/oder zu erhalten. Grundlage des »gamifizierten Lernens« sind häufig mit spielerischen Elementen angereicherte etablierte Lernprozesse, die mit konkreten Instruktionen zu einem definierten Lernergebnis anhand von bestimmten Übungen führen. Bei Licht betrachtet, könnte jede Art von Spielelementen in der Schule dies genauso leisten wie digitale Spiele auf Tablets und Laptops.

Meist wird die Gamification des Unterrichtes mit *Serious Games* umgesetzt, also »ernsthaften Spielen« (das klingt nicht zufällig wie ein Oxymoron). Hier ist das Spielen Mittel zum Zweck, z. B. um eine Fremdsprache zu lernen. Bei der App Pacific üben und reflektieren die Teilnehmenden soziale Rollen und Interaktionen mit anderen Menschen auf einer tropischen Insel (übrigens im Team mit anderen, die oft im gleichen Raum vor dem Bildschirm sitzen, sodass digitale *und* reale Interaktionen trainiert werden). Ein weiteres interessantes Beispiel ist das webbasierte Quizalize, ein Quiz, bei dem zwei Teams darum wetteifern, als erstes eine Ziellinie zu überschreiten. Die Teampunktzahl wird in Echtzeit angezeigt und fördert dadurch den Teamgedanken.

Dosiert eingesetzt, können solche Gamification-Ansätze Erfolge zeitigen, aber sie münden auch schnell in Konkurrenz um Bestplatzierungen und Auszeichnungen. Das Interesse an diesen Spielen ist etwas anderes als das, was man eigentlich vermitteln oder wecken möchte: die Lust auf mehr Wissen, neue Erkenntnisse, fremde Sprachen und Länder, das Verstehen geschichtlicher Bezüge oder die Kenntnis naturwissenschaftlicher Zusammenhänge.

Einen Mediatoreffekt kann man Gamification-Produkten allerdings nicht absprechen, wie Michael Sailer und Maximilian Sailer von der LMU München und der Universität Passau 2020 durch Experimente belegt haben. Dafür entwarfen die beiden Wissenschaftler im sogenannten *Flipped-Classroom*-Szenario folgendes Experiment: Die Lernenden bereiteten im Selbststudium den Stoff vor und diskutierten ihn anschließend mit den Lehrern und Lehrerinnen in der Schule. Danach gab es noch 30 Minuten Frontalunterricht zum Thema. Im Anschluss sollten die Schüler und Schülerinnen Multiple-Choice-Fragen zum Thema beantworten, allerdings in zwei Gruppen aufgeteilt: eine Gruppe arbeitete klassisch mit Zettel und Stift und die andere mit einer Art gamifiziertem Quiz, bei dem es eine sofortige Rückmeldung und einen Fortschrittsbalken gab. Hinzu kam eine Wettbewerbskomponente, mit der die Teams verglichen wurden. Nach der Übung wurden die Leistungen der Gruppen überprüft. Tatsächlich hat die Gamification-Gruppe besser abgeschnitten und konnte mehr Prüfungsfragen beantworten als die klassische Lernkontrollgruppe. Durch die höhere Motivation waren die Teammitglieder länger bereit, sich mit dem Lernstoff zu beschäftigen. Und weil Emotionen das Speichern von Lernstoff fördern, wurde er insgesamt besser gelernt.

Was Gamification für das lernende Gehirn so interessant macht, was daran neurobiologisch und psychologisch betrachtet das Lernen fördern könnte, dazu gibt es verschiedene Erklärungsansätze.

Ein wichtiges Element ist offenbar die intrinsische Motivation, die nach der Selbstbestimmungstheorie der amerikanischen Psychologen Richard Ryan und Edward Deci das Bestreben erhöht, eine Aufgabe aus eigenem Antrieb, um ihrer selbst willen zu erledigen. Dieser Theorie zufolge besitzt die Spezies Mensch den natürlichen Antrieb, sich selbstbestimmt und in der Auseinandersetzung mit der Umwelt Tätigkeiten zu widmen, die Erfolg versprechen, positive Emotionen erzeugen und mit denen man etwas assoziieren kann bzw. in denen man eine Bedeutung für die

Zukunft sieht. Hinzu kommt, dass unser Gehirn am liebsten in einer Sozietät mit anderen Gehirnen agiert. Vor allem, wenn es darum geht, etwas Neues zu erleben, macht man dies am liebsten in einer sozial abgesicherten Gruppe, also einer Klasse oder einer Lerngruppe. Am effektivsten sind Gruppengrößen mit vier bis sieben Personen, wenn es um Gruppenarbeit geht. So kommt jeder angemessen zu Wort, und es gibt genügend Ideen, um Projekte voranzutreiben.

Es steigert unsere Motivation, Erfolg zu haben. Man könnte sogar sagen, nichts liebt unser Gehirn mehr als Erfolg; Psychologen sprechen von »Kompetenz erleben«. Wenn diese Chance auf Erfolg (Erwartungshaltung) mit dem Gefühl einer gewissen Autonomie, also der Beteiligung an Entscheidungsprozessen, verbunden ist und wir bei all dem sozial eingebunden sind, ist die Chance am höchsten, dass wir motiviert sind – und es auch bleiben.

Ob Gamification-Elemente auf diese Erkenntnisse eingehen, haben David Earnest und Jessica Stansbury von der amerikanischen Towson University 2017 untersucht. Die Wissenschaftler unterteilten einen studentischen Kurs in zwei Hälften. Die eine Gruppe besuchte eine Vorlesung, der anderen wurden die Kursinhalte in Form eines Rollenspiels vermittelt, bei dem man Bonuspunkte sammeln konnte. Die Rollenspiele mit den Belohnungspunkten führten nicht zu besseren Lernergebnissen als die klassische Vorlesung, Wunder bewirken Rollenspiele also offenbar nicht. Aber spannend war der Befund trotzdem. Denn die Bonuspunkte sammelnden Rollenspieler waren motivierter, sich auch später noch länger mit den behandelten Themengebieten zu befassen. Besonders das Gemeinschaftsgefühl, als Team zu agieren, wurde positiv bewertet.

Aufpassen muss man hier, die Erfolgsfaktoren nicht fälschlich der E-Learning-Idee zuzuordnen. Wichtig waren bei diesem

Experiment nicht die Avatare und der Online-Aspekt, sondern der Teamcharakter und dass jede und jeder selbst Entscheidungen im Rahmen ihrer oder seiner Rolle treffen durfte. Außerdem gab es eine Rückmeldung, die die eigene Kompetenz real erlebbar machte, eine Rahmenhandlung, die die Bedeutung des Themas klar vor Augen führte, und eine Geschichte, in der gespielt wurde.

Gerade der letzte Punkt weist auf ein wichtiges Lehrstilmittel hin: Das menschliche Gehirn spricht kulturunabhängig, also universell, und sensitiv auf Erzählungen und Geschichten an. Sie sind damit eine der nachweislich effektivsten Lehrmethoden. Ganz undogmatisch kann man sagen, dass die Einbettung von Lerninhalten in Geschichten genauso gut über die Lehrperson erfolgen kann wie über digitale Lernmedien oder gamifizierte Lern-Apps. Die Erlebniswelten digitaler Spiele und klassische Erzähltechniken können sich durchaus mit ihren eigenen sprachlichen und bildbasierten Erzählstilen ergänzen, entweder weil sie ganz andere Erlebnisräume und Zugänge schaffen oder weil sie Schüler und Schülerinnen mit unterschiedlichen Vorlieben ansprechen. Vor allem aber gilt, dass es egal ist, ob Wissen und Lernerfahrungen in einem digitalen Rollenspiel vermittelt werden oder durch eine menschliche Lehrperson – Lernstoff in Geschichten einzubinden, wirkt immer motivierend. Unsere Gehirne scheinen einfach für Geschichten und Erzählungen besonders empfänglich zu sein.

Die Steigerung der Motivation über Wettkampf und belohnende Punktesysteme in Lernspielen hat, das darf nicht unerwähnt bleiben, ihren Preis. Lernen die Schüler und Schülerinnen am Ende nur für die erreichten Spiellevel, ohne Interesse am Thema oder am Fach selbst zu haben, verpufft der positive Effekt schnell. Auf der anderen Seite ist das individuelle, schnelle Feedback eine Stärke, denn so speichert das Gehirn falsche Grundannahmen oder Zusammenhänge gar nicht erst.

Wie bereits erwähnt, bleibt aber ein grundsätzliches Manko von Lern-Apps, dass sie nicht ergründen können, *was* beim Nachdenken und Lösen einer Aufgabe schiefgegangen ist, und entsprechend keine Hilfestellung geben können. Ähnliches gilt für das positive Feedback, das sie geben, wenn etwas richtig gelöst wurde. Lob ist natürlich erst einmal schön, kann aber – undifferenziert ausgesprochen – den Lernfortschritt auch stören. Lobt man zu oft für Nichtigkeiten, entwertet man die positive Rückmeldung damit. Verteilt man Lob ungerecht, werden Fairnessprinzipien verletzt, die unserem Gehirn beim Lernen nicht förderlich sind. Wie bei Schulnoten besteht auch hier die Gefahr, dass Schüler nur für extrinsische (also von außen her angeregte) Reize lernen. Außerdem werden sie unter Umständen nur in dem bestärkt, was sie schon gut können. Solche falschen Anreize stehen einem dynamischen, an Fehlern lernen wollenden Selbstbild im Weg. Unerwünschte Nebeneffekte könnten am Ende darin liegen, dass die Lernenden größere Herausforderungen eher meiden und eine niedrige Frustrationstoleranz entwickeln. Viel besser und motivierender sind dagegen sachliche, differenzierte Rückmeldungen, wie sie von Lehrern gegeben werden. Was einmal mehr zeigt, dass Lehrkräfte und Mentoren durch nichts zu ersetzen sind.

Wie solche Rückmeldungen am besten erfolgen sollten, ist Gegenstand intensiver Forschung. Elisa Mekler von der Universität Basel testete in einer Studie, wie verschiedene Formen von Feedback bei Studierenden ankamen. Eine Probandengruppe erhielt für jede Antwort sofort Punkte, eine zweite Gruppe bekam Rückmeldung über eine Rankingliste, eine dritte über die Einstufung in Levels, und eine Kontrollgruppe absolvierte die Tests ohne eine Form der direkten Rückmeldung. Egal, welcher Art das Feedback war: Die Qualität der Lösungen erwies sich als besser als in der Kontrollgruppe. Zwischen den einzelnen Feedbackformen gab es dagegen keinen Unterschied. Entscheidend scheint also zu sein, überhaupt eine Rückmeldung zu bekommen, je qualifizierter, desto besser, wie nicht nur diese Studie belegt.

Eine Metaanalyse über 19 Studien, durchgeführt von Lisa Homner und Michael Sailer von der LMU München, fand einen kleinen, aber immerhin positiven Effekt der Gamifizierung des Unterrichtes. Er bezog sich auf die Motivation der Schüler und Schülerinnen, die zumindest kurzfristig höher war. Eine weitere Metaanalyse über immerhin 24 Studien von Shurui Bai von der Universität Hongkong bestätigt dieses Resultat. Was bislang fehlt, ist die Analyse der langfristigen Auswirkungen von Gamification im Unterricht. Erst dann wird sich zeigen, ob sie nur eine nette Abwechslung des Lernalltags ist oder eine nachhaltige Ergänzung der Unterrichtsmethoden sein könnte.

Aus bisherigen Studien lässt sich als Zwischenresümee ableiten, dass Gamification die Lernergebnisse positiv unterstützen kann, weil sie die Einstellung der Schüler und Schülerinnen zum Lernen verbessern und so die Motivation fördern kann. Gamification-Elemente sind dann am effektivsten, wenn sie dosiert als Abwechslung zum »normalem« Lernen im Unterricht oder mit anderen E-Learning-Komponenten zusammen eingesetzt werden. Die intrinsische Motivation (also der eigene, innere Antrieb), sich mit Lerninhalten zu beschäftigen, steigt, wenn Menschen sich dabei als kompetent, selbstbestimmt und sozial eingebunden erleben. Diese Motivation kann am Ende nur durch echtes Interesse an Inhalten eines Faches oder Themengebietes geweckt werden. Dabei kann Gamification helfen, aber sie kann dieses Interesse nicht ersetzen. Es besteht die Gefahr, dass Spielelemente beim Lernen die Motivation vom Inhalt ablenken.

Der entscheidende Punkt in Bezug auf E-Learning, digitale Medien und das Lehren/Lernen damit ist, dass diese noch relativ neuen Werkzeuge der Lernstoffvermittlung kein Ersatz für Lehrer-, Mentor- und gruppenzentriertes Lernen sind. Sie beflügeln das Lernen nur dann, wenn sie zusammen mit einer Lehrerin, einem Ausbilder oder Mentor und in Gruppenkonstellationen angewendet werden. Vor allem im motivierenden Miteinander kleiner Gruppen können Gamification-Apps aber gewinnbringende Lernwerkzeuge sein. So sinnvoll und dosiert eingesetzt, sind digitale Lernelemente, Freunde des Lernens, nicht dessen technologische Feinde. Doch wie alle Freunde sind auch sie auf soziale Interaktion angewiesen. Isolierte Anwendung schadet. Und sie setzen voraus, dass Kinder und Jugendliche bereits die Kompetenz besitzen, selbstständig zu lernen. Und nicht zu vergessen: Es braucht immer einen guten Internetzugang, passende Endgeräte und – genau wie in analogen Lernsituationen – einen ruhigen Platz zum Lernen.

Lernen mit digitalen Technologien und soziale Gerechtigkeit

Können digitale Medien nützliche didaktische Hilfsmittel sein, um das Lernen in Schule, Universität, Ausbildung und bei der Fortbildung am Arbeitsplatz zu bessern? Die Antwort lautet wohl ja, auch wenn es noch viele Fragezeichen gibt. Aber tragen sie auch zur Bildungsgerechtigkeit bei?

In meinen Augen ist das ein sehr wichtiger Punkt vor allem im schulischen Kontext, der häufig übersehen wird. Leider zeigen erste Studien, dass von den digitalen Lernwerkzeugen vor allem die leistungsstarken Schüler und Schülerinnen aus akademischen Familien – mit Platz und Geld, Verständnis und Vorbildfunktion – profitieren. Das hat zum einen etwas mit einer geeigneten Lernumgebung zu Hause zu tun, etwa einem eigenen Zimmer, aber auch mit leistungsstarken Endgeräten und soliden Hausnetzwerken. Zum anderen erfordern digitale Lernprogramme auch ein hohes Maß an der Fähigkeit zum eigenständigen Lernen. Vor allem bei der Verwendung von Lernprogrammen, die eigenständig zu Hause oder in Einzelarbeit verwendet werden, ist Letzteres entscheidend.

In der Schule selbst stellt sich die Situation wieder anders dar: Denn sosehr man die Starrheit unseres Schulsystems auch kritisieren mag: Anders als in ihren Familien mit ganz unterschiedlichen technischen und sozialen Voraussetzungen, haben im Klassenraum alle Kinder dieselbe Lehrkraft und dasselbe Curriculum, sie lernen in derselben Zeit, müssen sich an einheitlichen Maßstäben messen lassen und haben dafür alle einen Raum, einen Tisch und vielleicht auch einen Computer zur Verfügung. Schule ist also in vielerlei Hinsicht zumindest theoretisch ein »standardisiertes Milieu« (auch wenn es hier natürlich Unterschiede zwischen Schulformen und Bundesländern gibt, gerade was Schulen in sozialen Brennpunkten angeht). Das mag einen oft in seiner Rigidität und Inflexibilität stören, aber es schafft erst einmal ein gewisses Maß an Gerechtigkeit.

Die schulische Homogenisierung wird oft kritisiert und die Chance auf Bildungsgerechtigkeit durch digitale Medien betont, eben weil sie das individualisierte Lernen auf dem Niveau des jeweiligen Kindes fördern können. Man sollte sich klarmachen: Digitale Medien erhöhen die soziale Chancengleichheit erst einmal nicht. Wer alle Schüler und Schülerinnen fördert, gleicht zwar einige der Schwächen sozioökonomisch benachteiligter Gruppen aus, aber zugleich werden die Stärken der Privilegierten potenziert – sie profitieren also deutlich mehr, und die Leistungsschere driftet noch weiter auseinander.

Überdeutlich wurde die nivellierende Wirkung des Schulunterrichtes, als sie fehlte: in der Corona-Zeit. Plötzlich waren die Einheitsprinzipien der Schule aufgehoben. Alle Kinder saßen zu Hause und waren den beiden größten Risikofaktoren fürs Lernen ungefiltert ausgesetzt: sich selbst und der eigenen Familie. Leider hat sich gezeigt, dass durch dieses unfreiwillige Experiment die Bildungsschere weiter aufgegangen ist. Studien aus Deutschland, aber auch aus den USA und den Niederlanden haben das gezeigt. Die Auswertung der Lernstand-Erhebungsdaten ergab einen regelrechten Lernstillstand, der im Ausmaß genau der Länge des Homeschoolings entsprach. Zum Teil waren sogar Verluste an zuvor erworbener Kompetenz festzustellen (etwa in Fächern wie Mathematik und einigen Fremdsprachen), und zwar vor allem bei Kindern aus Elternhäusern mit niedrigem sozioökonomischem Status. Hier war der Kompetenzverlust von Lesen und Rechnen um 60 % höher als in Elternhäusern mit einem höheren sozioökonomischen Status. Wir müssen aufpassen, dass teure digitale Endgeräte, die im schulischen Kontext eingesetzt werden, nicht nur Luxus-Lernwerkzeuge für Kinder sind, die durch ihre häusliche Umgebung, gepaart mit einem guten Lernvermögen, ohnehin schon einen Startvorteil im Leben haben.

Die Perfektion der Mittel und die Verwirrung der Ziele

Unübersehbar ist, dass Internetnutzung, digitale Medien und in den letzten zehn Jahren vor allem die Smartphone-Nutzung unser Privatleben verändert haben und zu einem unverzichtbaren Bestandteil des Arbeitslebens, der Wissenschaft und der medizinischen Diagnostik geworden sind. Weit weniger klar ist, was sich daraus für Bildungsaufträge an Schulen bzw. generell für die Ausbildung junger Menschen ergibt. Die sozialwissenschaftliche, entwicklungsbiologische, psychologische und neurobiologische Forschung zu der Frage, wie man eine in digitalen Medien gleichsam »schwimmende« junge Generation ausbilden soll, um sie vorzubereiten auf die Bewältigung globaler Herausforderungen, ist immer noch nicht beantwortet. Was hier fehlt, sind Forschungsergebnisse, die den Einsatz digitaler Medien in

Unterricht und Ausbildung systematisch und langfristig untersuchen. Zudem muss unterschieden werden, ob es darum gehen sollte, im Unterricht die kognitiven Grundlagen zu schaffen, damit Kinder sich im Internet sicher bewegen und digitale Medien kompetent bedienen können. Oder ob es zusätzlich notwendig ist, diese Medien auch als Lernwerkzeuge im Schul- und Ausbildungsalltag einzusetzen. Beides ist denkbar, aber Medienkompetenz als Grundlage für eine Berufsqualifizierung ist eine andere Frage als die, ob digitale Medien als Lernwerkzeuge eingesetzt werden – was wiederum nicht dem widerspricht, dass man je nach Fach und Thema auch beides umsetzen könnte.

Bisherige Ergebnisse, was den Einsatz digitaler Medien im Unterricht angeht, sind eher ernüchternd, wie man an Erhebungen des ifo Instituts in München ebenso wie an den OECD-Empfehlung ablesen kann. Beide sehen den Einsatz von digitalen Lernmitteln kritisch, vor allem bei jüngeren Schülern und Schülerinnen. Auch ist bezeichnend, dass zwar 70 % der Schulleiter davon überzeugt sind, dass digitale Medien die Attraktivität ihrer Schule steigert, aber nur 23 % glauben, dass die Lernergebnisse der Schülerinnen und Schüler sich durch digitale Medien verbessern, wie eine Studie der Bertelsmann Stiftung 2016 belegte!

Und auch wenn die Diskussion über den Einsatz digitaler Medien im Unterricht aus neurologischer und erziehungswissenschaftlicher Sicht richtig und wichtig ist, sollte dies nicht davon ablenken, dass der technische Ausbau der digitalen Anbindung und Ausrüstung von Schulen jetzt ohne Verzögerung und mit guter Planung durchgeführt werden sollte – die Corona-Zeit hat gnadenlos offengelegt, wie weit deutsche Schulen (z. B. im Unterschied zu dänischen) von einem effektiven und qualitativ hochwertigen Einsatz digitaler Technologien im Unterricht entfernt sind. Dabei muss eines klar differenziert werden: Der technische Ausbau ist etwas völlig anderes als die Methoden des Unterrichtes, man braucht in Schulen eine gute Netzwerkanbindung, um Kollaborationsplattformen, Schulserver, Cloudserver und den Zugang zu Internetsuchtplattformen bereitzustellen. Doch digitale Mediennutzung im Unterricht darf weder Selbstzweck sein, noch ist sie ein wirklich notwendiger Inhalt. Eine App ist genauso ein Lernmittel wie ein Buch – das gedruckte Schulbuch hat noch lange nicht ausgedient, wie gleich mehrere Studien zeigen.

Vor allem gilt, dass Schüler und Schülerinnen die Grundkenntnisse erwerben sollten, die für das Verstehen von Hard- und Software unverzichtbar sind. Dieses Wissen ist angesichts der dynamischen Veränderungen, die von der Digitalisierung ausgelöst werden, insbesondere für zukünftige Qualifizierungen in der Berufswelt unverzichtbar. All das darf jedoch nicht zulasten der Vermittlung bewährter Inhalte gehen, die den Kernbestand des jeweiligen Fachs ausmachen und seine Identität prägen. Zielführend wäre es sicher, wenn Informatik verbindlich ab der 7. Klasse eingeführt würde. So können sich Lehrer bei den anderen Fächern auf die Vermittlung der Grundkompetenzen konzentrieren, die immer noch die Voraussetzung zur Durchdringung unserer komplexen Welt sind.

Aber reicht das, um einer globalisierten und digitalisierten Zukunft gerecht zu werden? Was brauchen Schüler und Schülerinnen zukünftig? Genau diese Fragen wurden führenden CEOs weltweit tätiger Unternehmen gestellt. Ganz oben auf der Liste standen Soft Skills: Platz 1: Team- und Kommunikationsfähigkeit, Platz 2: Eigenverantwortung und Selbstmanagement-Kompetenzen, Platz 3: Lebenslanges Lernen, Platz 4: Ganzheitliches Denken und Handeln, Platz 5: Kreativität und dann erstmals auf Platz 6: *digital literacy*, also technische Kompetenzen im Umgang mit digitalen Medien.

Dass Team- und Kommunikationsfähigkeit an erster Stelle stehen, ist in einem direkten Zusammenhang mit den industriellen und wirtschaftlichen Umwälzungen zu sehen, die eine internetbasierte Arbeits- und Lebenswelt mit sich bringt. Diese Kompetenzen können kaum mit Apps trainiert werden, sondern nur im schulischen Miteinander, mit Freunden und in der Familie! Empathie- und Kommunikationsfähigkeit erwirbt man nicht über digitale Lernprogramme, sondern indem man Probleme in seinen Bezugsgruppen löst, diskutiert, anderen in die Augen schaut und lernt, auf die Signale des oder der anderen zu reagieren und eigene Signale auszusenden, die für andere nachvollziehbar sind.

Die Digitalisierung der Schulen wird voranschreiten. Es gilt dabei, aufzupassen, dass sie gelingt und dass das, was bisher an etablierten sozial-interaktiven Lehrmethoden didaktisch funktioniert hat, erhalten bleibt. E-Learning bedeutet nicht zwangsläufig einen Fortschritt beim Lernen, wie manch einer am Anfang vielleicht gedacht hat. Neue Werkzeuge brauchen auch neue Lehrkonzepte, sie sind kein Selbstzweck. Digitale Apps können helfen, Lernziele selbstbestimmt zu erreichen. Aber sie sind nicht alles.

Eines kristallisiert sich durch die Evaluierungen der letzten Jahre nämlich heraus: dass Ansprache und Feedback durch eine Lehrkraft nicht zu ersetzen sind. Auch mit digitalen Medien muss eine Lehrkraft als Ansprechpartner im Unterricht anwesend sein – dies ist auch eine Frage der Bildungsgerechtigkeit. Menschliche Lehrende sind weiterhin der Schlüssel zum Erfolg in der Wissensvermittlung. Doch sie müssen sich weiterbilden, damit sie digitale Medien sinnvoll und ergänzend zum analogen Unterricht einsetzen können. Und sie müssen dafür Sorge tragen, dass ihr Einsatz nicht dazu führt, dass bestehende soziale Ungleichheiten sich noch verstärken.

Zum Schluss dieses Kapitels noch ein Gedanke über das schulische und arbeitsweltliche Lernen hinaus: Globalisierung und Digitalisierung sind sicher die großen Treiber in der Notwendigkeit zum lebenslangen Lernen. Ständig neue Software, veränderte, weltweit operierende Teamzusammenstellungen und neue Geschäftsfelder erzwingen nicht nur eine hohe Flexibilität des Marktes, sondern auch unseres Gehirns. Und das ein Leben lang. Selbst als Senior oder Seniorin in Rente oder Pension kann man nur dann Schritt halten – vom Fahrkartenkauf bis zur Kommunikation mit Kindern und Enkeln –, wenn man sein Technikwissen *up to date* hält, also ein Leben lang weiterlernt. Das ist ein hoher Anspruch. Die gute Nachricht ist: Wer bereit ist, sich bis ins hohe Alter immer wieder auf Neues einzulassen und permanent zu lernen, altert langsamer und hat sogar eine Chance, nicht oder erst viele Jahre später an Demenz zu erkranken. Eine der vielen Zukunftsfragen wird sein: Wie organisieren wir dieses lebenslange Lernen, sodass es effektiv, kostengünstig, motivierend und vor allem erfolgreich ist?

KAPITEL 4

Kluge Maschinen erfordern kluge Nutzer

Es ist nicht mein Ziel, zu überraschen oder zu schockieren, aber die einfachste Art, es zusammenzufassen, ist, dass es nun Maschinen in der Welt gibt, die denken, die lernen und die kreieren. Mehr noch, sie werden schnell besser darin werden, diese Dinge zu tun, bis – in der überschaubaren Zukunft – die Art der Probleme, die sie angehen können, denjenigen entsprechen wird, die der menschliche Geist angeht.

Herbert Simon,
Mitbegründer der KI-Forschung, 1957

Vor über 100 Jahren veröffentlichte der Romancier E. M. Forster unter dem Titel »The Machine Stops« eine Kurzgeschichte, in der ein futuristisches Szenario gezeichnet wird, in dem eine mysteriöse Maschine alles kontrolliert, von der Lebensmittelversorgung bis zu den Informationstechnologien. Dem Internet und den digitalen Medien von heute nicht unähnlich, geht die gesamte Kommunikation ferngesteuert vonstatten, und persönliche Treffen finden in dieser Dystopie nicht mehr statt. Die Maschine kontrolliert die Gedankenwelt, denn sie macht jede und jeden von ihr abhängig. In dem Moment, wo die Maschine nicht mehr funktioniert, bricht die Gesellschaft zusammen.

Der Science-Fiction-Autor Iain M. Banks beschreibt in seinen Romanen gar eine utopische Zivilisation, in der eine künstliche Intelligenz die Arbeit gleich ganz abgeschafft hat, was offensichtlich auch Elon Musk tief beeindruckt hat: Am 23. Januar 2015 taufte er als CEO der Raumfahrtfirma SpaceX zu Ehren von Iain M. Banks zwei schwimmende Landeplattformen für Raketen auf die Namen »Just Read the Instructions« (JRTI) und »Of Course I Still Love You« (OCISLY), die Banks in seinem 2004 erschienenen Buch *Das Kultur-Spiel* verwendete.

> *Wir sollten besser ganz sicher sein, dass der Zweck, der in die Maschine gesteckt wird, der Zweck ist, den wir wirklich wollen.*
>
> *Norbert Wiener, Mathematiker, 1988*

Die Geschichten von Banks und Forster werfen viele Fragen auf, die heute relevanter sind als je zuvor, denn die sogenannte Künstliche Intelligenz (KI) durchdringt inzwischen unser Leben. Dabei ist der Begriff selbst noch sehr jung. Erst 1956 verwendete der an der Stanford University lehrende John McCarthy die Formulierung *Artificial Intelligence* (AI) zum ersten Mal, um für die Rockefeller-Stiftung Geld für eine Konferenz einzuwerben. An dieser Konferenz am Dartmouth College nahmen auch Marvin Minsky und Herbert Simon teil, zwei später wichtige KI-Forscher. Die Dartmouth-Konferenz war wohl der Kristallisationskeim, in dem die KI nicht nur ihren Namen bekam, sondern auch zum ersten Mal in ihren Möglichkeiten und Aufgaben beschrieben wurde. Das Ganze geschah damals noch jenseits der ökonomischen Relevanz.

Entscheidende Grundlage der KI ist die Erkennung von Mustern in großen Datenmengen – ein Prinzip, das prinzipiell fast überall anwendbar zu sein scheint. Ob es überall nützlich ist, ist allerdings eine noch offene Frage. KI-Systeme sind in den letzten Jahren immer lernfähiger geworden. Heutige Roboter bringen sich in Zwiegesprächen selbst eine Sprache bei oder erwerben bei Brettspielen neue Strategien. In nur vier (!) Stunden Schach lernen? AlphaZero hat genau das geschafft – und danach den bis dahin besten Schachcomputer der Welt geschlagen. Der wiederum war schon lange bei Partien gegen die besten menschlichen Schachspieler als Sieger vom Feld gegangen … Watson, ein IBM-Computer, kann gesprochene Sätze zumindest in Teilen korrekt analysieren, ebenso wie dies heute z. B. Alexa und Siri können. Aus dem Kontext der Frage heraus kann er tatsächlich sinnvolle und richtige Antworten geben und sogar Quizshows gewinnen.

Heute scheint es fast so, als könnte KI ein zweites China erbauen, das allerdings nicht aus einer Milliarde Menschen und unzähligen Fabriken besteht, sondern aus mathematischen Algorithmen und immer schneller werdenden Computern. Berechnungen zeigen, dass KI-basierte Technik die Weltwirtschaft bis 2030 um 16 Billionen Dollar bereichern könnte (das entspricht etwa dem Bruttosozialprodukt Chinas).

Neben diesem quantitativen Einfluss von KI-basierten Systemen erwarten viele Experten aber auch qualitative Veränderungen, die die Art unseres Zusammenlebens und unsere ganze Lebenswelt betreffen werden. Wie PC und Smartphone wird auch KI unser Leben verändern und Einfluss auf unser Gehirn haben. Im Falle der KI stellt sich zudem die interessante Frage, welche unserer kognitiven Fähigkeiten maschinelle Algorithmen übernehmen oder zumindest nachahmen können – und welche (zumindest bisher) nicht. Vor allem aber müssen wir uns fragen, welche Fähigkeiten unsere Gehirne benötigen werden, um diese neue Generation an komplexen, selbstlernenden Maschinen *(smart machines)* effektiv einsetzen und bedienen zu können.

Sundar Pichai, der amtierende CEO von Alphabet (der Muttergesellschaft von Google), hat in einem Interview bei dem amerikanischen Fernsehsender MSNBC am 26. Januar 2018 prognostiziert, dass die Entwicklungen durch KI »tiefgreifender als Feuer oder Elektrizität sein werden«. Kluge Computersysteme, so die Annahme von Pichai und anderen, könnten schon bald in der Lage sein, die Arbeit von Radiologen, Lastwagenfahrern oder Lagerarbeitern zu übernehmen, Bankangestellte und Steuerberater überflüssig machen und uns eine riesige Welle der Arbeitslosigkeit bescheren.

Angesichts solcher Zukunftsszenarien ist es umso wichtiger, selbst klug und umsichtig zu bleiben im Umgang mit und bei der Bewertung von immer klüger werdenden Maschinen. So haben sich gerade in den letzten Jahren Zweifel daran eingeschlichen, ob die heutige KI wirklich so zuverlässig und übermenschlich intelligent ist, wie es der Begriff KI verspricht. Tatsächlich stößt sie an viele Grenzen, und einige der großspurigsten Szenarien (meist entworfen von den Ingenieuren selbst) haben bislang den Sprung von der Laborsituation ins reale Leben noch nicht geschafft. Kurzum, das K für »künstlich« ist wesentlich unumstrittener als das I für »Intelligenz«.

Was heute außer Frage steht, ist, dass die KI – oder genauer gesagt, das maschinelle Lernen, eines ihrer Teilgebiete – seit ihren Anfängen große Fortschritte gemacht hat. Computeralgorithmen sind in vielen Bereichen, in denen sie früher Schwierigkeiten hatten, dramatisch besser geworden. Anfang der 2010er-Jahre begann sich – nach vielen Jahren der Stagnation in der KI-Forschung – die Begeisterung in der akademischen Welt auszubreiten. Neue Techniken des maschinellen Lernens, vor allem der Mustererkennung, führten damals zu raschen Verbesserungen etwa bei der Bildererkennung und der Verarbeitung von Sprache. Von dort aus verbreitete sich die frohe Kunde in der Wirtschaft, vor allem aber begannen große Internet- und Computerfirmen wie Alphabet und Microsoft, sich wieder stärker dafür zu interessieren. Mit ihren enormen Ressourcen und riesigen Datenmengen bedurfte es bei ihnen keiner großen Vorbereitung, um auf den Zug aufzuspringen.

KI-Techniken unterstützen heute Suchmaschinen und Sprachassistenten, helfen bei der Gesichtserkennung, wie wir sie z. B. benutzen, um Smartphones zu entsperren oder Landesgrenzen zu überwachen, und versuchen, unerwünschte Beiträge in sozialen Medien zu identifizieren. Die beste Route berechnen, Vögel bestimmen, Lieder erkennen, Handschriften lesen, den nächstgelegenen Bäcker finden – all das kann KI heute. Mithilfe enormer Datenmengen, die sie bei ihren Nutzern sammeln, versuchen Google & Co. zu erkennen – und teilweise auch zu beeinflussen –, was wir lesen und kaufen, ob wir einen Job, einen Kredit, eine Hypothek, Subventionen oder Bewährung bekommen. KI hilft heute, einige Krankheiten zu diagnostizieren, ebenso wie sie eingesetzt wird, um – je nach Interessenlage – demokratische Prozesse zu untergraben oder zu stärken. Aber wird sie auch dazu beitragen, Depressionen oder Krebserkrankungen zu erkennen?

Eine der eindrücklichsten Demonstrationen des Potenzials von KI fand 2016 statt, als ein von DeepMind, einer in London ansässigen KI-Firma von Alphabet, entwickeltes System einen der weltbesten Spieler in Go, einem alten asiatischen Brettspiel, besiegte. Die Partie wurde von zig Millionen Zuschauern verfolgt. Noch beeindruckender war die Leistung der gleichen Programmierer, die ein Programm (AlphaFold) entwickelt haben, das Proteinstrukturen in ihrer dreidimensionalen Form allein aufgrund der Aminosäuresequenzen zuverlässig vorhersagen kann – ein zuvor über Jahrzehnte ungelöstes Problem, das zu lösen wichtig war für die Entwicklung passgenauer Wirkstoffe. Eine Leistung, die eines der weltweit führenden Wissenschaftsmagazine *(Science)* als »Breakthrough of the Year 2021« (Durchbruch des Jahres 2021) prämiert hat und die sogar zu einer Nobelpreis-Nominierung geführt hat.

Wichtig in diesem Kontext zu fragen ist allerdings: Was ist eigentlich KI, künstliche Intelligenz? Historisch erlangte der Begriff, wie oben erwähnt, 1956 zum ersten Mal Bedeutung – hier eher als markiger Begriff, um von der Rockefeller-Stiftung Geld für eine Konferenz zu bekommen, wo es um Themen der maschinellen Automatisierung gehen sollte (was schon wesentlich weniger spannend geklungen hätte). Das Europäische Parlament definiert sie auf ihrer Website so: »Künstliche Intelligenz ist die Fähigkeit einer Maschine, menschliche Fähigkeiten wie logisches Denken, Lernen, Planen und Kreativität zu imitieren.« Gemeint ist vor allem maschinelles Lernen aufgrund von mathematischen Algorithmen, die auf Basis der Regeln neuronaler Netze funktionieren. Die Programme lernen dabei, indem sie mit einer Vielzahl von Daten trainiert werden – zum Beispiel mit Unmengen von Hundefotos, um sich die Unterschiede von Hunden zu Katzen oder zu Füchsen anzueignen. Und sie werden immer besser in der Sprach- und Gesichtserkennung, da sie lernende und selbstoptimierende Systeme darstellen. Allerdings lohnt auch hier ein genauerer Blick, um Limitierungen zu verstehen und selbst klug zu bleiben im Umgang mit dem, was man KI zutrauen kann und wo Vorsicht geboten ist.

Neuronale Netze und Deep Learning

> *Ich glaube, dass sich am Ende des 20. Jahrhunderts der Wortgebrauch und die vorherrschende Meinung unter Gebildeten so verändert haben werden, dass man in der Lage sein wird, von Maschinendenken zu sprechen, ohne Widerspruch zu befürchten.*
>
> *Alan Turing, Mathematiker, 1912–1954*

In diesem Kapitel soll es um die Frage gehen, was künstliche Intelligenz mit den Neurowissenschaften zu tun hat. Zwei Begriffe stechen im Zusammenhang mit der KI ins Auge: »neuronale Netze« und »Deep Learning«.

Deep Learning (DL) ist eine besondere Form der KI oder besser des maschinellen Lernens. Es modelliert Datenmuster als komplexe, mehrschichtige Netzwerke – so wie auch das Gehirn grob aufgebaut ist. Ein wichtiges Merkmal von Deep-Learning-Algorithmen ist, dass die trainierten Modelle mehrere Ebenen der Rechennetzwerke haben: künstliche neuronale Netze. Deep Learning hat zunächst in der wissenschaftlichen Forschung große Popularität erlangt und wird heute vor allem von großen Internetfirmen vorangetrieben. Seine Algorithmen, die durch die Art und Weise inspiriert sind, wie man glaubt, dass Neurone im Gehirn Informationen verarbeiten, werden in vielen Branchen zur Lösung komplexer Probleme eingesetzt.

Es ist kein Zufall, dass neuronale Begrifflichkeiten auch im Zusammenhang mit KI genannt werden, denn die Programmierung von KI orientiert sich in vielerlei Hinsicht an der Hirnforschung. Sie kopiert unser Gehirn allerdings nicht, sondern versucht, Konzepte über die Arbeitsweise des menschlichen Gehirns maschinengerecht in Computercodes zu übertragen.

Will man dem Sprachgebrauch folgen und Begriffe aus der IT auf die Hirnforschung übertragen oder umgekehrt Wörter aus der Gehirnforschung auf KI, erweist sich das bei näherem Hinsehen allerdings als gar nicht so einfach. Aber zunächst zu den Gemeinsamkeiten: Trivial ist, dass (ganz normale) Computersysteme Maschinen steuern und das menschliche Gehirn den Körper. Sowohl im technischen als auch im biologischen System werden Wahrnehmungen der Welt und der inneren Prozesse der

Maschine bzw. des Körpers ausgewertet; es werden Handlungen geplant und gesteuert. Auf der Festplatte eines Computers werden Daten gespeichert, im menschlichen Gedächtnis werden Erinnerungen festgehalten. Eine weitere Parallele ist, dass menschliche (wie tierische) Neurone über elektrische Signale kommunizieren, die man als Aktionspotenziale bezeichnet und die nach dem Alles-oder-nichts-Prinzip »feuern« oder eben »nicht feuern«. Das erinnert an die Nullen und Einsen der Silizium-Schaltkreise eines Computers, denn auch dort fließt entweder Strom durch die Transistoren oder nicht.

Bei genauerer Analyse wird aber sichtbar, dass die Unterschiede zwischen Deep-Learning-basierten KI-Systemen und dem Gehirn weit größer sind als die Gemeinsamkeiten. Die meisten genannten Analogien zwischen Gehirn und Computer erweisen sich als stark vereinfacht, auch wenn es um KI geht. Ein wichtiger Unterschied ist (auch wenn uns das subjektiv anders vorkommt), dass es in unserem Gehirn keinen zentralen Taktgeber gibt. Außerdem werden die Abläufe in unserem Kopf nicht nacheinander abgearbeitet wie in seriellen Computern. Nicht einmal einen Prozessor gibt es in unserem Gehirn, der dafür sorgt, dass Daten zwischen einem Arbeitsspeicher und ebendiesem Prozessor hin und her geschaufelt werden.

Noch gravierender ist, dass unser Gehirn keine zentrale Festplatte zur Speicherung von Erinnerungen hat. Im Gehirn besteht also kein Unterschied zwischen »Daten«, »Hardware« und »Software«. Wenn wir etwas lernen, verändern sich die Verschaltungswege der Wahrnehmung, des Denkens und des Handelns auf struktureller und funktioneller Ebene. Wir haben also in unserem Gehirn keinen festen Ort, an dem Gedächtnisinhalte für alle Zeit abgelegt werden. Es wird vielmehr umstrukturiert, sodass wir künftig die Welt um uns herum wesentlich differenzierter wahrnehmen. Wenn wir z.B. viel über unterschiedliche

Pflanzen gelernt haben, nehmen wir ihre Merkmale viel deutlicher wahr, so wie Musiker Musikstücke durch Erfahrung differenzierter hören als Laien.

Menschliche Neurone arbeiten sehr langsam (mit einer maximalen Taktrate von einem Kilohertz), Computerprogramme millionenfach schneller (im Gigahertz-Bereich). Auf der anderen Seite verarbeiten neuronale Netzwerke im Gehirn Daten parallel, das heißt, Millionen von Rechenoperationen finden zeitgleich statt, während Computer bisher aufgrund ihrer Bauweise gezwungen sind, Daten seriell zu prozessieren. Unsere elementare Bauebene im Gehirn, die Neurone, erweist sich als wesentlich komplexer als technische neuronale Netze, denn unsere Kommunikation ist nicht nur binär und elektrisch, sondern läuft zusätzlich chemisch und graduell an Synapsen und Dendriten (die Empfangsantennen der Neuronen) ab. Das bedeutet, die gleiche Synapse kann in Stufen stärker oder schwächer werden und sich dabei auch in der Größe verändern (»synaptische Plastizität«).

Studien der Arbeitsgruppe von Terry Sejnowski vom Salk Institute in San Diego konnten zeigen, dass Synapsen mindestens 26 verschiedene Stärkestufen annehmen können. Die Effektivität einer Synapse hinsichtlich ihrer Fähigkeit, in der nachfolgenden Zelle elektrische Signale einer bestimmten Voltstärke auszulösen, kann also sehr genau reguliert werden. Statt die Information nur in »schwarz und weiß« (0 und 1) zu kodieren (also »Synapse aus oder an«), wie es künstliche neuronale Netzwerke tun, können menschliche Neurone an ihren Kontaktstellen 26 Graustufen an Informationen deutlich differenzierter und damit mit wesentlich höherer Speicherdichte weitergeben. Ganz abgesehen davon, dass es im menschlichen Gehirn geschätzte 15 Trillionen solcher Kontaktstellen (Synapsen) gibt (mehr als das Amazonasdelta Blätter hat, wenn man sie an jedem Baum zählen würde). Das menschliche Gehirn kann Daten abspeichern in der Größenordnung von eins bis zwei Petabyte (eine Zahl mit 15 Nullen). Erst im Jahr 2018 konnte ein Computer gebaut werden, der nachweislich mehr Speicherkapazität hat als das menschliche Gehirn. Allerdings brauchte er dafür so viele Prozessoren, dass dafür eine gesamte Turnhalle mit Rechnern bestückt werden musste.

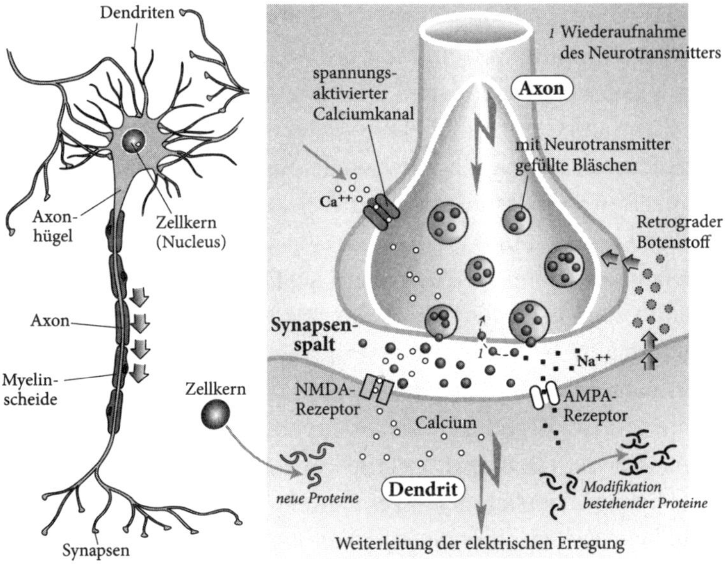

Abb. 14: Synapsen sind Kontaktstellen zwischen Nervenzellen, die sich bei Lernvorgängen funktional verstärken oder abschwächen und die sich strukturell verändern können (wachsen oder schrumpfen).

Moderne KI-Algorithmen benutzen Mustererkennungsprozesse, um Daten, Bilder oder Töne auf Gemeinsamkeiten und Unterschiede hin zu analysieren. Die Prozesse, die hier auf verschiedenen mathematischen Ebenen ablaufen, sind abgleitet von der Arbeitsweise unseres Gehirns, vor allem von der Funktionsweise unseres Sehsystems. Wie die Mustererkennung in unserem Gehirn vonstattengeht, haben die Neurowissenschaften untersucht. Am meisten wissen wir heute darüber, wie Gesichtserkennung funktioniert. Das hängt unter anderem damit zusammen, dass im Schläfenlappen dafür ein eigenes, etwa zwei Euro großes Gehirnareal zuständig ist. Ein vergleichbares Areal gibt es auch bei Makaken, einer Meerkatzengattung. Wir werden gleich sehen, warum das wichtig ist.

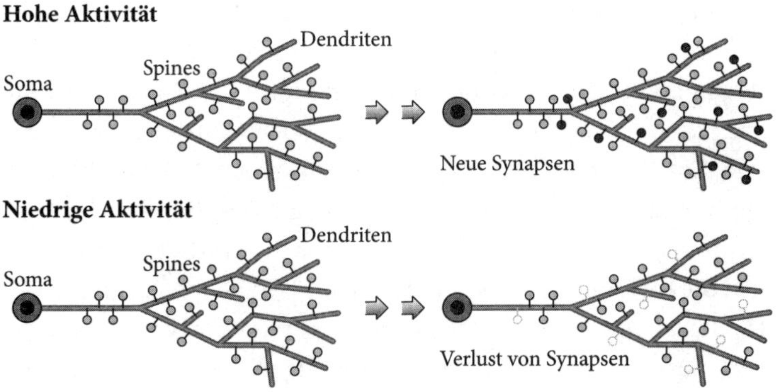

Abb. 15: Strukturelle Plastizität und funktionelle Veränderungen an Synapsen bei Lernvorgängen im Gehirn (LTP: Langzeit-Verstärkung, LTD: Langzeit-Abschwächung)

Die Mustererkennung in unserem Gehirn verläuft, soweit wir das bisher verstehen bei Lernvorgängen im Gehirn klar abgegrenzten Arbeitsteilung. Von den Augen vermittelte optische Informationen werden zunächst ganz hinten im Gehirn im primären visuellen Kortex (V1) verarbeitet. Bereits dort sind für die Sehrinden-Neurone nicht alle eingehenden Signale gleich bedeutsam, so wie auch nicht alle Pixel bei KI-Programmen gleich gewichtet werden. Die V1-Neurone sind in Kolumnen angeordnet (ähnlich einer Schicht in einem künstlichen neuronalen Netz), und jede Kolumne sucht nur nach bestimmten visuellen Mustern in den eingehenden Informationen von den Augen. Dies kann zum Beispiel eine gerade Linie in der linken oberen Ecke des Sehfeldes sein. Erst wenn damit übereinstimmende Signale eingehen, beginnen die Neurone in der entsprechenden Kolumne aktiv zu werden und Signale in Form von Aktionspotenzialen weiterzugeben. Wir haben also Neurone im visuellen Kortex, die nur für »gerade Linie links oben« kodieren.

Damit aber nicht genug. Die eigentliche Verarbeitungsgenialität unseres Gehirns besteht darin, dass es sehr viele dieser lokalen Muster erkennen kann und diese Minipuzzlesteine dann mithilfe komplexerer Nervenzellen in verbundenere Muster zusammenfügt. Ein lokales Muster wird also von einem Neuron erkannt, das nur dann anspringt, wenn die Augen eine gerade Linie in der linken oberen Ecke erkennen. Danach verarbeitet unser Gehirn die Information weiter, im nächsten Areal der Sehbahn (V2), das direkt vor V1 im Kortex liegt. Hier haben wir Neurone, die viele dieser lokalen Muster zusammenfügen, indem Nervenzellen ein umfassenderes Muster registrieren und nur reagieren, wenn mehrere lokale Muster zusammen auftreten. Es kann sich dabei zum Beispiel um ein Neuron handeln, das ein elektrisches Signal aussendet, sobald es registriert, dass es unten links eine gerade Linie gibt oder in der Mitte links oder oben links … Ein solches Neuron fasst also mehrere lokale Muster zusammen und erstellt so etwas wie einen Überblick. Die Output-Signale zur Objekterkennung gehen dann weiter an Areal V4, das im Schläfenlappen liegt (Bewegungen werden auf einer anderen Sehbahn durch V3 und weitere Areale im Schläfenlappen parallel weiterverarbeitet). Von V4 geht es anschließend in das Gesichtserkennungsareal im unteren Schläfenlappen, den inferior-temporalen Kortex.

Die gesamte Sehbahn zur Objekterkennung hat vor allem die

Aufgabe, aus den Seheindrücken immer komplexere Muster zu extrahieren. Es entstehen dabei immer wieder neue neuronale Verarbeitungsschichten, die umfassende Muster weiterverarbeiten, um noch komplexere Elemente herauszufiltern. Zunächst sind es allgemeinere Formen wie »Dreieck« oder »Viereck«, die Nervenzellen aus einer Kombination von einzelnen Linien erkennen. Im Anschluss werden diese Formen weiter kombiniert – so könnten zwei Kreise mit dreieckigen Strukturen dazwischen auf zwei Augen und eine Nase hindeuten. Durch Mustererkennung auf der Grundlage zunehmend komplexerer Muster vollzieht unser Gehirn die Schritte von lokalen Linien und Farben zu Gesichtern, Tieren oder Gegenständen – unserer Welt eben.

Unsere Gehirne erkennen also Objekte, indem sie mit lokalen Mustern aus kleinen Ausschnitten beginnen, um dann Schritt für Schritt eine Erkennung komplexerer und globalerer Signalmuster zu bewältigen, bis es am Ende bei einer Gruppe von Neuronen im Schläfenlappen ankommt, die die endgültige Klassifizierung vornehmen, z. B. ein Gesicht erkennen.

Mit diesen gerade beschriebenen Gehirnarealen des Sehsystems können wir in einer Zehntelsekunde Gesichter erkennen und alles in unserem Blickfeld klassifizieren. Dabei nimmt jedes Gehirnareal eine andere Art der Minianalyse vor, von wenig komplexen zu komplexeren Prozessen der Mustererkennung. Nur wenn alle Sehareale perfekt zusammenwirken, können wir Gesichter zuverlässig erkennen.

Unsere Sehbahn verfügt also über eine überaus strukturierte Organisation. Schon in einem relativ frühen Stadium wird das Gesehene in Kategorien eingeteilt. Eine definierte Gruppe von Neuronen verarbeitet die Information, wenn wir z. B. etwas sehen, das einer Pflanze gleicht oder einem großen Objekt oder … Dabei – und das kann die Forschung im Moment nur mutmaßen – scheint sich beispielsweise die Form eines Tieres stark genug zu unterscheiden von der Silhouette eines Autos, sodass wir die eingehenden Signale schnell kategorisieren können.

Schätzungen gehen davon aus, dass das eigentliche Areal zur Gesichtserkennung im Schläfenlappen nur etwas über 200 Neurone braucht, um eine große Anzahl an Gesichtern sicher unterscheiden zu können – eine unglaublich effektive Rechenleistung, die nur möglich ist, weil auf den vorherigen Stufen der Analyse die entscheidenden Muster bereits extrahiert sind und den hierarchisch höheren Seharealen zugespielt werden.

Diese Art der inkrementellen, schichtweisen Verarbeitung der komplexer werdenden Mustererkennung zusammen mit der ständigen Rückkoppelung zwischen den Gehirnarealen wird mittlerweile auch in der KI-Software zur Gesichtserkennung verwendet. Sie beginnt ebenfalls mit einfachen lokalen Mustern und kombiniert diese dann Schritt für Schritt zu immer komplexeren und umfassenderen Mustern beim Durchlaufen der künstlichen neuronalen Schichten.

Eine weitere Ähnlichkeit zwischen modernen KI-Algorithmen und unserer neuronalen Natur besteht darin, dass der Output eines Netzwerkes wieder zurückgefüttert wird in das gleiche Netzwerk, wenn dieses eine Abweichung zum erwarteten Ergebnis enthält – solche »rekurrenten« (rückgekoppelten) neuronalen Schleifen sind elementar, um Fehler zu korrigieren. Heutige KI-Systeme nutzen dieselbe Methode, um in Millionen von Durchläufen eine Musterkennung immer besser werden zu lassen (wann ist ein Stuhl ein Stuhl und kein Tisch, wann ein Hund ein Hund und keine Katze, wann ist eine Amsel eine Amsel und kein Rabe usw.). Im Vergleich dazu läuft die Mustererkennung in unserem Gehirn viel schneller ab – ihm reicht manchmal ein einziger Durchlauf, um ein Muster sicher wiederzuerkennen, z. B. ein bekanntes Gesicht.

Bisher nur unzureichend gelingt es der KI zu erkennen, welche Aspekte wichtig sind, um z. B. auch im Schatten oder bei verdreht liegenden Mustern Formen zu finden, die entscheidend dafür sind, dass die Dinge in unserer Umwelt auch richtig erkannt werden. Wie unser Gehirn das macht, wissen wir eben noch nicht genau. Nur dass es das meisterhaft kann, steht außer Frage.

Auf einer etwas abstrakteren Ebene kann man sagen, dass ein weiterer kategorialer Unterschied darin besteht, dass menschliche Gehirn deutlich fehlertoleranter ist als technische Systeme. Die allermeisten Menschen können z. B. Personen mit und ohne Bart erkennen oder Objekte, die zum Teil verdeckt sind oder auf der Seite liegen. Und während unser Gehirn mit dem Stromverbrauch einer 80-Watt-Lampe betrieben werden könnte, verbraucht mancher Superrechner so viel Energie wie eine Kleinstadt!

Ursprünglich hatten KI-Entwickler im Sinn, dass das I für die nachgeahmte Intelligenz des Menschen stehe. Sie wollten Maschinen beibringen, wie ein menschliches Gehirn ein Problem löst – man kann fast von einem Lehrer-Schüler-Verhältnis sprechen. Gerd Gigerenzer hat diesen Ansatz »psychologische KI« genannt. Bislang darf sie allerdings als gescheitert gelten – vor allem deshalb, weil man nicht präzise, in mathematische Algorithmen übersetzt, eine Ahnung davon hat, nach welchen Regeln unser Gehirn Probleme löst.

Erste KI-Erfolge gab es erst, als man nicht mehr auf die Nachahmung des realen Gehirns setzte, sondern auf reine Rechenleistung und maschinelles Lernen. So gewann Deep Blue 1997 gegen den damaligen Schachweltmeister Kasparow – und zwar nicht, weil die Software mehr vom Schachspielen verstand, sondern weil sie 200 Millionen Stellungen pro Sekunde durchrechnen und analysieren konnte (Kasparow lag wahrscheinlich bei etwa drei Stellungen pro Sekunde).

Auch AlphaZero, der besser Go spielte als sein bester menschlicher Gegner und in vier Stunden besser Schach spielen konnte als Deep Blue, hat sich von der Nachahmung menschlicher Intelligenz verabschiedet. Man spricht hier eher von automatischer Entscheidungsfindung (ADM, **a**utomated **d**ecision **m**aking). Maschinelles Lernen hat also die psychologische KI abgelöst. Dies hat zur Folge, dass eine KI, die auf maschinellem Lernen beruht, weder versucht zu verstehen, was es bedeutet, einen Gegner zu besiegen, noch weiß, dass sie überhaupt ein Spiel spielt oder gar, welche anderen Probleme es in der Welt noch zu lösen gäbe.

Neuronal inspirierte KI

Ein weiteres Beispiel zur Verdeutlichung der Begriffe »neuronale Netze« und »Deep Learning« sind Handschriften. Beim Entziffern von handgeschriebenen Wörtern und Zahlen ist KI in den letzten Jahren überaus erfolgreich geworden. Sie kann handschriftliche Notizen oder Zahlen mit derselben Zuverlässigkeit erkennen wie wir Menschen! Schauen wir uns an, wie das möglich wurde.

In der ersten Generation der KI-Forschung, die man auch als »**g**ood **o**ld-**f**ashioned **a**rtificial **i**ntelligence« (GOFAI) bezeichnet, ging man so vor: Man untersuchte, wie Menschen eine Aufgabe lösten, und versuchte, das in Programmcode zu übersetzen. Das scheiterte mehr oder weniger. Denn menschliches Wahrnehmen, Denken und Handeln lässt sich deutlich weniger leicht in computertaugliche, programmiersprachlich klare Regeln fassen, als man das noch in den 1990er-Jahren hoffte.

Deshalb gibt man in der »neuronal inspirierten KI« (ich nenne sie hier mal »ni-KI«) der Software keine Regeln mehr vor, wie sie Zahlen unterscheiden könnte. Stattdessen liest man Millionen (keine Übertreibung!) von handschriftlichen Zahlen in eine Mustererkennungssoftware ein, zusammen jeweils mit der Information, welche Zahl tatsächlich gemeint war (bei manchen Handschriften wie meiner eigenen ist das nicht trivial!). Deep-

Learning-Algorithmen identifizieren die Regeln, die notwendig sind, um eine bestimmte Zahl zu erkennen. »Deep« (tief) steht dabei – wie wir bereits gesehen haben – für mehrere Analyseschichten, die als Zwischenschichten in neuronalen Netzen die Analyse vertiefen. Diese tiefer liegenden Schichten (die jeweils nichts anderes als Algorithmen sind) verfeinern die Ergebnisse der vorgeschalteten Module immer weiter (s. Abb. 16). So lernt die Software, die Muster zu identifizieren, die zu den jeweiligen Zahlen gehören. Es ist ein selbstlernendes System, bei dem die Programmierer die Kontrolle darüber verlieren, welche Regeln für das Erkennen einer bestimmten Zahl der Computer letztlich extrahiert und anwendet! Wie die Zahlen am Ende korrekt erkannt werden, bleibt in der Blackbox der Algorithmen verborgen.

Klar ist jedoch, dass die KI-Software die Fähigkeit der Mustererkennung nutzt. Die handschriftlich verfassten Zahlen sind das Muster, mit dem sie anschließend andere Zahlen aus einem riesigen Datenmeer herausfiltern kann. Dabei versucht das Programm gar nicht gleich, ganze Zahlen zu finden, sondern es sucht erst einmal z. B. nach Rundungen, die bei einer 8 beispielsweise an mehr Stellen auftauchen als bei der Zahl 6.

Beim Erkennen der Rundungen von 8 spielen künstlich operierende neuronale Netze eine Rolle, in denen artifizielle Neurone die zentralen Elemente darstellen. Am wichtigsten ist aber, dass es eine Eingabeebene gibt, die Ausschnitte der Pixel einer geschriebenen Zahl ausliest und sie an einen Mittelteil und einen Ausgabeteil weitergibt. Im Mittelteil wird in x-beliebig vielen Netzwerkschichten gerechnet. Ein künstliches Neuron erkennt genau ein Muster und auch das nur in einem minimalen Teil des Bildes einer Zahl. Um die Rundungen einer Zahl zu erkennen, braucht man mindestens vier dieser künstlichen Neurone, die nebeneinandergeschaltet werden. Möchte man verschiedene Zahlen identifizieren, braucht man auch Neurone, die auf schräge oder gerade Linien achten. Mit 10 bis 20 Neuronen nebeneinander kommt man in dieser mittleren Schicht schon ziemlich weit. Auf der Eingabeseite – nehmen wir an, es sind 1020 Neurone, die 1020 Pixel einlesen – wird nicht gerechnet, sondern passiv gescannt. Die mittlere Ebene eines neuronalen Netzes rechnet nun und gibt das Ergebnis an die Ausgabeseite weiter. Dort werden die Muster zusammenfügt, die jedes Neuron in minimalen Teilbereichen erkannt hat.

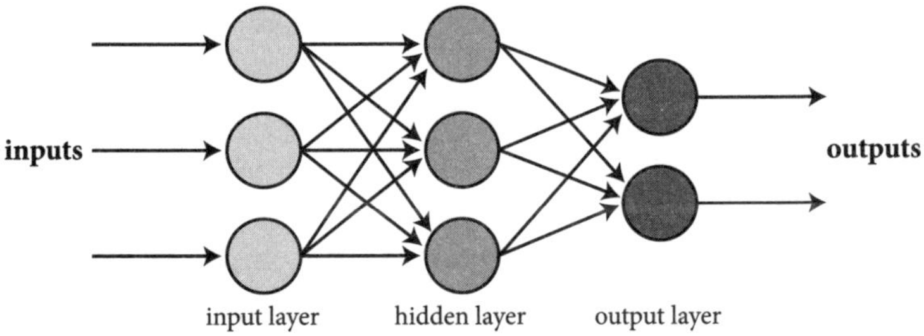

Abb. 16: Neuronale Netze haben mehrere Schichten, in denen jeweils Teilaspekte eines Problems der Mustererkennung berechnet werden. Links: Eingangsschicht. Die sogenannte *input layer* ist dargestellt mit drei »Eingangsneuronen«. Rechts: Die Ausgabeschicht *(output layer)* mit zwei »Ausgangsneuronen«. Die mittlere Schicht bezeichnet man meist als verborgen *(hidden layer)*, denn ihre Module (Neurone) sind weder direkte Eingänge noch Ausgänge. In diesem Beispiel ist nur eine verborgene Schicht zu sehen. Doch neuronale Netzwerke können viele verborgene Schichten haben.

Die Ausgabeseite versucht also eine Zahl zu erkennen, indem sie die Berechnungen der Mittelschicht addiert. Das können zehn künstliche Neurone sein, für jede Zahl eine, und nur wenn ein bestimmter Wahrscheinlichkeitswert überschritten wird, gibt ein Neuron die ihm zugeordnete Zahl aus –, ignoriert alle Muster, die diesen Schwellenwert nicht erreichen, und gibt nur dann das Zwischenergebnis an das nächste Output-Neuron weiter. Das Ergebnis dieser Berechnungen wird nun verglichen mit dem bekannten richtigen Ergebnis. Im Unterschied zum Menschen brauchen KI-Programme Tausende, manchmal Hunderttausende von neuen Berechnungen, bevor eine Zahl sicher erkannt werden kann.

Neuronale Netze erkennen also Muster und treffen Entscheidungen, indem sie einzelne Musterelemente kombinieren. Man verbessert sie, indem man sie an großen Datenmengen »üben« lässt und immer wieder kleine Änderungen in den Berechnungen vornimmt. Bei selbstlernenden Algorithmen erledigen das die neuronalen Netze selbst (anhand der von den Programmierern vorgegebenen Parameter), bei instruierten neuronalen Netzen wird die Ausgabe der »Lösungen« immer wieder von den Programmierern kontrolliert, die die Feinjustierungen der Berechnungssoftware dann entsprechend neu programmieren (Feedback-Modelle). Dadurch folgt das Netz nach jeder Berechnung leicht veränderten Mustern, die, wenn es gut läuft, immer besser darin werden, das anstehende Problem zu lösen, egal ob bei der Handschrift- oder Gesichtserkennung (Letztere ist allerdings immer noch deutlich unzuverlässiger!).

Diese Methode des kleinteiligen Immer-besser-Werdens nennt man *gradient descent* (Gradientenabstieg). Es geht also darum, wie weit das Ergebnis durch hohe Fehlerausschläge noch vom richtigen Wert abweicht; bei null Abweichung hat man den optimalen Wert erreicht. Beim maschinellen Lernen verbessern sich die Algorithmen selbst, indem die Ergebnisse immer wieder in das System eingefüttert werden (rekurrente neuronale Netze), allerdings nur für konkrete Beispiele – und das müssen immer noch sehr viele sein. Das Programm selbst »weiß« bei all dem nicht, »was es tut«, es gibt also keine inhaltliche Komponente in den Programmen, kein Verstehen und keine »Einsicht«. Wenn der Software eine 9 gezeigt wird, und sie meint, mit 88-prozentiger Sicherheit eine 8 zu sehen, während sie die Wahrscheinlichkeit für eine 9 nur mit 2% angibt, wird dies beim maschinellen Lernen direkt wieder in das System zurückgefüttert. So erhält der Algorithmus eine Rückmeldung, ob die Ansätze in die richtige Richtung gehen oder nicht. Die Software verändert im Anschluss jede einzelne Rechnung, erst in eine zufällige Richtung und dann umso systematischer, je höher die Trefferquote wird. Stellschrauben sind die mittleren Netzwerkebenen (z. B. probiert der Algorithmus, was passieren würde, wenn ein Pixel, oder eine Gruppe von Pixeln, mehr oder weniger stark gewichtet oder gar ignoriert wird – es kommt so zu Millionen oder Milliarden von Durchläufen!) und die des Outputs, wo die Verrechnungen des Zusammenbaus der Einzelwerte reguliert werden können. Der Vorteil dieses Verfahrens besteht darin, dass ein Programmierer nicht vorab schon wissen muss, welche expliziten Regeln der Computer braucht, um Entscheidungen treffen zu können. Es müssen also vorher keine klaren Kriterien festgelegt werden, anhand derer der Computer misst, ob er besser wird.

Das Credo für die Entwicklung einer KI mit künstlichen neuronalen Netzen lautet in etwa so: Verbessere die Leistungsfähigkeit der Netze anhand eines konkreten Beispiels in kleinen Schritten so weit wie möglich. Der Nachteil: Das Ergebnis gilt erst mal nur für ein Beispiel, also in unserem Fall für eine in einer bestimmten Handschrift geschriebene Zahl. Diesen Prozess muss die Software dann mit verschiedenen Handschriften für eine Zahl (und im nächsten Schritt für alle Zahlen) wiederholen.

Was bei der Schrifterkennung von Zahlen sehr gut funktioniert, bereitet in anderen Bereichen noch Probleme. Denn natürlich funktioniert auch diese Art der Berechnung und Erkennung von Mustern nicht fehlerfrei. Deutlich wird das bei der Objekterkennung auf Bildern oder in der realen Welt. Da kann es z. B. passieren, dass KI-Programme einen Elefanten in einem Wohnzimmer für einen Stuhl halten (weil sie an dieser Situation noch nie trainiert wurden). Näher an der Realität und weitaus gefährlicher: Selbstfahrende, KI-gesteuerte Fahrzeuge liegen auch heute noch in 97 % der Fälle falsch, wenn Objekte liegen oder gedreht wurden. Aber am Ende ist es vielleicht auch nicht wichtig, ob autonom fahrende Autos einem Roller oder einem vermeintlichen Fallschirm ausweichen, solange sie ausweichen (und das Ganze kein Fehlalarm ist, da eine sich im Wasser auf der Straße spiegelnde Wolke als Gegenstand interpretiert wurde). Allerdings: 2016 fuhr ein Tesla mit 119 km/h auf eine Kreuzung zu, auf die zur gleichen Zeit ein Sattelschlepper mit weißem Anhänger einbog – das selbstfahrende Auto verwechselte den Sattelschlepper mit einer Wolke, und es kam zu einem Unfall. Und auch in ethischer Hinsicht stellen sich Fragen: Wie etwa programmiert man das Auto, damit es im Gefahrenfall reagieren (»entscheiden«) kann, ob es besser einem Kind oder einem Baum ausweicht.

Auch in der Videoüberwachung und Gesichtserkennung gibt es noch erhebliche Probleme. 2017 wurden im Champions-League-Finale 17 000 Fangesichter von einem KI-Programm gescannt. Bei 2470 davon wurden durch auf neuronalen Netzen basierende KI-Programme Übereinstimmungen mit einer Datenbank für Kriminelle festgestellt. 2297 (93 %) davon waren Fehlalarme! Nicht besser erging es einer Gesichtserkennungssoftware von Amazon, die Gesichter von 530 Kongressabgeordneten scannte und dabei fälschlicherweise 28 als Kriminelle identifizierte. Auch Amazons Versuch mit einer Einstellungssoftware ging gründlich schief, denn hier sollten die Bewerbungen von zukünftigen Mitarbeitern professionell, kostengünstig und vorurteilsfrei von einer KI-Einstellungssoftware gesichtet werden, mit dem Ergebnis, dass die Maschine vorschlug, nur Männer einzustellen – alle Merkmale, die auf eine Frau hindeuteten, wurden negativ in der Einstellungsmatrix verzeichnet (dahinter steckt, dass schon in den Trainingsdaten eine Tendenz vorhanden war, im Zweifelsfall einen Mann zu bevorzugen).

Big Data vs. dateneffizientes Gehirn

> *Packt man genügend Mist in ein neuronales Netz hinein, kommt wie von selbst wieder Mist heraus.*
>
> *Stefan Buijsman, Philosoph und Computerwissenschaftler, 2021*

Möglich geworden sind die Fortschritte bei der KI durch die enorme Zunahme der Rechenleistung und der Speicherkapazität von Computern. Nur große Datenmengen *(Big Data)* mit Hunderttausenden oder gar Millionen von Beispielen für die neuronalen Netze ermöglichen vertieftes Lernen in rückgekoppelten Schleifen. Denn gesucht werden Muster in den Daten, aber kein »Sinn«.

Eine Hoffnung, die man in KI-Programme gesetzt hat, waren vorurteilsfreie Ergebnisse. Denn wie könnte ein Computerprogramm – z. B. ein juristisches System, eine Gesichtserkennung oder eine medizinische Diagnose-Software – sexistisch, rassistisch oder sonst wie mit Vorurteilen behaftet agieren? Doch leider zeigen die Ergebnisse der letzten zehn Jahre, dass KI-Programme nicht objektiv und neutral sein können, wenn die Datenbasis versteckte vorurteilsbehaftete Muster enthält. Denn »gefüttert« werden diese Programme von Menschen. Lernen selbstfahrende Autos, wie in den USA geschehen, vor allem anhand von Fotos weißer Passanten, werden statistisch signifikant mehr dunkelhäutige als hellhäutige Fußgänger von ihnen übersehen. Ebenfalls in den USA führte eine KI-Software dazu, dass es zu einer rassistischen Schieflage bei den Kostenübernahmen für komplexe medizinische Probleme durch Krankenversicherungen kam: Im Vergleich mit weißen Patienten war dieses Verfahren sehr zum Nachteil dunkelhäutiger Menschen, die statt in 46 % nur in 17 % der Fälle eine ihnen zustehende Unterstützung erhielten. Der Fehler: Das Programm berücksichtigte für die Extrazuwendungen auch die bisher aufgewendeten Mittel – und die fallen im Schnitt für Weiße höher aus als für sozioökonomisch im Durchschnitt schlechter gestellte Afroamerikaner.

Wie wir oben gesehen haben, können KI-Programme, wenn sie mit den falschen Daten gefüttert werden, auch sexistisch sein: Als Amazon seine Einstellungsverfahren von KI-Programmen durchführen ließ, bevorzugten die neuronalen Netze hochsignifikant Männer. Das Unternehmen hat es daraufhin aufgegeben, seine Einstellungsentscheidungen künstlichen neuronalen Netzen zu überlassen. Heute übernehmen das wieder die neuronalen Netze in den Gehirnen der Personalentwickler.

Der Traum, dass KI-Programme Ergebnisse ohne rassistische und sexistische Vorurteile hervorbringen, war damit erst einmal geplatzt. Trotzdem ist natürlich nicht auszuschließen, dass man diese Verfahren verbessern kann, wenn man sich dessen bewusst ist. Das ganz grundsätzliche Problem besteht aber darin, dass man mit KI auf nicht vorhersehbare Art und Weise Computerprogrammen die Entscheidung überlässt, welche Muster sie ihrer Entscheidung zugrunde legen. Oft ist es selbst im Nachhinein nicht nachvollziehbar, wie das KI-Programm vorgegangen ist. Hinzu kommt unser fataler Aberglaube, dass komplexe Probleme eben nur von komplexen Maschinen erledigt werden können, deren Überlegenheit sich auch darin zeigt, dass wir nicht verstehen, wie sie zu ihren Ergebnissen kommen …

Auf der anderen Seite ist es dank riesiger Datenbanken und KI-Mustererkennungssoftware z. B. möglich, mit genetischen Fingerabdrücken und sogar Daten aus der Ahnenforschung Täter zu überführen oder Verdächtige zu entlasten.

Falsche Verdächtige

Ein Beispiel aus der Forensik zeigt, wie wirkmächtig KI sein kann: Im Mai 1999 schockierte ein verstörendes Verbrechen die Einwohner von Kollum, einem friesischen Dorf in den Niederlanden. Ein 16-jähriges Mädchen aus dem Ort wurde vergewaltigt und ermordet in einem Feld in der Nähe gefunden. Schnell waren für etliche Dorfbewohner irakische und afghanische Bewohner eines Asylbewerberheims im Dorf als Verdächtige ausgemacht. Bei einem Planungstreffen über die Gestaltung des Stadtzentrums entluden sich die Spannungen der Dorfgemeinschaft. Schließlich wandte sich die Staatsanwaltschaft an eine neu eingerichtete Forschungsdatenbank mit Y-Chromosomen-Profilen von Männern aus aller Welt. Als forensische Wissenschaftler die DNA des Spermas, das am Tatort gefunden worden war, mit den Profilen in der Gen-Datenbank verglichen, fanden sie mithilfe einer KI-Mustererkennungssoftware heraus, dass der Mörder sehr wahrscheinlich nordwesteuropäischer Abstammung war. Der Verdacht der Dorfbewohner war also aller Wahrscheinlichkeit nach unbegründet. Die Entdeckung half, die sozialen Spannungen im Dorf zu beruhigen, auch wenn der Fall erst viele Jahre später gelöst werden konnte. Mithilfe weiterer DNA-Vergleiche wurde am Ende ein ortsansässiger Landwirt für schuldig befunden.

Ein Beispiel für die zunehmende Rolle von Big Data in der Verbrechensbekämpfung ist die **Y**-Chromosom-**H**aplotyp-**R**eferenz**d**atenbank (YHRD), die seit 2000 online ist und zur Aufklärung von Sexualverbrechen und zur Klärung von Vaterschaftsfällen eingesetzt wird. In der YHRD sind mehr als 300 000 anonyme Y-Chromosom-Profile gespeichert. Die Speicherung von DNA und der Abgleich mit aktuellen DNA-Proben erfolgt mit Mustererkennungsprogrammen. Sie bilden ab, dass bestimmte genetische Marker quasi »Fingerabdrücke« der männlichen Abstammungslinien in mehr als 1300 verschiedenen globalen Populationen sind und auf eine wahrscheinliche geografische Herkunft hinweisen.

Um das Gewicht der Beweise gegen einen männlichen Verdächtigen zu berechnen, dessen Y-Chromosom-DNA-Profil an einem Tatort gefunden wurde, hat sich die YHRD als hilfreich erwiesen. Obwohl sie eigentlich eine Forschungsdatenbank ist, laden auch forensische Labore Daten hoch und haben sie dadurch zu einem wichtigen Werkzeug für Staatsanwälte und Verteidigerinnen gemacht.

Erzwungene Daten

Die YHRD ist essenziell für Verdächtige überall auf der Welt, um eine faire Chance vor Gericht zu haben, wie auch Walther Parson, forensischer Genetiker an der Medizinischen Universität Innsbruck in Österreich und Vizepräsident der Internationalen Gesellschaft für Forensische Genetik, bestätigt. Aber die YHRD hat ein ethisches Problem: Tausende der genetischen Profile, die in ihr gespeichert sind, stammen von Männern, die keine freie, informierte Zustimmung gegeben haben, dass ihre DNA-Daten zur Täterermittlung genutzt werden. Zu ihnen gehören Daten von ethnischen Minderhei-

ten wie den Uiguren in China und den Roma in Osteuropa. Die Kritiker bemängeln, dass es keine strenge ethische Aufsicht gibt, ob und wie die Einwilligung zur Aufnahme der Profile in der YHRD und anderen Datenbanken zustande kommt. Journalisten, Menschenrechtsgruppen und Wissenschaftler haben Zeugenaussagen der Uiguren, einer mehrheitlich muslimischen Bevölkerungsgruppe, gesammelt, die von Misshandlungen berichten, zu denen auch die erzwungene Entnahme von DNA gehört. Die offizielle Position der chinesischen Regierung ist, dass sie in Xinjiang eine »Umerziehungskampagne« durchführt, um einer terroristischen Bewegung entgegenzuwirken.

Daten sind nicht einfach »objektives« Rohmaterial. Sie beziehen sich auf die Vergangenheit und spiegeln immer auch die Überzeugungen, Praktiken und (Vor-)Urteile derjenigen wider, die sie erstellen und sammeln. Daher ist wichtig, festzuhalten, dass KI etwas bisher noch nicht leistet, was ihr fälschlicherweise oft zugeschrieben wird: KI ist nicht prinzipiell objektiv, neutral oder universell. KI-Algorithmen werden von Programmierern und Programmiererinnen geschrieben. Und KI-Systeme werden beauftragt, Probleme zu lösen, die die Auftraggeber definiert haben – also Menschen, die tief in ihrer Kultur und einer ganz bestimmten wirtschaftlichen Realität verwurzelt sind. Häufig sind die Auftraggeber wohlhabende Männer, und sie kommen überdurchschnittlich häufig aus dem kalifornischen Silicon Valley. Die derzeitigen Prozesse der automatisierten Entscheidungsfindung sind daher immer wieder zu hinterfragen und zu überprüfen.

In dem sehenswerten Dokumentarfilm *Coded Bias* von 2020 wird die KI-Forscherin Joy Buolamwini vorgestellt, die all den auf Big Data basierenden Vorurteilen nachgegangen ist und eindrücklich zeigt, dass die algorithmische Entscheidungsfindung jahrzehntelange Fortschritte auf dem Weg zur Gleichberechtigung genauso fördern wie zunichtemachen kann, abhängig davon, ob valide oder eben verzerrte Datensätze eingesetzt werden.

Auf der anderen Seite sind KI-basierte Entscheidungen nicht per se schlechter, nur weil sie auf vorhandene Datensätzen zurückgreifen müssen. Im Gegenteil: Beim maschinellen Lernen werden oft Zusammenhänge, Emotionen und Beziehungen außer Acht gelassen, die bei der Entscheidungsfindung von Menschen stark mit hineinspielen. Entscheidungen von Menschen sind insofern oft nicht ganz unproblematisch, als sie ihre Urteile mitunter nach dem ausrichten, was von ihnen erwartet wird und was andere um sie herum denken. Zudem sind sie durch Stress, den Zuckerspiegel und Konzentrationslücken über den Tag Schwankungen ausgesetzt, die statistisch messbar sind. Solche Probleme hat eine KI nicht.

Was es aber dringend braucht, sind Methoden, um offenlegen zu können, welche Muster, die ein KI-Algorithmus aus einem spezifischen Datensatz eruiert, final verwendet werden (Blackbox-Problem). Um KI-Entscheidungsprozesse weiter zu verbessern, muss zum einen die Ursache der Verzerrungen in den Datensätzen angegangen werden. Zum anderen müsste es, nachdem ein Programm an einem bestimmten Datensatz trainiert wurde, einen zweiten (oder dritten) geben, der von unabhängigen Wissenschaftlern getestet wurde, um zu überprüfen, wie genau und unter welchen Bedingungen das KI-System zu bestimmten Entscheidungen gekommen ist. Solche Zwischenschritte wären nicht nur z. B. für das autonome Fahren wichtig, sondern auch wenn es darum geht, KI-Programme in Strafprozessen anzuwenden, wie es in den USA bis 2022 in mehr als einer Million Verfahren (!) getan wurde, wie Gerd Gigerenzer in seinem Buch *Klick* berichtet. Darüber hinaus ist Grundlagenforschung notwendig, um die

Abhängigkeit maschinellen Lernens von reinen Korrelationen in Daten zuverlässiger zu verhindern. Es reicht nicht, Muster zu finden, ohne deren Bedeutungen zu erkennen.

> *Stellen Sie sich vor, wie viel schwerer die Physik wäre, wenn Elektronen Gefühle hätten.*
>
> *Richard Feynman, Physik-Nobelpreisträger, 1974*

Wie intelligent ist die KI?

Die Erfolge der letzten Jahre bei KI-Systemen beruhen auf einer Untergruppe der KI, dem sogenannten maschinellen Lernen. Mit erstaunlichem Erfolg wurde mit solchen KIs der Stil bekannter Schriftsteller imitiert, menschliche Sprache transkribiert oder Autos im Straßenverkehr gefahren. Wenn diese Fähigkeiten überhaupt ein Beweis für Intelligenz sind, dann handelt es sich um eine Intelligenz, die sich radikal von unserer eigenen unterscheidet. Wobei Intelligenz generell nur schwer objektivierbar zu definieren oder zu messen ist. Denn es kommt auf die Kultur, den Kontext und auf die Disziplin an, die Intelligenz vermisst (Psychologen und Ingenieure haben hier eine ganz andere Vorstellung, was das Wort bedeutet). Wir Menschen haben darüber hinaus verschiedene Formen der Intelligenz, da ist zum einen die schlussfolgernde, rationale/analytische Intelligenz. Aber wir haben auch eine soziale und kommunikative/empathische Intelligenz, die man Maschinen bisher nicht zuspricht. Dennoch können uns KI-Programme durchaus in Einzeltätigkeiten im rationalen Bereich, wie dem Lösen von mathematischen Rechenaufgaben oder auch beim Go- oder Schachspiel, überlegen sein. Aber in einem klassischen Intelligenztest, wie er von Psychologen durchgeführt wird, können KI-Systeme nicht mithalten; die besten erreichen bis heute maximal einen Wert von 60 (100 ist der Durchschnitt beim Menschen), wie Ralf Otte in seinem Buch *Maschinenbewusstsein* erläutert.

Wie oben ausgeführt, basiert das maschinelle Lernen im Kern auf reiner Statistik. Wenn eine KI mit einem Datensatz trainiert wird, der die richtige Vorgehensweise in bestimmten Situationen zeigt, kann sie auf diesem Training aufbauen, um auch in neuen Situationen die richtige Vorgehensweise zu erkennen. Dies kann äußerst nützlich sein, lässt aber vieles aus, was für das menschliche Denken entscheidend ist. Wir sollten unsere Fähigkeiten nicht unterschätzen. So haben schon im Alter von sieben Monaten die meisten Kinder ein Gefühl für »Objektpermanenz« entwickelt, also eine Vorstellung davon, dass Objekte und Personen weiter existieren, wenn sie versteckt oder außer Sichtweite sind. Für Technik bleibt diese Schlussfolgerung bisher unerreichbar. Für eine KI, die Schach spielt, ist das von geringer Bedeutung, bei einem selbstfahrenden Auto dagegen kann es über Leben und Tod entscheiden.

Aus diesem Grund schlagen einige Forscher eine Ergänzung zum maschinellen Lernen vor, die als symbolische KI bezeichnet wird. Dieser KI würden auch Kernkonzepte beigebracht werden einschließlich der Objektpermanenz, die es ihr ermöglichten, Daten so zu interpretieren, dass sie für einen Anwender ohne Kenntnisse im Programmieren nutzbar sind. Ein solcher Algorithmus müsste erklären, *warum* er etwas errechnet hat – ein wichtiger Ansatz, der dem maschinellen Lernen fehlt.

Tests mit symbolischer KI haben gezeigt, dass sie die Leistung z. B. von selbstfahrenden Autos tatsächlich verbessern können. Ihr langfristiger Nutzen könnte aber darin liegen, dass sie den Wert des Einsatzes mehrerer Techniken demonstrieren, die einer KI helfen, die Welt zu verstehen. Genau das kann sie bisher nämlich nicht. Maschinelles Lernen kann aus Korrelationen Muster ableiten, das kann wirkmächtig und hilfreich sein, wenn die

Datenbasis exzellent ist, die betrachtete Situation stabil (wie bei Brettspielen) und es keine großen Unsicherheiten gibt. Was bisherige KI-Algorithmen nicht können, ist, die Welt – oder irgendetwas in der Welt – zu repräsentieren und Bedeutungen oder menschliche Intuition zu verstehen.

Ein Beispiel: Wenn es darum geht, mit einer Dating-App die richtigen Paare zusammenzubringen, ist die Unsicherheit groß. Denn das Profil einer Person ist eben nicht die Person selbst. Doch das Profil ist es, worauf sich die bisherigen KI-Algorithmen stützen, nicht der gesamte, vielschichtige Mensch.

Unsere menschliche Intelligenz hat sich im Laufe der Evolution so entwickelt, dass sie Ungewissheiten bewältigen, Bedeutungen zuschreiben und die Welt, so wie wir sie erleben, in unseren Köpfen abbilden (repräsentieren) kann. Und all das ganz unabhängig davon, ob Big Data oder Small Data vorlagen – unsere Vorfahren haben auch bei minimaler Datenlage mit einigen Faustregeln und ihrem »gesunden Menschenverstand« überlebensfördernde Entscheidungen getroffen. Fehlt diese Art von »Verstand«, sind die Daten nicht zuverlässig oder ist die Welt nicht stabil, scheitert auch die rechenmächtigste KI.

Ein weiteres Problem von Big Data ist, dass auch die größten Datenmengen immer nur die Vergangenheit widerspiegeln. Bei der Vorhersage der Zukunft können sie trotzdem massiv danebenliegen, wie etwa bei den KI-basierten Wahlprognosen des US-Präsidentschaftswahlkampfes 2016 und der nicht vorher errechneten Wahlniederlage von Hillary Clinton. Das Gleiche gilt für Finanzkrisen. KI besitzt keine Wunderkräfte, sie kann so wenig die Zukunft voraussagen, wie wir es können. Sie scheitert an den schon genannten Unsicherheiten bei den konkreten Datenlagen, aber auch, weil es Situationen gibt, die prinzipiell nicht vorhersehbar sind, weil unsere Welt nicht vollständig determiniert ist. Statistisch spricht man hier von Risiko, wenn die Zukunft prinzipiell unbestimmt ist. Nehmen wir als Beispiel das Roulette im Casino, hier kann jede KI-Maschine alle denkbaren Ergebnisse ausrechnen und mit Wahrscheinlichkeiten versehen, aber das hilft nicht (und das gilt für Maschine *und* Mensch) zu wissen, wohin die Kugel konkret beim nächsten Versuch rollen wird.

Bei einem Wettstreit zwischen KI-Programmen, die Big Data nutzen, und menschlichen Faustregeln ist keineswegs sicher, dass die KI »gewinnt«. Im Gegenteil: Für ein Forschungsprojekt wurde die künftige Entwicklung von 4000 »sozial gefährdeten« Familien in den USA prognostiziert. Auf der Big-Data-Seite standen 12 000 Datenpunkte pro Familie (!) zur Verfügung, insgesamt mehrere Millionen detaillierte Angaben. Ziel war es, daraus die Schulleistung der Kinder mit 15 Jahren abzuleiten und ihre Bildungsaussichten insgesamt. Die statistische Kraft der Vorhersage-KI-Programme war enttäuschend, kaum besser als das Zufallsniveau. Die Algorithmen lagen genauso oft daneben, wie sie recht behielten. Ganz anders die menschlichen »Orakel«: Sie sagten mit nur zwei Angaben die Ergebnisse besser voraus: dem Familienstand der Mutter und der Schulleistung des Kindes sechs Jahre vor Testbeginn. Das war alles, was notwendig war, um besser zu sein als Millionen Watt an Rechenleistung. Bei einem vergleichbaren Projekt in England wurden 32 verschiedene KI-Algorithmen getestet, um die Zukunft von Familien in prekären Verhältnissen vorherzusagen – keine lieferte gute Ergebnisse: Vier von fünf gefährdeten Kindern wurden übersehen, und sechs von zehn wurden gar falsch als gefährdet eingeschätzt!

Big Data, wahllos eingesetzt, kann also gegen kleinere Datensätze verlieren, wenn unser Gehirn sie einsetzt. Rechenleistung und Big Data sind nur von begrenztem Wert, wenn Unsicherheit herrscht. Verlassen wir uns »blind« und unreflektiert auf Blackbox-Algorithmen, wird aus »künstlich« keineswegs »intelligent«.

Wir Menschen bringen so etwas wie einen »gesunden Menschenverstand« mit, der das Lernen beschleunigt und der sich vor allem aus folgenden Faktoren zusammensetzt:

- Wir verstehen die Struktur von Ursache und Wirkung (eine wichtige Grundlage des kausalen Denkens).
- Wir sind mit einer intuitiven Psychologie ausgestattet und haben, evolutiv bedingt, schon als Kleinkinder ein Gehirn, das darauf ausgelegt ist, bei anderen Menschen Absichten und Überzeugungen zu erwarten. Im Laufe unseres Lebens lernen wir immer besser, diese zu erkennen.
- Wir haben darüber hinaus ein intuitives, rudimentäres Verständnis für Physik. Damit ist gemeint, dass wir die Eigenschaften von Raum und Zeit schon kurz nach der Geburt in Grundzügen verstehen können.
- Unser Sozialverhalten funktioniert intuitiv. Kooperation, Konkurrenz und das Verständnis für sozial geprägte Normen lernen wir schnell, denn auch darauf sind unsere Gehirne ausgelegt.
- Von Geburt an sind bestimmte Gehirnregionen (Broca- und Wernicke-Areal) darauf ausgerichtet, die Sprache(n), die um uns herum gesprochen wird oder werden, zu erlernen. Sprache fliegt uns von Geburt an zu, und wir verbinden mit Wörtern und Sätzen Inhalte und Bedeutungen.

Behandeln uns bald Maschinen? KI in der Medizin

»Ich weiß, dass ich in letzter Zeit einige sehr schlechte Entscheidungen getroffen habe, aber ich kann Ihnen versichern, dass sich meine Arbeit wieder normalisieren wird. Ich habe immer noch den größten Enthusiasmus und das größte Vertrauen in diese Mission. Und ich möchte Ihnen helfen, Dave.« Dieses Zitat stammt von dem (fiktiven) Computer Halle 9000 aus dem Film *2001: Odyssee im Weltraum* (1968).

Genau diese Erfahrung mit schlechten Computerentscheidungen musste auch ein Forscherteam von Google machen, das 2009 einen viel beachteten Artikel veröffentlichte. Darin wurde festgestellt, dass die Suchmaschine besser darin war, eine Grippe-Epidemie vorherzusagen, als es die berühmte amerikanische Bundesbehörde CDC mit Sitz in Atlanta konnte (das CDC ist vergleichbar mit dem Robert Koch-Institut in Berlin). Es leuchtete damals intuitiv ein, dass der KI-basierte Grippedetektor von Google funktioniert hatte, denn wenn Menschen Grippesymptome hätten und nicht zu ihrem Hausarzt gehen wollten, würden sie nach typischen Symptomen, Medikamenten und Therapien im Internet suchen.

Das Google-Team hatte die Big-Data-Analyse nicht erfunden, aber im Jahre 2009 dachte man, dass dieser Artikel der Durchbruch sei auf dem Weg zu der Erkenntnis, wie man hypothesenfrei mit riesigen Datenmengen besser und vor allem schneller sei als menschliche Wissenschaftler. Als Datengrundlage dienten immerhin 50 Millionen Suchbegriffe, die von US-Bürgern am häufigsten eingegeben worden waren. Sie wurden darauf untersucht, ob eine bestimmte Kombination der Suchbegriffe eine Grippewelle zuverlässig vorhersagen konnte. Zwischen 2003 und 2008 wurden mit dieser KI-basierten Methode dann 45 Begriffe identifiziert, die stark mit dem Auftreten einer beginnenden Grippewelle korrelierten. Man nahm an, dass es damit möglich sein würde, nahezu in Echtzeit zu registrieren, wann und wo eine Grippe ausbricht. Einige Jahre in Folge funktionierte das tatsächlich schneller und zuverlässiger, als es die menschlichen Forschenden der CDC vermochten. Dann kam die Überraschung: 2014 stellte Google seinen »Google Flu Trend« ein. Dafür gab es mehrere Gründe: Zunächst war, peinlicherweise direkt nach der Veröffentlichung des besagten Artikels, die (nicht im Winter beginnende) Sommer-Grippe-Pandemie von 2009 übersehen worden. Nur kurze Zeit später wurde das Ausmaß der saisonalen Grippewellen von 2011/2012 und 2012/2013 um mehr als 50 % überschätzt. Wie konnte das sein? Die Antwort findet sich in den 45 Begriffen, die die KI als mit der Grippe assoziiert identifiziert hatte. Einer dieser Begriffe war z. B. »Basketballspiel«, der stark mit der Vorhersage einer Grippewelle korrelierte. Allerdings ist der Grund dieser Korrelation trivial und hat nichts mit Grippe zu tun: Die Highschool-Meisterschaften im Basketball finden Ende November statt, wenn der Winter anfängt – und damit auch häufig die Grippesaison. Google hatte also mit einem riesigen Aufwand ein digitales, auf KI-Methoden basiertes Werkzeug entwickelt, das mit hoher Zuverlässigkeit den Beginn der Basketball-Wintersaison vorhersagen konnte – der tatsächlich oft mit einer Grippewelle zusammenfällt, aber eben nicht notwendigerweise und vor allem nicht in einer kausalen Beziehung.

Ähnlich erging es Forschern mit einem Hautkrebserkennungsprogramm, von dem man kurzzeitig annahm, dass es zuverlässig und schnell (und 24 Stunden am Tag) Hautkrebs erkennen könne. Bis man feststellte, dass das Programm die Anwesenheit eines Lineals in den verwendeten Testbildern mit Hautkrebs gleichsetzte – was auch Sinn ergibt, da bei vielen Bildern mit Hautkrebs die Größe des Hauttumors mit einem Lineal vermessen wurde, während dies bei negativen Befunden nicht der Fall war.

Auf der anderen, der Erfolgsseite von KI-basierten und digital gespeicherten Gesundheitsdaten zeigt Estland, wie es anders geht: Das baltische Land war 2018, so die Bertelsmann Stiftung, Spitzenreiter in Europa, was digitale Technologien und Datenverarbeitung angeht. Es speichert alle Gesundheitsdaten von Patienten, sofern diese nicht aktiv Einspruch einlegen. So kann ein Arzt oder eine Ärztin, der oder die ein Medikament verschreiben möchte, in dem entsprechenden Datensatz nicht nur nachschauen, was andere Ärzte dem Patienten vielleicht schon verschrieben haben, sondern auch nach Hinweisen auf Nebenwirkungen suchen. Dabei kann er oder sie sogar auf das genetische Profil des Patienten oder der Patientin bezogen herausfinden, ob irgendetwas auf bestimmte Unverträglichkeiten hindeutet und dann unter Beratung einer KI-Software das richtige, am besten verträgliche Medikament verschreiben (das Rezept wird dann elektronisch an die gewünschte Apotheke übertragen).

Was gerade im medizinischen Bereich schwierig bleibt, ist, aufgrund von reinen Korrelationen auf kausale Zusammenhänge zu schließen. Auch tut sich eine KI-Software schwer, Daten aus verschiedenen Bereichen des Medizinbetriebes miteinander in Beziehung zu setzen. Ärzte sehen einen Patienten oder eine Patientin und die Daten dazu, haben quasi eine holistische Sicht. Und genau diese fehlt KI-Algorithmen. Blutwerte, EKG-Signale, Biomarker oder Symptom-Tagebücher wollen eben erst mal ausgewertet und qualitativ miteinander in Beziehung gesetzt werden. Von eventuellen psychischen Problemen der Hilfesuchenden, die sich nirgends in Zahlen und Werten ausdrücken, ganz zu schweigen.

Teure Fehlalarme

Wie schwierig der Einsatz von KI-Anwendungen in der realen Welt ist, zeigt das im Jahre 2003 von Tony Blair und Georg Bush angekündigte digitale Gesundheitsprogramm (»connecting for health« in Großbritannien, »RAND« in den USA). Das amerikanische RAND-Programm sollte die medizinische Versorgung nicht nur besser machen, sondern auch kosten-

günstiger und effizienter – es war angetreten, 81 Milliarden Dollar pro Jahr einzusparen, und wurde mit 30 Milliarden Dollar gefördert. Eine Überprüfung im Jahr 2013 ergab dann aber, dass die Gesundheitskosten von 2 Billiarden auf 2,8 Billiarden gestiegen waren. Die Effizienz und Qualität der medizinischen Versorgung und Diagnostik hatten sich nicht verbessert. Einer der Gründe für die Kostensteigerung war, dass die KI-Programme ständig neue Tests vorschlugen, die sich aus Mustererkennungsgründen anboten als Verdachtsfälle für mögliche Erkrankungen. Doch fast alle stellten sich als Fehlalarme heraus.

Vorsicht also, wenn einmal mehr der Durchbruch der KI in der Medizin verkündet wird! Die Potenziale einer medizinischen KI in der Krebsvorsorge, als Ratgeber beim Verschreiben von Medikamenten (vor allem bei möglichen Kontraindikationen durch bereits eingenommene Medikamente), in der Versorgung und gesundheitlichen Überwachung schwerkranker und sehr alter Menschen und in der automatisierten Auswertung von Krankheitsdaten sind riesig und sollten verfolgt werden. Statistiker und Mediziner an der University of Florida haben errechnet, dass ein durchschnittlicher Patient in seinem Leben etwa eine Million Gigabyte an Gesundheitsdaten generiert. Das entspricht einem Datenumfang von über 300 Millionen Büchern. Um diese Daten auch nur annähernd zielführend auszuwerten, könnte man sich auf Mustererkennung ausgerichtete KI gut vorstellen. Zumal Untersuchungen zeigen, dass Ärzte bei jeder einzelnen ihrer Entscheidungen etwa fünf bis zehn Fakten einfließen lassen, dann sind bei ihnen die kognitiven Grenzen erreicht. Doch Potenziale der medizinischen KI sind noch keine Realität. Manchmal sind die Hindernisse zum Erfolg eher trivialer Natur, z. B. braucht man, um Daten einlesen zu können, Qualitätsstandards. Algorithmen brauchen gut strukturierte Daten und nicht sieben verschiedene Datenformate im selben Krankenhaus oder vier verschiedene Abkürzungen für die gleiche verabreichte Substanz.

Ein anderes Problem besteht darin, dass KI-Algorithmen – die eben nur Muster in Bildern sehen und nicht Hautkrebs erkennen – zu sehr an standardisierten Aufnahmen erforscht und zu wenig im realen Krankenhausalltag getestet werden. In einem hochkarätig publizierten KI-basierten Experiment wurde Krebs zuverlässig (und besser, als Spezialisten es konnten) diagnostiziert – bis man auf einem anderen Stockwerk im selben Krankenhaus ein anderes Röntgengerät verwendete und die Fähigkeit des KI-Programms auf Zufallsniveau sank – kurzum, ein Stockwerk höher versagte die KI. Das muss nicht so bleiben, Programmierer von KI-Systemen reagieren natürlich auf solche Fehler. Aber man muss sich klarmachen, dass allein auf Mustererkennung basierte Systeme, die nicht den Kontext dessen, was sie betrachten, verstehen, im Unterschied zu einem Arzt oder einer Ärztin immer noch enorme Probleme haben in der »realen« Welt. Man muss auch aufpassen, wenn die Ergebnisse im Nachhinein als richtig klassifiziert werden. Das ist in etwa vergleichbar mit einem Schießwettbewerb, bei dem die Kreise auf der Zielscheibe erst eingezeichnet werden, wenn bereits geschossen wurde! So können sich Pseudotreffer ergeben, die weder etwas mit Schießkunst noch etwas mit hoher Zuverlässigkeit von KI-Programmen zu tun haben.

> *Stellen Sie einem medizinischen Programm eine Frage über ein rostiges altes Auto, und Sie werden sehen, dass es ohne mit der Wimper zu zucken Masern diagnostizieren wird.*
>
> *Douglas Lenat, KI-Forscher*

Ein weiterer Rückschlag für KI-Systeme im medizinischen Bereich erbrachte 2013 der bereits erwähnte Computer Watson, der große Popularität durch seinen Sieg in der Quizshow Jeopardy! erlangte. Diesen Ruhm wollte IBM in den folgenden Jahren gewinnbringend im Gesundheitssystem nutzen. Watson wurde mit Patientenakten, Diagnosen und Gesundheitsdaten gefüttert, um dann selbstständig, so der Plan, Diagnosen stellen zu können. Die Chefin von IBM, Virginia Rometty, sah in diesem Projekt so etwas wie den nächsten Mondflug und das beginnende goldene Zeitalter der KI, das das Gesundheitswesen revolutionieren würde. Die Marketing-Logik bestand darin, dass ein Programm, das die Antworten auf alle Quizfragen weiß, auch Ärzte und Patienten gut werde beraten können. IBM baute über 50 Partnerschaften mit Kliniken in den USA auf, darunter die berühmte Mayo-Klinik sowie Krebs- und Kardiologische Gesellschaften. Speziell für die Onkologie wurde eine angepasste Version von Watson entwickelt. Ihr Einsatz kostete pro Diagnose zwischen 200 und 1000 US-Dollar. Es stellte sich allerdings schnell heraus, dass die Ergebnisse schlechter waren als die von durchschnittlichen Ärzten oder Ärztinnen. Sie entsprachen etwa dem Wissensstand eines Medizinstudenten im ersten Semester. Die MD-Anderson-Klinik in den USA hatte als Krebszentrum 62 Millionen Dollar ausgegeben, um Watson zu etablieren. Anfang 2022 wurde dann, eher kleingedruckt, von IBM mitgeteilt, dass seine Tätigkeit im Gesundheitsbereich vollständig eingestellt wurde. Die Krebsdiagnose durch eine Kombination von Big Data und Deep Learning liegt also wieder in weiter Entfernung.

Bei aller Begeisterung über jeden neuen Hightech-Ansatz wird gerne vergessen, dass es effektive Methoden gibt, bis zu 50 % aller Krebsfälle zu verhindern, indem man Prävention betreibt. Dazu würde es z. B. gehören, nicht zu rauchen, Übergewicht zu vermeiden, sich gesund und ausgewogen zu ernähren, Sport zu treiben –

und mit all dem schon in der Jugend zu beginnen. Fünf einfache Regeln, um 50 % aller Krebsfälle zu vermeiden! Was aber nicht bedeutet, dass Krebs allein durch den Lebensstil verhindert werden kann. Genetische Faktoren und unbekannte und auch unvorhersehbare Umwelteinflüsse können jeden treffen!

Selbst in den Erfolgsfällen KI-basierter Programme stellt die Realität des Gesundheits- und Rechtssystems manchmal hohe Hürden für sie auf: Im Jahr 2016 begann eine Zusammenarbeit von Medizinern mit DeepMind, der in London angesiedelten KI-Firma von Google. Eine der Anwendungen von DeepMind fand in der Augenheilkunde statt. Ein sehr sinnvoller Einsatzzweck, denn in Großbritannien hält – wie in anderen Ländern auch – die Zahl der Augenärzte nicht mit der wachsenden Nachfrage einer alternden Bevölkerung Schritt. Im Jahr 2018 veröffentlichte DeepMind zusammen mit Augenärzten eine erste bahnbrechende Studie, die zeigte, dass die KI unter standardisierten Laborbedingungen anhand eines Netzhautscans in über 90 % der Fälle korrekte Überweisungsentscheidungen traf. Damit konnte sie es mit menschlichen Experten aufnehmen. In einer nachfolgenden Arbeit wurde dann ein KI-System beschrieben, das den Beginn der altersbedingten Makuladegeneration, einer fortschreitenden Augenerkrankung, die zur Erblindung führen kann, bis zu mehrere Monate im Voraus erkennen kann – besser, als dies der Durchschnitt der Augenärzte könnte. Am Patienten wird die Technik allerdings bisher noch nicht eingesetzt. Warum?

Das erste Problem besteht darin, Daten in ein kohärentes, brauchbares Format zu bringen. Dann gibt es noch die Herausforderungen des Datenschutzes und der Regulierung. Die Gesetze zum Schutz medizinischer Aufzeichnungen sind in der Regel streng, und die Regulierungsbehörden ringen immer noch mit der Frage der »Erklärbarkeit«. Da KI-Systeme anhand von Beispielen lernen, anstatt expliziten Regeln zu folgen, kann es schwierig sein, herauszufinden, warum sie zu bestimmten Schlussfolgerungen kommen. Forschende nennen es das Blackbox-Problem. Mit der Ausbreitung der KI in Bereiche wie Medizin und Recht wird es immer drängender, es zu lösen. Im Fall der Makuladegenerations-Diagnostik besteht ein Ansatz z. B. darin, herauszufinden, welche Merkmale der Mustererkennung sich am stärksten auf die Erkennung der Krankheit am Auge auswirken. Was passiert z. B., wenn man den Netzhautscan artifiziell und systematisch ändert – würde das Verschieben dieses Kleckses die Diagnose ändern?

Entwickler und Entwicklerinnen bevorzugen eine bestimmte Art von Erklärbarkeit, während medizinisches Personal, das das System nutzt, etwas möchte, das der klinischen Argumentation näherkommt. Diese Diskrepanz zu verringern, ist wichtig, um den Ärzten und Ärztinnen Vertrauen in die Aussagen der KI zu geben. Aber selbst wenn die KI irgendwann auf breiter Basis eingesetzt werden kann, wird sie ein Hilfsmittel bleiben und den Arzt oder die Ärztin nicht ersetzen können. Es fällt schwer sich vorzustellen, dass wir ein System akzeptieren würden, in dem man per Nachricht auf dem Smartphone mitgeteilt bekäme, dass man Krebs hat. Zum Arztberuf gehört eben mehr als nur eine genaue Diagnose. Aber warum sollten in Kliniken nicht irgendwann bei Konsensverfahren Entscheidungen auch unter Zuhilfenahme der Daten und der Empfehlungen von KI-Systemen getroffen werden? Um KI diese Chance zu geben, brauchen wir allerdings erst einmal standardisierte Formate und den politischen Willen, einen der letzten Plätze im medizinischen Digital-»Ranking« in Europa zu verlassen und in die Liga von Estland aufzusteigen.

Eine weitere Entwicklung der digitalen Medizin sind Gesundheits-Apps. Seit 2020 gibt es sie auf Rezept, sofern sie in einem offiziellen Verfahren geprüft wurden. Zugelassene Apps werden

u. U. sogar von den gesetzlichen Krankenkassen erstattet. All das erst mal zur Probe für ein Jahr, dann muss die Wirksamkeit oder die Nützlichkeit für den Patienten nachgewiesen sein. Zur Verfügung stehen z. B. Apps zur Behandlung von Schlafstörungen *(somnio)*, von Spinnenphobie/Agoraphobie *(velibar)* oder von generalisierten Angststörungen.

Eine zur Prävention von Stress bis hin zu Depressionen gut evaluierte App mit entsprechendem Namen ist HelloBetter. Mit ihr werden die Patienten anhand von Fallbeispielen durch ein Training mit Übungen geführt, die man in den Alltag einbauen kann. Anschließend werden Strategien zur Problemlösung trainiert. Bei all dem geht es darum, Tätigkeiten zu identifizieren, die mit positiven Emotionen behaftet sind, um weiteren Depressionsschüben vorzubauen.

Eine andere bereits evaluierte App soll das Schlafverhalten verbessern (auch hier ist der Name Programm: GET Sleep). In einem mehrstufigen Programm werden zunächst mit einem Arzt die Symptome besprochen. Er stellt eine Diagnose und gibt Verhaltenshinweise oder verschreibt ein Medikament. Bringt das keine Linderung, folgt in der nächsten Stufe ein mehrwöchiges App-basiertes Schlaftraining. In dieser Phase werden Schafstrategien eingeübt, um Schlafstörungen einzudämmen. Bleibt dies ohne Erfolg, wird der Patient an einen Facharzt für Schlafstörungen überwiesen. Tatsächlich bestätigen wissenschaftliche Studien die Wirksamkeit dieses digital gestützten Programms.

Allerdings haben alle diese Apps eine hohe Abbruchquote zu verzeichnen, viel höher als bei einer Behandlung bei einem Therapeuten. Vielleicht muss man, wie beim Blended Learning an Schule und Universität, beides miteinander verbinden: reale Ärzte und Therapeutinnen und regelmäßige Nachverfolgungen und Übungen per App.

Doch die aktuelle Entwicklung schreitet rasant voran: So werden KI-basierte Computerprogramme in der Lage sein, Gespräche zu führen. Erfolge von KI-Systemen in realen Debatten deuten auf das Potenzial hin, z. B. der des Strategiespiels Diplomacy 2022. Bei diesem Online-Spiel wetteifern sieben Spieler darum, sich Versorgungszentren in verschiedenen Ländern Europas zu sichern. Die Herausforderung für das KI-System bei diesem Spiel besteht darin, dass sowohl strategische Entscheidungen als auch geschicktes Verhandeln und die Absprache mit möglichen Bündnispartnern nötig sind. Es muss die Mitspieler daher sowohl strategisch wie auch kommunikativ überzeugen. Auch Chatbots (unter Bot, von engl. *robot* = Roboter, versteht man ein Computerprogramm, das weitgehend automatisch sich wiederholende Aufgaben abarbeitet, ohne auf menschliche Interaktion angewiesen zu sein) fallen in diese Kategorie, denn sie müssen Sprache erkennen und aus dem Kontext heraus kommunizieren. Die bekannten Spracherkennungssysteme von Apple (Siri) und Amazon (Alexa) funktionieren schon halbwegs alltagstauglich.

Ein Einsatz dieser Technik im medizinischen Bereich setzt aber voraus, dass der KI-basierte, virtuelle Therapeut flexibel auf einen Patienten oder eine Patientin eingehen kann. Deutlich weiter sind heute schon Anwendungen, die in der Prävention und Früherkennung psychischer Störungen eingesetzt werden können. Durch Stimmerkennung und -analyse sowie durch das Auslesen physiologischer Daten kann auf die psychische Verfassung geschlossen werden. Vielleicht schon mittelfristig könnten solche Apps z. B. Stresssymptome, Schlafstörungen oder eine starke soziale Isolation erkennen. Mit ihnen ließen sich vielleicht sogar Selbstmordneigungen früher als bislang feststellen.

Denkbar ist auch, dass in Zukunft bei der Physio- und Ergotherapie Roboter helfen werden, da sie sowohl unermüdlich als auch zuverlässig sind. Sie können die Gliedmaßen einer Person mit gleichmäßigen Bewegungen trainieren und objektive Messungen der Genesung vornehmen. Dadurch kann sich vielleicht irgendwann eine Fachkraft mit Unterstützung eines Technikers gleichzeitig um etwa ein halbes Dutzend Patienten und Patientinnen kümmern, die sonst eine Einzelbetreuung benötigen würden. Roboter, die auf diese Weise mit Menschen zusammenarbeiten, erfordern jedoch eine spezielle Programmierung – und die Fachkräfte müssen lernen, mit Robotern zu interagieren und diese zu kontrollieren.

In unserer alternden Gesellschaft werden Roboter irgendwann auch an anderen Orten helfen, z. B. in der Pflege zu Hause und in Altenheimen – in Japan ist das schon heute Realität. Nicht zuletzt durch die Covid-Pandemie haben wir uns an eine zunehmende Technisierung des Gesundheitswesens gewöhnt, an »Telemedizin« aus der Ferne und Apps zur Gesundheitsüberwachung per Smartphone. Die nächsten Schritte in die digitale Medizin werden gewiss folgen. Fest steht aber auch: Selbst wenn die KI auf breiter Basis eingesetzt werden kann, sie wird ein Hilfsmittel bleiben.

KI in der Arbeitswelt

Ein anderes Beispiel, wie KI bereits heute in unser Leben eingreift, ist die Arbeitswelt. KI wird sie in den nächsten Jahren weiter gravierend verändern. Zum einen dadurch, dass Roboter als Ersatz für menschliche Arbeitskräfte eingesetzt werden, zum anderen durch die Zusammenarbeit mit Robotern und digitalen Expertensystemen. Sundar Pichai stellt als Chef von Google in einem Interview bei MSNBC 2018 wohl zu Recht fest: »Wir sollten nicht glauben, dass KI keine Fortschritte machen wird. Technologien werden weiterentwickelt. Wir müssen die Vorteile nutzbar machen, die Nachteile minimieren und uns all dem ethisch verantwortungsbewusst nähern.«

Roboter in der Arbeitswelt sind nicht neu, sie erledigen schon seit etwa sechs Jahrzehnten Arbeiten für uns. Allerdings waren sie ursprünglich eher einfache Geräte, die das taten, was man ihnen sagte, und meist an Fließbändern auf, nun ja, »roboterhafte« Weise arbeiteten. Sie wurden sogar oft in einer Art Käfig gehalten, quasi wie Zootiere, um zu verhindern, dass Menschen ihnen zu nahe kamen. Und das zu Recht – denn sie waren gefährlich. Wenn ein Mensch einem schwingenden Roboterarm in die Quere kam, hatte dieser anfangs kaum Möglichkeiten, dem Menschen auszuweichen, die Sensorik dafür fehlte – und das war meist zum Nachteil des Menschen.

Heute sind Roboter wesentlich geschickter, mobiler und autonomer geworden. Sie arbeiten auch besser mit uns zusammen. Nach Angaben der International Federation of Robotics, einem weltweiten Industrieverband, sind über drei Millionen Roboter in Fabriken rund um die Welt im Einsatz. Millionen weitere bewegen Waren in Lagerhäusern, reinigen Häuser, mähen Rasen und helfen Chirurgen bei Operationen, einige haben gar mit der autonomen Auslieferung von Waren begonnen, sowohl zu Land als auch in der Luft.

Das Tempo der Automatisierung wird sich wahrscheinlich noch beschleunigen, schrieb ein Gremium von Robotik-Experten auf der Tagung der American Association for the Advancement of Science (AAAS) im Jahr 2022. Ein Grund ist, dass die Covid-19-Pandemie gesellschaftliche Veränderungen bewirkt hat, die wahrscheinlich von Dauer sein werden. Die »Große Resignation«, die dazu führte, dass Millionen Menschen auf der ganzen Welt ihre Arbeit aufgegeben haben, könnte zum Teil eine Folge der Lockdowns sein, die neue Möglichkeiten für Heimarbeit geschaffen haben. Diese sogenannten Lifestyle-Entscheidungen über die Wahl des Arbeitsplatzes haben zusammen mit knarzenden Lieferketten und einem Boom des elektronischen Handels dazu geführt, dass Versandhändler und viele andere Unternehmen Schwierigkeiten haben, Arbeitskräfte zu finden. Ihr Bestreben wird sein, die Lücken – wo immer es geht – mit Robotern zu füllen. Ein zweiter Grund besteht in der digitalen Vernetzung der einzelnen Bauteile und Beteiligten eines Produktionsprozesses auf digitalem Weg, kurz: dem »Internet der Dinge«. Es beinhaltet, dass KI-Algorithmen z. B. genau berechnen, wann welche Produktionsbestandteile wohin geliefert werden müssen.

Der dritte Grund ist, dass Bots immer besser werden: Anstatt die Waren in den Lagern zu den menschlichen Boten zu bringen, die dann die Artikel für die Lieferung nach Hause in Pakete packen, lernen sie, die Auslieferung und die Verpackung selbst zu übernehmen. In Fabriken werden sie aus ihren Käfigen herausgelassen und lernen, ausgestattet mit fortschrittlichen Sensoren, an der Seite von Menschen zu arbeiten.

Im Bereich der Fertigung waren immer die Automobilwerke führend in der Automatisierung. Wie Henrik Christensen, Direktor des Contextual Robotics Institute an der University of California, San Diego, auf der Tagung der American Association for the Advancement of Science (AAAS) 2022 erklärte, kommt trotzdem selbst in den fortschrittlichsten Werken in Südkorea im Durchschnitt nur ein Roboter auf zehn Arbeiter. Die sogenannte *Lights-out*-Autofabrikation, bei der keine Menschen mehr in den Fabrikhallen arbeiten, ist im Moment noch in weiter Ferne.

Dennoch lässt der Aufstieg der Roboter viele Menschen um ihre Arbeitsplätze fürchten. Auf der anderen Seite sind bisher die Berufe, die zunehmend Roboter übernehmen, meist eher eintönig, repetitiv und anstrengend. Schon jetzt wird es immer schwieriger, solche Jobs zu besetzen. In vielen Branchen ist es weniger der Wunsch, die Arbeitskosten zu senken, der die Automatisierung vorantreibt, als vielmehr die Schwierigkeit, Arbeitskräfte aus Fleisch und Blut zu rekrutieren. Anstatt Arbeitsplätze zu vernichten, können Roboter in manchen Fällen sogar neue schaffen, weil die Unternehmen effizienter wirtschaften können und es ihnen möglich wird zu expandieren. Darauf deuten auch die Beschäftigungszahlen aus dem verarbeitenden Gewerbe in den USA hin, die in den letzten zehn Jahren sogar gestiegen sind, obwohl die Zahl der Fabrikroboter zugenommen hat.

Die meisten Roboter führen bisher eng definierte Aufgaben aus, wobei mobile Roboter mittlerweile immerhin ihre Sensoren nutzen, um nicht mit Menschen zusammenzustoßen. Aber langfristig reicht das nicht, denn sie dürfen uns nicht nur als Hindernis betrachten, um das sie herummanövrieren müssen. Vielmehr müssen sie lernen, mit uns zusammenzuarbeiten und vorauszusehen, was wir brauchen. Bei der Programmierung von Robotern ist es deshalb immer hilfreich, wenn die Programmierer selbst Berufserfahrung auf dem entsprechenden Gebiet haben. So zeigen Untersuchungen, dass bei den erfolgreichsten Anwendungen in Fabriken Roboter eingesetzt werden, die von Ingenieuren programmiert werden, die Seite an Seite mit Experten gearbeitet haben, die sich mit den anstehenden Aufgaben bestens auskennen. Um dies zu erleichtern, ist es nützlich, Roboter mithilfe von Befehlen in natürlicher Sprache zu schulen.

Doch es gilt nicht nur, die enorme datenbasierte Lernfähigkeit von KI-Algorithmen sinnvoll zu nutzen. Gleichzeitig sollten wir selbstbewusst weiter auf die herausragenden Fähigkeiten der Spezies Mensch setzen und versuchen, diese weiter zu trainieren und zu fördern – vor allem in den sozialen Berufen und bei Fragen der Kreativität und Innovation.

Die besten Arbeitsergebnisse sind zu erwarten, wenn neuronale Netze in KI-Systemen und Robotern mit unseren Neuronen im Gehirn, mit unseren menschlichen Fähigkeiten – aber auch Einschränkungen – optimal zusammenarbeiten. Im Zentrum dürfte bei allen Überlegungen die Frage stehen, wie die

Schnittstellen der digitalen Endgeräte aussehen müssen, damit Menschen sie sicher und fokussiert bedienen können. Lange hielt man die menschliche Auffassungsgabe in einer konkreten Situation für unbegrenzt oder machte sich über die Begrenztheit keine Gedanken. Bis Flugzeugpiloten und Fluglotsen im Zweiten Weltkrieg Fehler machten, die deutlich zeigten, dass ihre Aufmerksamkeit limitierter war, als man angenommen hatte. Bei überbordender Beanspruchung und unrealistisch langen Beanspruchungsphasen lässt sie unweigerlich nach.

Für die heutige Arbeitswelt gilt, dass Geräte, Maschinen und grafische Oberflächen so designt sind, dass sie unsere Aufmerksamkeit auf die wichtigsten Aspekte lenken und alles andere ausblenden. Völlig unrealistisch ist es allerdings, zu denken, unser Gehirn würde als passiver Beobachter lange den Fokus der Aufmerksamkeit hochhalten und schnell eingreifen können, wenn Maschinen Fehler machen. Das funktioniert nur, wenn der Beobachter etwas tut und im Prozess selbst aktiv ist. Ist das nicht so, hat unser Gehirn evolutiv bedingt die Tendenz, in den Energiesparmodus zu schalten und den Stirnlappen, der Aufmerksamkeit und Fokus erst ermöglicht, herunterzudimmen *(default mode)*.

Wir sollten uns auch keinen Illusionen hingeben, was die Zuverlässigkeit von KI-Systemen in unübersichtlichen, vor allem von Menschen geprägten Situationen angeht. Denn Intuitionen von Menschen zu erkennen, fällt auch den mit Deep Learning ausgestatteten neuronalen Netzen heute noch schwer. Um die Leistungsfähigkeit und Sicherheit von KI zu verbessern, müssen also die physische Umgebung stabiler und das Verhalten von Menschen vorhersehbarer werden. Mit anderen Worten: Wenn wir autonome Roboter oder Fahrzeuge haben wollen, müssen wir uns an bestimmten Stellen, an denen sich die Wege von Mensch und Maschine kreuzen, ihren Möglichkeiten anpassen.

Auch gilt es, eine gute Balance zu finden zwischen den Domänen, in denen KI-basierte Roboter-Systeme besonders leistungsfähig sind, und unseren menschlichen Fähigkeiten und Stärken. Zu den herausragenden Fähigkeiten der Spezies Mensch gehört u.a. die Empathie, also die Fähigkeit, sich in andere Menschen hineinzuversetzen. Wir sind (mehr oder weniger) gut darin, uns vorzustellen, was andere denken und fühlen, und darin, zu ahnen, was sie als Nächstes tun werden (Intuition). Selbst in einer sich ständig wandelnden Umwelt mit unklarer Datenlage in Form vieldeutiger Signale ist unser Gehirn als das Produkt einer Jahrmillionen dauernden Evolution in seiner flexiblen Handlungsfähigkeit KI-Systemen insgesamt überlegen. Nur wir Menschen können lernen, ohne dass der Lernraum, also das, was gelernt werden soll, vorher definiert wurde (»offenes« Lernen können KI-Systeme noch nicht). Auch unsere Fähigkeit, Humor zu entwickeln, Verbindungen zwischen bisher nicht assoziierten Umständen zu sehen (innovativ zu sein), neue Ideen zu generieren und eine gemeinsame Kultur zu teilen, sind herausragende, von unserem Gehirn generierte menschliche Eigenschaften, die KI nicht leisten kann.

Insofern sollte es bei der Weiterentwicklung der KI nicht darum gehen, dass sie uns das Arbeiten und Denken völlig abnimmt. Aber sie sollte uns nach ihren Möglichkeiten dabei helfen und uns unterstützen.

Programme schreiben Programme

Spannend ist die Entwicklung der Arbeitswelt der Programmierer selbst, denn hier gibt es erste KI-Anwendungen, die selbst neuen Programmcode schreiben bzw. dabei helfen, einen solchen zu erstellen wie z.B. das Programm AlphaCode des bereits mehrfach erwähnten Londoner Unternehmens DeepMind. Ich weiß, was Sie jetzt denken! KI, die ihren eigenen Code schreibt und ausführt, ist nicht selten die Ausgangsprämisse dystopischer Science-Fiction. Was wäre, wenn die Entscheidungen der programmierenden KI sie auf einen für den Menschen gefährlichen Weg brächten? Oder was wäre, wenn die KI einen so detaillierten und komplexen Code schriebe, dass er selbst von den besten menschlichen Programmierern nicht mehr verstanden oder kontrolliert werden könnte?

Im Vergleich zu diesen Befürchtungen ist die aktuelle KI-Realität deutlich weniger beängstigend. Eine Prise KI im Werkzeugkasten menschlicher Programmierer kann sehr nützlich sein. Eine Reihe von Unternehmen versucht bereits, den Programmierprozess in einem fest vorgegebenen Rahmen zu automatisieren und zu verbessern. Der unmittelbare Nutzen einer KI, die Code schreiben kann, wird darin bestehen, den menschlichen Programmierern etwas von der Mühsal ihrer Routineaufgaben abzunehmen. Da große Teile des Codes, den Programmierer typischerweise schreiben, bereits an anderer Stelle vorhanden sind, kann KI, die Millionen von Zeilen bereits existierender Computerprogramme »kennt«, dem Programmierer oder der Programmiererin nützliche Vorschläge machen, was er oder sie als Nächstes schreiben könnte – etwa für ein Programm, das den Bestand in einem Lagerhaus managen soll. Die KI, die die Software schreibt, würde im Hintergrund laufen und Ergänzungsvorschläge machen, z. B. einen vorgefertigten, bestehenden Code, um Produktnamen und -bilder oder deren Preise anzuzeigen. Die KI könnte auch Vorlagen für die Formatierung einer Benutzeroberfläche bereitstellen – allerdings nur aus bestehenden Datenbanken. All dies soll die Programmierung beschleunigen und dafür sorgen, dass die Software-Ingenieure ihre Zeit effizienter nutzen. Ziel der KI-gestützten Softwareprogrammierung ist es letztlich, eine Idee, die von einem Menschen in natürlicher Sprache ausgedrückt wird, in Computercode zu verwandeln.

Nehmen wir an, jemand besitzt ein Dienstleistungsunternehmen und möchte ein computergestütztes Buchungssystem für potenzielle Kunden aufbauen. Eine enorme Hilfe wäre es jetzt, wenn man seine Anweisungen in einfachem Englisch oder Deutsch eingeben könnte und eine KI mit Code antworten würde, der die gewünschte Aufgabe in einer Vielzahl von Computersprachen übersetzt. Daran arbeiten Unternehmen bereits. Ihr Ziel ist es, dass sich die Benutzer auf die Identifizierung der Probleme konzentrieren können, die sie gelöst haben wollen, anstatt sich mit dem mühsamen Teil des fehlerfreien Eintippens von teilweise nur schwer verständlichen und obskuren Anweisungen für Computer aufzuhalten. Eine solche KI wäre auch für diejenigen nützlich, die wenig Ahnung vom Programmieren haben.

Schon heute wirken sich solche Ergänzungs-KI-Programme im Alltag aus – so bieten viele Apps eine Autovervollständigungsfunktion an, die Ihnen als Benutzer beispielsweise Wörter vorschlägt, die Sie vielleicht als Nächstes eingeben wollten. Doch selbst dabei zeigen sich schnell die Limitierungen, denn die Programme benutzen ausschließlich statistische Auffälligkeiten – und die sind nicht immer unbedingt inhaltlich sinnvoll.

Ein möglicher Durchbruch für die KI-Anwendungen im Programmieren könnte die neue GPT-KI-Software sein, die durch vergleichsweise grobe Anweisungen in wenigen Iterationen erstaunlich komplexe Programme schreiben kann.

ChatGPT

Die Geschichte der KI ist von ebenso großen Rückschritten wie Fortschritten begleitet. Den jüngsten Hype hat Ende 2022 das von Microsoft und Elon Musk begründete OpenAI-Wissenssystem für die Verarbeitung natürlicher Sprache, Ge-

nerative Pre-trained Transformer 3 (GPT-3, besser bekannt als ChatGPT) ausgelöst. Es wurde allein in den fünf Tagen nach seiner Veröffentlichung über eine Million mal genutzt. ChatGPT besteht den Turing-Test in Gesprächen (seine Ergebnisse können also z. B. bei Telefonaten nicht von Gesprächen mit »echten« Menschen unterschieden werden) und verarbeitet riesige Textmengen aus dem Internet zu oft sinnhaften Artikeln (und Hausaufgaben!). Fragen aus verschiedensten Wissensbereichen beantwortet es auf intelligente Art und Weise und berücksichtigt dabei den Kontext. Man kann ChatGPT auch verwenden, um Code zu schreiben. Sein Wissen und die Anwendungsmöglichkeiten sind erstaunlich vielseitig: Es kann sowohl Aufsätze verfassen als auch rechnen und Gedichte schreiben – Ersteres hervorragend, Letzteres (noch) eher weniger überzeugend.

Wissenschaftsjournale haben reagiert und ihren Autorinnen und Autoren verboten, Texte mit ChatGPT anzufertigen. Auch in den Schulen des Bundesstaates New York wurde der Zugang gesperrt. Was den Algorithmus angeht, weiß man zumindest so viel: Er hat sich die menschenähnliche Kommunikation mithilfe sehr großer Datenmengen aus dem Internet angeeignet. Seine Antworten basieren im Prinzip auf der statistischen Wahrscheinlichkeit, mit der ein bestimmtes Wort oder Satzelement auf das andere folgt. Das Besondere ist allerdings, dass in weiteren Rechenschritten auch geprüft wird, welche Wörter und Satzelemente zwei, drei oder mehr Wörter im Vorhinein oder im Nachgang eines bestimmten Wortes oder Satzelements auftauchen. Das erfordert eine immense Rechenleistung und viele Hidden Layers in den Berechnungsverfahren. Trainiert wurde ChatGPT mit Internettexten, die insgesamt über 500 Milliarden Wörter enthielten (bisher sind allerdings nur Texte bis 2021 eingeflossen – was sich bei manchen Themen als Schwachstelle erweisen wird). Mit Deep-Learning-Algorithmen werden also Sprachmuster erkannt – zum Beispiel, was die Unterschiede zwischen schriftlicher und gesprochener Sprache sind und in welcher Form auf welche Frage geantwortet werden sollte. Wie wirkmächtig ChatGPT sein wird, muss sich nun zeigen. Je mehr es genutzt wird, umso mehr der noch bestehenden Fehler können korrigiert werden, und es scheint durchaus denkbar, dass es auch Suchmaschinen wie Google Konkurrenz machen wird. Denn wenn man auf eine Suchanfrage nicht viele Antworten bekäme, sondern nur noch eine (oder wenige, wenn sie alle von Relevanz sind), wäre das den bisherigen Suchmaschinen deutlich überlegen. Für Schulen, Universitäten und Wissenschaftsmagazine wird sich die Frage stellen, wer der Urheber von Texten ist. Auch im künstlerisch-kreativen Bereich wird die Frage sein, was von Menschen geschriebene und was von Computern generierte Texte oder Gedichte sind.

Hier erklärt die Firma OpenAI ihre Software selbst: https://openai.com/blog/chatgpt/.

Die Macht der Programmierer

Egal, ob man im Internet einkauft, Auto fährt oder eine Serie streamt – ohne Software geht heute nichts mehr. Hundert Milliarden elektronische Prozessoren sind im Jahr 2022 auf der Erde aktiv (diese vorsichtige Schätzung lässt die Menge der im Internet vergebenen Webadressen zu). Im Jahre 1990 waren es im World Wide Web ein paar Tausend; im Jahr 2000 an die hundert Millionen Geräte, die miteinander verknüpft waren. Zehn Jahre später waren wir Menschen schon in der Unterzahl – erstmals existierten mehr netzwerkfähige Geräte im Internet, als es Bewohner auf der Erde gab. Im Jahr 2020 entfielen auf jeden Menschen schon mehr als sechs Prozessoren, die über das weltweite Netz Daten austauschten. Und zu dieser Armee von inzwischen weit über 100 Milliarden Prozessoren kommt ein Vielfaches an Chips, die in Kameras oder Waschmaschinen eingebaut sind. In einem (neueren) Auto stecken allein durchschnittlich 100 Millionen Zeilen Programmcode. Zum Vergleich: Das erste Spaceshuttle kam seinerzeit mit etwa 400 000 Zeilen Code aus.

Je digitaler unser Alltag wird, desto mächtiger werden auch die Menschen, die die Software entwickeln. Programmierer sind die Architekten dieser Welt. Sie gehören wohl zu den leisesten, aber trotzdem einflussreichsten Bewohnern unseres Planeten.

Programmcode ist so etwas wie der Baustoff der digitalen Welt, vergleichbar vielleicht mit der DNA, die der Code für die biologische Welt ist. Wie die Gründungsväter der USA, die mit Ausnahme von James Madison gelernte Anwälte waren, das »Betriebssystem der Demokratie« schrieben, so legt heute eine neue Elite aus Programmierern die Verfahrens- und Kommunikationsregeln der digitalen Gesellschaft fest – allerdings unbemerkt. Wer verstehen will, wie unsere Welt sich digital weiterentwickeln wird, dem wird es helfen, auch etwas über Programmierer und Programmiererinnen zu erfahren und ihre Art, zu denken und zu arbeiten.

Um es gleich vorweg zu sagen: »Den« Programmierer gibt es nicht. Allein in den USA gibt es mittlerweile vier Millionen Programmierer, in unterschiedlichsten Industrien, und entsprechend gibt es nicht den »typischen« (männlichen, leicht autistischen) Nerd, wofür Programmierer oft stereotyp gehalten werden. Ihre Spezies ist wesentlich weniger homogen, als man annehmen könnte, denn Programmieren ist zum einen eine Form der Ingenieurskunst, doch im Gegensatz zu mechanischen Maschinen besteht Programmcode aus Wörtern und Buchstaben – gehört also auch in die Domäne der Sprachwissenschaften, vielleicht sogar in den Bereich der Literatur.

Die Codezeile(n), mit der man dem Computer den Satz »Hello, World!« beibringt (diese zwei Wörter waren das Standardbeispiel der Computersprache »C«, die in den 1970- und 1980er-Jahren die führende Programmiersprache war), sind metaphorisch so aufgeladen, dass sie an den Anfang der Bibel erinnern: »Im Anfang war das Wort.« Allerdings sind Programmierer und Programmiererinnen meistens eher unreligiös.

Was viele Programmierer auszeichnet, ist ihr Machbarkeits- und Effizienzdenken. Friktionen, Fehler *(bugs)* aus einem System zu entfernen und möglichst »schlanken« Code zu schreiben, das sind die ästhetischen Freuden eines Programmierers. Clive Thompson schreibt 2019 in seinem Buch *Coders*: »Ihre Augen leuchten, wenn sie darüber reden, etwas schneller zu machen oder wie sie eine lästige menschliche Anstrengung aus einem Prozess eliminierten.«

Eine der wichtigsten Programmierleistungen einer Programmiererin bei Facebook war die Implementierung von Feeds, die dafür sorgen, dass »Freunde« automatisch eine Nachricht bekommen, sobald jemand aus ihrer Freundesliste etwas postet. Bei der Programmierung dieser Feeds ging es nicht nur darum, dass der Code technisch funktioniert, sondern auch um Fragen wie: Welche Nachrichten wollen die Freunde eigentlich sehen? Wie bekommt eine Nachricht eine höhere Wertigkeit als eine andere? All diese auch gesellschaftlich, politisch und ethisch relevanten Fragen werden in Code gegossen – implementiert von Menschen.

Aus neurowissenschaftlicher Sicht ist spannend, dass – bei aller Vielfalt der Tätigkeiten von Programmierern – vor allem während des eigentlichen Akts des Code-Schreibens die Areale im Stirnlappen maximal aktiv sind, die Aufmerksamkeit und

Konzentrationsfähigkeit über das Arbeitsgedächtnis ermöglichen. Das liegt vor allem an den hohen kognitiven Ansprüchen des Programmierens: Das Arbeitsgedächtnis ist maximal gefordert damit, auf Details zu achten und Fehler im Code zu finden. Das funktioniert aber nur, wenn man fortwährend im Arbeitsgedächtnis des Stirnlappens zwischenspeichert, was wie vorher definiert wurde und wie im weiteren Verlauf des Codes die korrigierten Zeilen verwendet werden sollen. Das involviert das prospektive Gedächtnis aus präfrontalem Kortex und Hippocampus. Das Gehirn muss also über einen längeren Zeitraum über die komplexen Abhängigkeiten und Regeln eines Systems nachdenken – und zwar nicht über den assoziativen Sinn eines Textes (das kann unser Gehirn meisterlich gut), sondern auf der Detailebene einzelner Zeichen wie Kommas oder Semikolons. Denn im Gegensatz zu einem normalsprachlichen Text mit orthografischen und grammatikalischen Fehlern, aus dem man meist noch den Sinn ergründen kann, wenn er fehlerhaft geschrieben ist, ist Programmcode fehlerintolerant – er funktioniert einfach nicht, wenn sich irgendwo ein Bug (Programmfehler) versteckt.

Das Erlernen der Programmierung eines Computers ist also in gewisser Weise mit dem Erlernen einer neuen Sprache vergleichbar. Man muss neue Symbole und Begriffe lernen, die syntaktisch korrekt angeordnet werden müssen, damit ein Prozessor im Computer präzise Informationen bekommt, was er tun soll. Trotz dieser Ähnlichkeiten war lange nicht klar, was Programmieren neurobiologisch im Gehirn funktional bedeutet und erst im Jahr 2020 haben Neurowissenschaftler des Massachusetts Institute of Technology (MIT) herausgefunden, dass das Lesen von Computercode nicht in erster Linie die Regionen des Gehirns aktiviert, die an der Sprachverarbeitung beteiligt sind. Stattdessen wird ein verteiltes Netzwerk aktiviert, das auch bei komplexen kognitiven

Aufgaben wie dem Lösen von mathematischen Problemen oder Kreuzworträtseln zum Einsatz kommt. Es zeigt aber auch deutliche Unterschiede zu Gehirnen, die logische oder mathematische Probleme lösen, kurzum, Programmieren hat eine klare Signatur im Gehirn, die sich aber nicht auf Sprachzentren oder Netzwerke für mathematisches Denken reduzieren lässt. Programmierer müssen also sehr fokussiert arbeiten und gleichzeitig holistisch den Gesamtkontext im Blick behalten. Dafür werden nicht nur verschiedene Gehirnareale auf einer Seite der Großhirnrinde aktiviert, sondern beide Gehirnhälften arbeiten eng zusammen: Auf der einen Seite die detailverliebte linke Hemisphäre (mit Schwerpunkt auf der Abspeicherung und dem Abruf von Fakten, also Detailwissen), auf der anderen Seite wird auch die eher auf das Gesamtbild achtende rechte Großhirnhemisphäre aktiviert. Deshalb erfordert Programmieren eine sehr konzentrierte Vernetzung des Gehirns. Vielleicht rührt daher auch der Tunnelblick vieler Programmierer, das extreme Fokussiertsein auf kleinteilige Lösungen, das den Blick auf den Gesamtzusammenhang des Programms, seinen eigentlichen Zweck oder seine gesellschaftliche Bedeutung, verstellen kann. Gemeint ist, dass z. B. bei der automatischen Analyse von Bilddaten nur der Programmiercode zählt, aber der Blick dafür verloren geht, ob diese Programme Stereotypien verstärken können. »Eine der größten Gefahren der Tech-Community ist, dass ihre Fixierung auf Datenmodelle bedeutet, dass sie das Menschliche darin nicht sehen«, warnte die Anthropologin Danah Boyd 2017.

Eine andere Frage ist, ob *Coding,* also die Tätigkeit des Programmierens, das Denken und damit die Gehirne der Programmierer selbst beeinflusst. Anders formuliert: Lässt die Übersetzung großer Lebensfragen in ein binäres System von Einsen und Nullen so starke Unschärfen entstehen, dass menschliche Vorurteile sogar noch verstärkt werden? Wenn man die letzten Jahre der Internettechnologie Revue passieren lässt – *social bots* (die versuchen, Meinungen in sozialen Netzwerken zu manipulieren), Hassrede, Datenlecks oder radikalisierende Algorithmen –, so muss man feststellen, dass es in der Architektur des Codes einige gravierende Konstruktionsfehler gibt, die in der Lage sind, die Statik des Gesellschaftsgefüges ins Wanken zu bringen. Die Wirkung von Apps ist nicht zu vergleichen etwa mit dem Brückenbau, bei dem Statiker die Belastungsgrenzen und die Tragfähigkeit einer Brücke berechnen können. Man wird den Eindruck nicht los, dass Programmcode ein viel schwächerer Baustoff als Zement oder Ziegelstein ist – man denke etwa an die Angreifbarkeit digitaler Medien durch Extremisten. Deren Ansichten haben eine viel größere Chance auf weitere Verbreitung als ausgewogene Meinungsäußerungen. Wird durch die Implementierung digitaler Technologien auch ein bestimmter deterministischer, utilitaristischer Bausatz in unsere Gesellschaftsformen eingeschleust? Und schließlich: Ist die binäre Grundstruktur der Technologie nicht auch besonders anschlussfähig an autoritäre Systeme? So wie eine Bauaufsicht bräuchte es eigentlich auch eine digitale Aufsicht, die Code-Konstruktionen überwacht, aber auch das wirft gleich weitere Fragen auf, denn wer sollte entscheiden, was guter und was schlechter Code ist? Wer kann den Programmierern gedanklich folgen und konstruktive Fehler erkennen? Diesen Fragen muss sich der gesellschaftliche wie der politische Raum stellen, damit die öffentlichen Debatten mit dem technologischen Fortschritt standhalten können.

Programmierer bringen aber nicht nur kognitive und persönliche Fähigkeiten mit, sondern umgekehrt beeinflusst ihre Tätigkeit auch ihr Denken und damit ihre Gehirne. Was sind die Machbarkeitsfantasien, die mit der Gestaltungskraft des Programmierens und der Technisierung unserer Welt einhergehen?

Sicher ist einstweilen nur der schleichende Einfluss von Algorithmen auf unsere gesellschaftlichen Systeme – also Programme, die für die meisten von uns von unsichtbaren Programmierern geschrieben werden.

Grenzen heutiger KI

»Ein Mensch mit Papier, Bleistift und einem Radiergummi, strenger Disziplin unterworfen, ist eine universelle Maschine«, schrieb Alan Turing, einer der einflussreichsten Theoretiker der frühen Computerentwicklung. Aber man kann es mit dem Philosophen Ludwig Wittgenstein auch genau andersherum sehen, der über Turing-Maschinen sagte: »Diese Maschinen sind Menschen, die rechnen.« Ada Lovelace, die als erste Erstellerin von Computerprogrammen gilt, hatte schon 1843 zum selben Thema befunden: »Sie kann alles ausführen, was wir ihr zu befehlen verstehen, aber die analytische Maschine hat keinen Anspruch, selbst etwas zu schaffen.«

Die Mathematikerin Ada Lovelace gehörte zu den Vordenkerinnen der heutigen KI. Sie sah schon lange vor anderen die Macht der Algorithmen, implementiert in Maschinen, als sie schrieb: »So wie ein Webstuhl Tücher mit Mustern webt, kann eine analytische Maschine algebraische Muster verweben.« Ihre revolutionäre Einsicht bestand darin, dass alles Denken in Algorithmen erfolgt. Diese versuchen, Beziehungen von Elementen zueinander zu klären und neue Beziehungen zu schaffen – egal ob in unserem Gehirn oder in Maschinen. Diese Grundoperationen erfolgen in Lovelaces Augen unabhängig von den Inhalten des Denkens. Der Verstand macht von ihnen Gebrauch, ganz gleich, ob es gilt, Musik zu komponieren, ein grafisches Muster zu entwerfen, einen Text zu verfassen oder eine mathematische Gleichung zu lösen. Das Denken des Menschen könne so entschlüsselt werden, vermutete Lovelace: »Mir scheint nicht, dass Hirnmasse dem Mathematiker unzugänglicher sein sollte als die Materie und die Bewegung der Sterne und Planeten, wenn sie es nur richtig angehen würden … Ich hoffe, ich werde eine Analysis des Nervensystems hinterlassen, ja vielleicht ist das Gehirn nichts anderes als eine Maschine.«

Ein grundsätzlicher Unterschied besteht also zwischen unserem Gehirn und der KI nicht. Denn auch das menschliche Gehirn funktioniert nach Regeln, die sich in Algorithmen des Denkens und Verarbeitens beschreiben lassen. Auch das menschliche Gehirn funktioniert im Rahmen des Regelwerkes der physikalischen Gesetze und nutzt Prozesse der Mustererkennung, um Ereignisse vorherzusagen, Diagnosen zu stellen oder einfach um Objekte zu erkennen. Aber neben der Fähigkeit, die Welt in unserem Kopf in Ansätzen abzubilden (zu repräsentieren), arbeitet unser Gehirn mit Bedeutungen und, nicht zu vergessen, mit Gefühlen. Das alles dient vor allem dem Überleben, gibt aber dem Erlebten, Erdachten und den eigenen Handlungen auch eine Richtung und bewertet es. Bestimmte Gefühle wie Angst, Wut, Trauer und Glück gehören wahrscheinlich genetisch zu unseren Grundveranlagungen. Emotionale Bewertungen beeinflussen maßgeblich, was wir als Handlungen überhaupt erwägen. Negative Emotionen warnen uns, wenn eine Situation oder eine Entscheidung unsere Lebenschancen vermindert; positive Emotionen dagegen markieren aussichtsreiche Umstände. Gefühle geben unserem Verhalten, aber auch unserem Denken eine Richtung vor. Dank der Indikatorwirkung von Gefühlen arbeitet unser Gehirn wesentlich flexibler als ein Computer.

Die Maximen der Evolution und unsere Gefühle setzen uns immer nur den Rahmen, innerhalb dieser Grenzen können wir aber fast beliebigen Absichten nachgehen. Und sogar der Rahmen lässt sich verrücken: Es ist uns möglich, den Maximen der Fortpflanzung und des eigenen Überlebens zuwiderzuhandeln. Trotzdem leiten uns alles in allem am Ende die Prinzipien des Lebens selbst. Und zu diesen gehört, einen Stoffwechsel aufrechtzuerhalten, und die Fähigkeit, den eigenen Organismus zu reproduzieren. Keines dieser Prinzipien ist auf den Computer anwendbar, KI-Algorithmen sind bestimmte Ziele und Absichten unbekannt. Uns dagegen ist ein gewisses Maß an kreativer und kontrafaktischer Freiheit einprogrammiert.

Allerdings gibt es, wie wir heute wissen, doch erhebliche Unterschiede zwischen Mensch und Maschine. Einige davon sind trivial, wie der Umstand, dass Silizium das Grundelement der Computerchips ist, während unser Gehirn aus Kohlenstoff als wesentlichem Grundbaustein aufgebaut ist. Auch arbeitet unser Gehirn mit einer ganz anderen Energiebilanz: Der Supercomputer Watson von IBM brauchte 85 000 Watt (plus ein tonnenschweres Kühlsystem), als er Jeopardy! spielte. Seine menschlichen Kontrahenten verbrauchten jeweils nur 25 Watt. Einer der leistungsfähigsten Computer der Welt, Blue Waters an der University of Illinois, verbraucht 15 000 000 Watt auf einer Fläche von 2000 m^2, während das menschliche Gehirn so groß ist wie zwei Fäuste und 1,4 kg wiegt.

Wenn es um das I in »KI« geht, müssen wir uns zweierlei Intelligenzbegriffe näher ansehen, die erst mal keine Wertung darstellen, sondern Distinktionskriterien: Menschliche Intelligenz hat die Aufgabe, die Welt in unserem Gehirn zu repräsentieren, kausale Modelle zu konstruieren und anderen Lebewesen Absichten zuzuschreiben. All das mit dem Ziel, das Überleben und die Reproduktion des Individuums zu sichern. Heutige maschinelle Intelligenz lernt mit neuronalen Netzen und den Methoden des Deep Learnings über Assoziationen und Korrelationen. Algorithmen wissen aber nicht, was diese Assoziationen repräsentieren und welche Bedeutung sie haben. Dadurch entstehen Probleme im Anwendungsspektrum von KI und in der Art, wie Maschinen lernen. Dies wird z. B. bei der Bild- und Objekterkennung deutlich, die wir mit Leichtigkeit bewältigen, die aber Computer, wie wir gesehen haben, immer noch vor enorme Probleme stellt. Ein künstliches neuronales Netz muss erst mit Zehntausenden von Vorlagen auf die erwünschte Antwort trainiert werden, indem man Fotos präsentiert und zugleich vorgibt, was das Programm darauf erkennen soll. Hat man das neuronale Netz erst mal mit genügend Bildern von Musikinstrumenten gefüttert, erkennt dieses sie (zumindest meist und wenn sie eindeutig präsentiert werden) anschließend selbstständig.

Der Haken und wichtige Unterschied zum menschlichen Lernen von Kategorien, ist der Umstand, dass auch heutige KI, um ihr »Urteilsvermögen« auszubilden, Zehntausende bis manchmal Millionen unterschiedlicher Ansichten eines Objektes als Trainingsvorlagen benötigt – ein Kleinkind dagegen begreift in einem einzigen Durchgang, was der Unterschied zwischen einer Flöte und einer Trommel ist. Darum wurde maschinelle Bilderkennung auf heutigem Niveau auch erst möglich, als sich auf den Servern von Google, Facebook und Co. Milliarden Fotos angesammelt hatten und die Rechner einen enormen Geschwindigkeits- und Speichervolumensprung gemacht hatten. Ein Grund dafür, dass unser Gehirn so viel effizienter lernen kann, könnte unser evolutives Erbe sein. Wir suchen immer nach Bedeutung – während neuronale Netze anders vorgehen, sie stellen nur Korrelationen aufgrund von Ähnlichkeiten in Mustern fest.

Aber die Unterschiede gehen noch weit über Energieverbrauch und Größe hinaus. Das menschliche Gehirn kann mit Ungewissheit umgehen, da es eine Vorstellung hat, was es beobachten, was es denken und mit welchem Ziel es handeln sollte, während KI-

Systeme nur klarkommen, wenn die Regeln eindeutig sind, sich die Zukunft aus großen Datenbanken der Vergangenheit vorhersagen lässt und die Umwelt stabil bzw. eindeutig ist. Wir Menschen bringen so etwas wie einen »gesunden Menschenverstand« mit, der das Lernen beschleunigt und der sich vor allem aus folgenden Faktoren zusammensetzt:

- Wir verstehen die Struktur von Ursache und Wirkung (eine wichtige Grundlage des kausalen Denkens).
- Wir sind mit einer intuitiven Psychologie ausgestattet und haben, evolutiv bedingt, schon als Kleinkinder ein Gehirn, das darauf ausgelegt ist, bei anderen Menschen Absichten und Überzeugungen zu erwarten. Im Laufe unseres Lebens lernen wir immer besser, diese zu erkennen.
- Wir haben darüber hinaus ein intuitives, rudimentäres Verständnis für Physik. Damit ist gemeint, dass wir die Eigenschaften von Raum und Zeit schon kurz nach der Geburt in Grundzügen verstehen können.
- Unser Sozialverhalten funktioniert intuitiv. Kooperation, Konkurrenz und das Verständnis für sozial geprägte Normen lernen wir schnell, denn auch darauf sind unsere Gehirne ausgelegt.
- Von Geburt an sind bestimmte Gehirnregionen (Broca- und Wernicke-Areale) darauf ausgerichtet, die Sprache(n), die um uns herum gesprochen wird oder werden, zu erlernen. Sprache fliegt uns von Geburt an zu, und wir verbinden mit Wörtern und Sätzen Inhalte und Bedeutungen.

Wie ein Staubsauger Brotkrümel aufsaugt, lernen wir als Kleinkinder unsere Sprache – mit der sich auf der anderen Seite KI-Algorithmen, trotz aller Fortschritte, noch immer schwertun, vor allem deshalb, weil Sprache vieldeutig ist (Polysemie),

Laute nicht klar voneinander getrennt gesprochen werden und ein und dasselbe Wort verschiedene Bedeutungen haben kann (z. B. kann mit »Pferd« ein Säugetier, eine Schachfigur oder ein Turngerät gemeint sein). Diese sprachliche Vieldeutigkeit wird z. B. dann deutlich, wenn von einer Sprache in eine andere übersetzt werden muss. KI-basierte Übersetzungsprogramme können das inzwischen besser, machen aber immer noch gravierende Fehler. Hinzu kommt übrigens: Google Translate z. B. übersetzt jeden Text erst einmal ins Englische und dann weiter in die gewünschte Fremdsprache. Das verstärkt die Fehler durch die Vieldeutigkeit von Wörtern in jeder der beteiligten Sprachen noch einmal.

Wenn ein Sprachbot auf eine Frage eine korrekte Antwort gibt oder ein Übersetzungsprogramm einen Satz korrekt übersetzt, hat das dahinterliegende KI-Programm Sprache trotzdem nicht »verstanden«. Ray Kurzweil, ein kreativer Vordenker neuer technischer Entwicklung aus der Führungsriege von Google, sieht das anders: »Wenn das Verstehen von Sprache und anderen Phänomenen durch statistische Analyse nicht als wahres Verstehen zählt, dann verstehen auch die Menschen nichts.«

Mir scheint, dass er hier das Ergebnis mit dem Prozess verwechselt! Selbst wenn ein Satz richtig übersetzt wird, heißt das noch lange nicht, dass die KI diesen Satz versteht. Auch ein Papagei, der »Guten Morgen« kreischt, versteht nicht, was er sagt. Sprachliche Bedeutung können KI-Systeme bisher nicht erkennen, neuronale Netze verwenden Sprache also niemals, um die Welt aktiv zu beschreiben. Auch kann KI keine »eigene Erfahrung« mit einem Ausdruck verbinden. Es geht bei ihr nur um Statistik – wobei mit »nur« nicht gemeint ist, dass diese statistischen Korrelationen nicht schon enorm gute Ergebnisse bewirken können.

Das chinesische Zimmer

Das Grundproblem der rein statistischen Korrelation wird sehr deutlich an dem Beispiel des Philosophen John Searle, der dafür als Metapher das »chinesische Zimmer« entwickelt hat: Searle stellt sich einen geschlossenen Raum vor. In diesem Raum sitzt ein Mensch, der kein Chinesisch spricht, dem aber durch einen Türschlitz eine Geschichte und schriftliche Fragen auf Chinesisch gereicht werden. Er versteht weder den Sinn der einzelnen Zeichen noch den der Geschichte oder den der Fragen. Die Antworten kann er nur verfassen anhand alter chinesischer Texte und einer Anleitung in seiner eigenen Sprache, wie er beim Übersetzen vorgehen soll. Die zur Verfügung stehenden Materialien erlauben es ihm, die chinesischen Schriftzeichen mit der Geschichte in Verbindung zu bringen, allerdings rein auf der Ebene der Schriftzeichenerkennung (er erkennt Ähnlichkeiten bei der Form der Zeichen). Darüber hinaus entnimmt er der Anleitung bestimmte Anweisungen, welche Zeichen er (abhängig von den Zeichen der Geschichte) auf einen Antwortzettel zu übertragen hat, zu den Fragen, die ihm gestellt wurden. Er folgt also rein mechanischen Anweisungen und reicht das Ergebnis (die »Antworten« auf die Fragen) wieder zurück, ohne die Fragen oder gar die Geschichte verstanden zu haben. Vor der Tür wartet ein chinesischer Muttersprachler, der die Antwortzettel liest. Er kommt, laut Searle aufgrund des Sinngehaltes der Antworten, zu dem Ergebnis, dass sich hinter der Tür ebenfalls ein Chinesisch sprechender Mensch befindet, der die Geschichte verstanden hat.

Wenn man so will, stecken KI-Systeme mit neuronalen Netzen bisher im chinesischen Zimmer fest – obwohl viele von ihnen den berühmten Turing-Test bestanden hätten (Alan Turing nahm an, eine Maschine denke genauso leistungsfähig wie ein Mensch, wenn ein Beobachter die Antworten eines Computers auf Fragen nicht von denen eines Menschen unterscheiden könne).

Beim Verstehen unserer Sprache geht es also um mehr als darum, die Bedeutung eines einzelnen Wortes zu verstehen. Es zählen nicht nur Korrelationen, also wie häufig ein Wort in der Nähe eines anderen Wortes steht, sondern bei Bedeutungsfragen um den gesamten Kontext von Wörtern und ganzen Sätzen und in welchem Verhältnis sie zu der Welt stehen, die uns umgibt. Die Bedeutung eines Satzes hängt oft vollständig von der Situation ab, in der er ausgesprochen wird – er bezieht sich auf etwas und ist entsprechend wahr (oder unwahr). Korrelative Wahrscheinlichkeitsberechnungen imitieren mittlerweile Sprachverständnis recht gut, aber es bleibt eine Nachahmung von Bedeutung.

Zum Menschen gehören nicht nur Verstand, Mathematik und Intelligenz, sondern auch künstlerische Kreativität. Wird sie eine menschliche Domäne bleiben? Im Jahre 2018 wurde bei Christie's in New York zum ersten Mal ein Kunstwerk versteigert, das von einem Computer produziert worden war. Es wurde für 430 000 US-Dollar verkauft! Eine von Ada Lovelaces Voraussagen hat sich also bereits erfüllt. Sie hatte schon Mitte des 19. Jahrhunderts geahnt, dass Maschinen mithilfe mathematischer Regeln Schöpfungen würden erzeugen können, denen Menschen den Rang eines Kunstwerks zugestehen würden.

Aber stimmt es wirklich, dass das Bild kein Erzeugnis des menschlichen Geistes ist, wie es der Pressetext des Kunsthauses behauptete? Die Aufgabe, ein Kunstwerk dieser Art zu erzeugen, wurde dem KI-Programm von Menschen gegeben. Auch die Datenbank, mit der der Algorithmus gefüttert wurde, wurde von Menschen zusammengestellt und bestand aus 15 000 Gemälden (alle von Menschen) aus den letzten 700 Jahren. Das KI-Programm, das dann Edmond de Belamy malte, war selbstverständlich ebenfalls von Menschen geschrieben. Es geht auf den heute bei Apple angestellten amerikanischen Informatiker Ian Goodfellow zurück – dessen Nachname ins Französische übersetzt de Belamy lautet! Die Behauptung, dass das zum Rekordpreis versteigerte Bild kein Erzeugnis des menschlichen Geistes ist, ist also nur sehr eingeschränkt richtig.

Es bleibt also weiter fraglich, ob KI-basierte Maschinen den Menschen bald überflügeln werden. Man kann aber auch die Sinnhaftigkeit dieser Frage infrage stellen. Zukunftsforscher sehen eine Zukunft mit KI, in der diese leistungsfähiger als unser Gehirn wird, Kreativität entwickelt und eigene Ziele verfolgt. Sie bezeichnen diesen (hypothetischen) Zustand als »technologische Singularität«. Etwas Ähnliches meint der Ausdruck »starke KI« (was immer dann die »schwache« sein soll …). Die drei voneinander unabhängigen Voraussetzungen für diese Singularität führen allerdings nicht notwendigerweise dazu, dass das eine mit den anderen gekoppelt ist oder gar Maschinen die Weltherrschaft übernehmen könnten. Denn es ist eine Frage, ob die KI leistungsfähiger werden wird als unser Gehirn (und wenn ja, auf welchem Gebiet), doch auf einem ganz anderen Blatt steht, ob KI-Algorithmen auch tatsächlich etwas Neues erfinden könnten, das sie nicht beauftragt wurden zu suchen (der Go-Algorithmus von DeepMind kann zwar hervorragend Go spielen, hat aber bisher noch kein neues Brettspiel erfunden oder auch nur versucht, etwas Neues zu kreieren). In noch weiterer Ferne befinden sich im Moment KI-Algorithmen, die eigene Absichten, Ziele und Zwecke verfolgen oder eigene Einfälle hervorbringen. Unserem Gehirn droht also noch lange nicht Belanglosigkeit, und überhaupt ist es wenig zielführend, hier künstliche und menschliche neuronale Netze als Konkurrenten um die Krone der Schöpfung zu sehen.

Algorithmen werden geschrieben, um vorgefertigte Probleme zu lösen – und nicht, um neue Probleme aufzuwerfen oder auf diese hinzuweisen. Auch kann man mittlerweile KI-Systeme entwickeln, die anhand von Millionen von Kunstwerken einer bestimmten Stilrichtung, z. B. Bilder von Rembrandt und seinen Zeitgenossen, imitieren und hieraus ein »neues« Kunstwerk schaffen. Aber auch dies ist ein Produkt der Mustererkennung aus vorhandenen Datenbanken, aber nicht die Grundlage, um fundamental Neues zu schaffen, wie z. B. Andy Warhol oder Joseph Beuys dies taten, indem sie einen Alltagsgegenstand einfach zu Kunst erklärten, oder wie Picasso einen völlig neuen Kunststil zu schaffen.

Der Schlüssel zur Kreativität, die wirkliche transformative Prozesse in Gang setzt, ist weniger unser IQ als vielmehr die Freiheit, die Richtung der Denktätigkeit zu wechseln. Gefühle verschaffen uns dabei die Freiheit, Absichten zu ändern, und ermöglichen es unseren Gedanken, sich zu neuen Horizonten aufzumachen.

Was KI-Maschinen (heute noch) fehlt, ist eine Kreativität, die sich auf neue Ziele richtet, Wissensgebiete auf vorher unbekannte Weise miteinander verbindet und so neue Artefakte oder neue theoretische Gedankengebäude erschafft. In der KI-Forschung bezeichnet man diesen Zweig als »transformative Kreativität«. Diese Form der Kreativität bricht mit bekannten Regeln, sucht sich neue Ziele und ein neues Regelwerk. Auf diese Weise brachte die Menschheit ihre einflussreichsten Einfälle hervor. Einstein veränderte nicht die Newton'sche Theorie der Mechanik, sondern er sah das Verhältnis von Raum und Zeit mit völlig neuen Augen, so wie Picasso neue Malstile erfand und nicht nur bestehende graduell veränderte. In Momenten des kreativen Schaffens ändert sich also die Richtung des Denkens (und Tuns), und manchmal geht es auch darum, kontrafaktisch zu denken.

Werden Maschinen, wie »intelligent« auch immer, zu solchen

Richtungswechseln jemals imstande sein? Programme führen bloß Vorgaben aus. Aber Menschen können auf die Idee kommen, ein solches Programm zu schreiben, das das Denken in eine neue Richtung unterstützt. Das haben sie zum Beispiel gemacht, um neue chemische Verbindungen für den Einsatz als Antibiotika zu finden. Es waren menschliche Gehirne, die diese Idee hatten – und dann Algorithmen, die auf unvorhersehbare Art und Weise eine völlig neue chemische Struktur fanden, die als Antibiotikum eingesetzt werden kann (dazu später noch mehr). Besser kann man sich eine Synergie von menschlichen und maschinellen neuronalen Netzen nicht vorstellen.

Inzwischen beginnen Roboter zumindest Gefühlsregungen in Gesichtern zu erkennen und Ansätze davon selbst zu zeigen. Der Roboter Pepper ist ein Vorbote der künftigen Entwicklung. Er ist ein überaus freundlicher Roboter des französisch-japanischen Herstellers SoftBank Robotics. Pepper kann sich – mal mehr, mal weniger überzeugend – in 20 Sprachen unterhalten. Aber sein hervorstechendstes Merkmal ist, dass er nicht nur erfasst, welche Sprache jemand spricht, sondern auch Emotionen seiner Gesprächspartner erkennen kann. Seine auf neuronalen Netzen basierenden Algorithmen analysieren dafür nicht nur die Mimik, sondern auch die Stimmlage und ob emotionsassoziierte Wörter benutzt werden. Hat Pepper eine bestimmte Stimmung erkannt, reagiert er entsprechend, es gelingt ihm sogar einigermaßen überzeugend, Witze zu erzählen. Ein solch empathisch wirkender Roboter (die Bedeutung von Gefühlen erschließt sich ihm sicher nicht) könnte gerade im pflegerischen oder therapeutischen Bereich sehr nützlich werden.

Auch andere Erfolge der KI-Forschung sind bemerkenswert: Anfang 2020 setzten amerikanische Forscher am MIT einen Algorithmus des maschinellen Lernens ein, um nach neuen Antibiotika zu suchen. Nachdem sie das System auf Moleküle mit antimikrobiellen Eigenschaften trainiert hatten, ließen sie es auf riesige Datenbanken von chemischen Verbindungen los und fanden eine Substanzklasse, die als Antibiotikum wirkte. Da sie das auf eine ganz neue Art und Weise tat, wirkte das neue Medikament selbst bei Bakterien, die eine Resistenz gegen herkömmliche Antibiotika entwickelt hatten. Ein Meilenstein im Einsatz von KI in der biomedizinischen Forschung – vor allem, weil der KI-Algorithmus in der Lage war, Aspekte der molekularen Strukturrealität zu erkennen, die selbst erfahrene Wissenschaftlerinnen und Wissenschaftler nicht in Betracht gezogen hatten.

Allerdings vergisst man bei einer überschwänglichen Betrachtung dieser Ergebnisse, dass es Menschen am MIT waren, die erkannten, was überhaupt das Problem war (Resistenz gegen Wirkstoffe, die alle auf die eine oder andere Weise auf die gleichen Wirkmechanismen zielten) und wie es zu lösen sein könnte (mit KI nach ganz neuen Substanzen suchen, die aufgrund ihres Wirkprofils Erfolg versprachen).

Sony gelang es 2022, einen möglicherweise wichtigen Schritt in Richtung autonome Fahrzeuge zu machen. Das Unternehmen stellte einen Algorithmus für das Computerspiel Gran Turismo (GT) vor, der die besten menschlichen Spieler besiegt. Das ist deshalb so bemerkenswert, weil die Software dafür in der Lage sein muss, auf einen variierenden Rennverlauf zu reagieren, Unfälle zu vermeiden und immer wieder aufs Neue die optimale Wegstrecke und die optimale Beschleunigung zu berechnen. Das neuronale Netz, das den virtuellen Rennwagen steuert, wurde mithilfe einer speziellen Variante von *Reinforcement Learning* (RL, Verstärkungslernen) 45 000 Stunden lang trainiert. Die grundlegende Idee dieses digitalen Lernens ist, dass die KI-Software in die Lage versetzt wird, sich in einer beliebigen Situation so zu verhalten, dass sie ihr Ziel möglichst konsequent verfolgt. Das funktioniert wie bei der Mustererkennung mit Versuch und Irrtum (deshalb die vielen Trainingsstunden). Das vielschichtige neuronale Netz hat ein Wahrnehmungsmodul der virtuellen Welt und kann dann eigene Aktionen ausprobieren – war eine zielführend, wird sie beim nächsten Mal mit einer höheren Wahrscheinlichkeit ausgeführt, war sie es nicht, sinkt die Wahrscheinlichkeit, dass genau diese Handlung im Spielverlauf ausgeführt wird. Nach hinreichend vielen Versuchen hat der Agent eine auf statistischen Berechnungen basierte Strategie entwickelt, die für einen bestimmten Rennzustand die beste nächste Aktion auswählt. Diese Software – zunächst für ein virtuelles Straßenrennen entwickelt – hat durchaus das Potenzial, auch das Fahren mit autonomen Fahrzeugen in der realen Welt zu verbessern, da sie schneller und flexibler reagiert als bisherige Algorithmen. Sie ist darüber hinaus ein Beispiel, welches Leistungsvermögen maschinelles Lernen mit tiefen neuronalen Netzen bei der hohen Rechen- und Speicherkapazität heutiger Computersysteme haben kann.

Es gibt also – Stand 2022 – Anwendungen, in denen KI nützlich ist, und andere, wo sie sich immer noch schwertut. Und es gibt auch Situationen, in denen der rechtliche und ethische Rahmen genau beleuchtet werden sollte. Weder Technikgläubigkeit in die angebliche Neutralität der Algorithmen noch übertriebene Angst in der Lern- und Arbeitswelt oder im Privatleben scheinen angebracht. Allerdings sollten wir meiner Ansicht nach ein Auge darauf haben, dass wir im Umgang mit diesen Maschinen genauso schnell klüger werden, wie es deren Algorithmen werden.

Unser Gehirn fit zu halten, wird auch in Zukunft wichtig sein. Und zwar nicht, um in den künstlichen, intelligenten und digitalen Welten oder gegen (vermeintlich) kluge Roboter bestehen zu können, sondern um gut in und mit ihnen zu leben. In einer zukünftigen Arbeitswelt wird es in schnell wechselnden Teams wichtig sein, dass wir zutiefst menschliche Fähigkeiten pflegen:

gute Kommunikation, Teamarbeit und auch weiter mit anderen Menschen zu lernen und jüngeren dabei ein Vorbild zu sein. Dafür sollten wir daran arbeiten, ein Leben lang zu lernen, auch neueste technische Entwicklungen zu verstehen. Die gute Nachricht ist, dass wir dann nicht nur zusammen mit den Maschinen klüger werden, sondern dass unser Gehirn eigene Anstrengung beim Lernen und bei dem Erhalt unserer Neugierde mit einer längeren Haltbarkeit belohnt.

Unfähigkeit zur Veränderung

Manchmal ist der Widerstand gegen KI auch ganz schlicht getrieben von der Angst vor allzu großen Veränderungen. Der amerikanische Essayist und Romanautor James Baldwin hat in einem Aufsatz »Another Country« 1962 ausgeführt, warum Gesellschaften gegen rapide, disruptive Veränderungen Widerstand leisten. Seiner Meinung nach geht es dabei weniger um den Kampf um Privilegien. Der Widerstand gegen Neues rühre vor allem von der Unfähigkeit vieler Menschen, Unsicherheit auszuhalten, sagt er. Der Zweck einer Gesellschaft sei es, ein Bollwerk gegen das innere und äußere Chaos zu schaffen, um das Leben erträglich zu machen und die menschliche Spezies am Leben zu erhalten. Wenn sich gesellschaftliche Regeln welcher Art auch immer entwickelt hätten, würden die meisten Menschen annehmen, dass sie schon immer bestanden hätten. Die Mehrheit werde unwillig und tatsächlich unfähig sein, sich irgendeine Veränderung vorzustellen, ohne ihre Identität aufzugeben. Wenn man diesen Menschen vorschlagen würde, genau diese umwälzenden Veränderungen anzunehmen, oder sie zwänge, sie zuzulassen, reagierten sie laut Baldwin mit Panik.

Die Auswirkungen dieser allgemeinen Entwicklung auf Wissenschaft, Wirtschaft und Kriegsführung – und letztlich darauf, was es bedeutet, ein Mensch zu sein – sind Gegenstand eines Buches des ehemaligen Politikers Henry Kissinger, das er zusammen mit Eric Schmidt, dem ehemaligen Chef von Google, und Daniel Huttenlocher, einem Experten für künstliche Intelligenz am MIT, geschrieben hat. Ihrer Meinung nach wird die KI die Gesellschaft vor allem dadurch verändern, dass sie die Grundlagen des Wissens neu definiert. »Ob wir sie als Werkzeug, als Partner oder als Konkurrenten betrachten, [KI] wird unsere Erfahrung als denkende Wesen verändern und unser Verhältnis zur Realität dauerhaft verändern […] Das Ergebnis wird eine neue Epoche sein.« Da die Erfindung der KI nicht zurückzudrehen sei, werde man sich, so Kissinger, Schmidt und Huttenlocher, auch mit militärischen Anwendungen der KI befassen müssen. Einige der verteidigungspolitischen Einsätze von neuester KI könnten gewaltfreie Aufgaben umfassen wie die Verwaltung der Logistik und die Hilfe für verwundete Soldaten. Gleichzeitig könne es schon jetzt wichtig sein, dass die Großmächte die Rüstungskontrolle auf den Bereich der militärischen KI ausweiteten, ähnlich wie bei Atomwaffen. Das Leben mit KI im politischen Kontext, auch in der Risikoevaluierung, ist ein ungewohnter Gedanke, mit dem wir uns aber schnell vertraut machen müssen. In dem Maße, in dem die KI häufiger eingesetzt wird und neue Erkenntnisse liefert, die das menschliche Verständnis übersteigen – sei es in Bezug auf die Gesetze der Wissenschaft, der Medizin, der Unternehmensführung oder der Navigation auf den Straßen –, kann es sein, dass die Gesellschaft sich faktisch auf dieses Wissen zubewegt, sich aber gleichzeitig vor diesen Erkenntnissen zurückzieht. Wenn ein KI-Copilot oder ein chirurgischer Roboter in eine Notlage gerät, wer soll dann das Steuer übernehmen, der menschliche Bediener oder der Algorithmus? Wie man eine

Roboter-Mensch-»Partnerschaft« erreichen kann, gilt es dringend zu diskutieren.

Gebet der Digitalgläubigen:
Google unser
In der Cloud,
Geheiligt werde Deine Suche,
Dein Crawler komme,
Dein Algorithmus geschehe,
auf dem Laptop wie auf dem Handy.
Unsere täglichen Likes gib uns heute.
Und vergib uns unsere Dislikes,
wie auch wir vergeben unseren Hatern.
Und führe uns nicht auf irrelevante Seiten,
sondern erlöse uns vom eigenen Wissen.
Denn Dein ist das Netz und die Allwissenheit und
Die Singularität in Ewigkeit. Amen.

(Parodie auf das christliche Vaterunser, aus: Christian Hoffmeister: Google Unser. DCI Institute 2019)

KAPITEL 5

Kann man das Gehirn hacken?

... man kann jetzt schon die Leistungsfähigkeit des Gehirns erweitern mit konventionellen Mitteln – bessere Ernährung, mentales Training, Fitness ... Weil die Leute erkannt haben, dass sich über körperliche Fitness auch die Leistung des Gehirns steigern lässt. Der Gedanke, das Gehirn zu verbessern, ist also schon sehr gut angekommen. Das heißt aber nicht, dass wir kurz davorstehen, wirklich leistungserweiternde Geräte ins Gehirn einzubauen. Im Gegenteil, das ist noch weit in der Zukunft.

Prof. Christof Kock, Direktor des Allen-Instituts für Neurowissenschaft, 2018

Neuroenhancement

Digitale Medien nehmen Einfluss auf unser Verhalten, Denken und Wahrnehmen – das haben wir in den vorangegangenen Kapiteln gesehen. Aber es gibt inzwischen auch erste Ansätze, digitale Technik für die direkte Interaktion mit dem menschlichen Gehirn einzusetzen – bis hin zur direkten Datenübermittlung. Mit dem Ziel, dass digitale Medien ebenso wie KI-Anwendungen die Produktivität des Denkens, Lernens und Arbeitens in Forschung, Lehre und am Arbeitsplatz steigern, fördern, verbessern. Damit wird eine direkte Anwendung technischer, digitaler Systeme in unserem Gehirn vorstellbar – pharmakologische Gedächtnisverstärker versprechen das schließlich schon jetzt. Sie wirken ebenfalls direkt im Gehirn und sollen die Biochemie der neuronalen Prozesse ankurbeln. Auf ähnliche Art und Weise wird es sicher irgendwann über elektrische Stimulation auch eine direkte Schnittstelle ins Gehirn geben. Mithilfe von KI-Algorithmen könnte sie helfen, unsere Gedächtnisleistung zu steigern und unser Denken generell zu beflügeln. Eine Idee, die wir seit Menschengedenken verfolgen.

Ginkgo fürs Gedächtnis?

Auf biochemischer Ebene werden gerade einige Substanzen erprobt, die die Wirkung des Neurotransmitters Glutamat verstärken. Von ihnen erhofft man sich, die Plastizität von Synapsen, also die Grundlage von Lernvorgängen, zu verbessern. Die Wirksamkeit dieser Substanzen für ein gesundes Gehirn ist allerdings fraglich. Anders verhält es sich bei älteren Menschen mit einer Alzheimer-Demenz, die ein Medikament verschrieben bekommen, das die Gedächtnisleistung zumindest noch einige Zeit aufrechterhalten und die Symptome reduzieren soll. Leider wirkt sich aber das, was in einem von Alzheimer betroffenen Gehirn die Gedächtnisfähigkeit verbessert, nicht unbedingt positiv auf die Leistungsfähigkeit eines gesunden Gehirns aus, denn Vergessen hat auch eine wichtige Filteraufgabe – nämlich Wichtiges von Unwichtigem zu trennen – und ist deshalb eine Eigenschaft, die zum Gedächtnis dazugehört.

Dessen ungeachtet investieren etwa ein Dutzend Pharmafirmen jährlich mehrere Milliarden Euro in die Entwicklung von leistungssteigernden Substanzen für gesunde Gehirne. Der Umsatz, den Firmen durch diese Neuroenhancer (engl. enhancer = Verstärker) erwarten, liegt bei ca. 20 Milli-

arden Euro im Jahr. Einer dieser Neuroenhancer ist ein Extrakt aus den Blättern des Ginkgobaums (Ginkgo biloba), dessen Blattwirkstoffe die Durchblutung des Gehirns fördern – ähnlich übrigens wie das Koffein in Kaffee oder schwarzem und grünem Tee, das eine kurzfristig belebende und konzentrationsfördernde Wirkung auf das Gehirn hat. Der Umsatz von Ginkgo-Präparaten allein bewegt sich im Milliardenbereich, ohne dass ihre Wirksamkeit im gesunden Gehirn belegt ist.

Bei Substanzen gegen neurologische Erkrankungen wie Donepezil (bei Demenz-Erkrankungen), Methylphenidat (bei ADHS) oder Modafinil (bei Narkolepsie) konnte bei gesunden Versuchstieren belegt werden, dass sie die Merkfähigkeit verbessern. Vergleichsstudien am gesunden Menschen fanden allerdings keine eindeutigen Effekte. Lernen ist eben viel mehr als die unselektive Datenaufnahme – und selbst deren Steigerung durch Wirkstoffe ist bisher nicht nachgewiesen. Beim momentanen Stand der Forschung ist also Skepsis durchaus angebracht.

Zu den bereits jetzt täglich angewandten und angenehmen Maßnahmen zur Steigerung der Gehirnleistung gehört es, genug zu schlafen, gesund und lecker zu essen, die Kreativität durch Tagträume zu steigern und das Altern des Gehirns durch Bewegung und Sport zu verlangsamen. Neues zu lernen, bleibt trotzdem mühsam, wir vergessen vieles wieder, und das Gedächtnis ist manchmal sehr unpräzise.

Ist also das, was uns noch fehlt zum Glück, eine legale Droge oder eine Schnittstelle zur KI im Kopf, die die Gehirnleistung steigert? Die meisten Menschen geben an, dass sie gerne klüger wären und auch liebend gerne ihre Erinnerungsfähigkeit verbessern würden, möglichst ohne sich dafür anstrengen zu müssen. Der Gedanke an Wirkstoffe, die unser ganz normales Gehirn aufrüsten, schneller zu lernen und seine Gedächtnisfähigkeiten zu verbessern, liegt also nahe.

Neben biochemischen Neuroenhancern sind seit einigen Jahren auch technische Ansätze auf dem Markt. Dazu gehören »Gehirnjogging«-Apps, die das Gehirn mit Übungen trainieren sollen. Wissenschaftlich nachgewiesen ist ein positiver Effekt dieser Apps nicht. Man wird zwar besser darin, die von der App gestellten Aufgaben zu lösen (so wie das für Computerspiele oder gar auch für analoge Spiele der Fall wäre), aber bei anderen Konzentrations- oder Gedächtnistests, die jenseits der App-Anforderungen unter standardisierten Laborbedingungen stattfinden, zeigen sich nur in wenigen Studien leicht verbesserte Werte. Das Gehirn auf Trab zu halten, bedeutet eben doch weit mehr, als Aufgaben in Trainings-Apps zu absolvieren.

Provokant könnte man jetzt fragen, ob es heute überhaupt noch nötig ist, sein individuelles Gedächtnis zu steigern und dazuzulernen. Das Internet ist schließlich eine Art Gedächtnisersatz, eine externe Festplatte für unsere individuellen und kollektiven Erinnerungen gewissermaßen. Dieser digitale Versuch, unser Gedächtnis zu erweitern, ist in seinem Ausmaß und seiner sofortigen Verfügbarkeit an jedem Ort radikal neu. Bisher hat sich die Spezies Mensch auf sich selbst verlassen, wenn es darum ging, kulturelle oder technische Errungenschaften als kollektives Gedächtnis über die Generationen hin zu bewahren und weiterzugeben, indem sie ihr Wissen etwa in Büchern festgehalten hat. Doch in den letzten Jahrzehnten haben wir uns zunehmend daran gewöhnt, unser Wissen und unsere Erinnerungen (bis hin zu unseren Fotos oder gar Tagebüchern) in der »Cloud«, also den Tiefen des Internets, abzulegen und von dort wieder abzurufen, wenn wir sie brauchen.

Damit verändert sich aber auch die Art und Weise, wie wir die Welt um uns herum wahrnehmen und uns an Vergangenes erinnern. Häufig erfolgt dies nicht durch die selbst gespeicherten Erinnerungen in unserem Gehirn, sondern über die externen Speicher im Internet. Wenn man so will, haben Google und Wikipedia alles ersetzt, was wir als Menschheit bisher als Wissensspeicher verwendet haben. Die Unterscheidung zwischen Interna und Externa – zwischen dem, was wir in unserem Kopf haben, und dem, was ein Freund weiß – ändert sich radikal, wenn hier als Quelle immer mehr das Internet als Referenz verwendet wird. »Gegoogelte« Informationen stehen oft schneller zur Verfügung als das, was wir aus unserem eigenen Gedächtnis abrufen können, und ist oft sogar zuverlässiger, wenn auch manipulationsanfälliger. Die Unmittelbarkeit, mit der ein Suchergebnis auf dem Bildschirm eines Smartphones auftaucht, kann dazu führen, dass die Grenzen zwischen unseren persönlichen Erinnerungen und den riesigen digitalen Beständen im Internet verschwimmen, wie Psychologen der Harvard University nachgewiesen haben. Konkret zeigte sich, dass das, was wir selbst gepostet oder in den Posts anderer gesehen hatten, deutlich häufiger erinnert wurde als nicht gepostete Erlebnisse.

Die zur Verfügung stehende digitale Speicherkapazität hat in den letzten Jahren sowohl bei Lernenden als auch bei Neurowissenschaftlern zu der Frage geführt, ob wir nicht auch unser individuelles Gedächtnis, all unsere im Gehirn gespeicherten Erinnerungen und erworbenen Fähigkeiten, auf einer großen, externen Festplatte des Internets speichern könnten (jeder, der sich das Verfahren leisten könnte, bräuchte dann eine eigene Gedächtnisspeichercloud von mehreren Terabyte …). Ob und wie realistisch das ist, wird sowohl von der Wissenschaft als auch von Laboratorien in Privatfirmen diskutiert, mir scheint das aber schon aus neurobiologischer Sicht ein schwieriges Unterfangen. Denn selbst wenn man bis auf die molekulare oder zelluläre Ebene analysieren könnte, wie Gedächtnisprozesse funktionieren (was wir bisher nicht können), bliebe die Frage, ob es möglich wäre, unsere ureigenen Erinnerungen, unsere Empfindungen und unser Denken auf einer externen Festplatte genauso wieder zum Leben zu erwecken, als würden wir nach dem Schlafen wieder aufwachen. Selbst wenn man theoretische Überlegungen zum Bewusstsein und zu Ich-Empfindungen außer Acht ließe, könnte ein solches Unterfangen an der Komplexität des menschlichen Gehirns und an der Unmöglichkeit scheitern, Gedächtnisprozesse zu verorten. Denn ein solches »Back-up« aller Gedächtnisprozesse setzte voraus, dass wir ein exaktes Abbild aller Synapsen in unserem Gehirn mit all ihren individuellen Verschaltungsstärken erfassen und auslesen können.

Tatsächlich sind wir gerade mal in der Lage, einige Tausend Synapsen im Netzwerk eines Mäusegehirns präzise zu erfassen. Ein menschliches Gehirn hat allen Berechnungen zufolge aber etwa 15 Trillionen Synapsen, die in mindestens 26 verschiedenen Stärkegraden miteinander verschaltet sein könnten.

Ein weiteres Problem besteht darin, dass die neuronale Verarbeitung und Speicherung nicht nur vom Schaltplan, also der Struktur von Neuronen und ihrer individuellen Synapsenform abhängen, sondern auch von den funktionellen Eigenschaften, der Stärke einer Synapse sowie der Frage, wann, wo und wie elektrische Aktionspotenziale ausgelöst werden. Hinzu kommt das Problem der synaptischen Plastizität. Die Verschaltungen von Neuronen verändern sich ständig, durch sensorischen Input, Lernereignisse oder Gedanken. Das bedeutet, dass das neuronale Netz, aus dem man die Daten (theoretisch) ausliest, nicht das gleiche wäre wie das, in das später die Daten wieder eingelesen würden. Selbst wenn das Auslesen unserer Gedächtnisdaten möglich wäre, bliebe das Zurückspielen also unmöglich, da es den Zustand, aus dem die Erinnerungen ausgelesen wurden, nicht mehr gäbe.

Unser Gedächtnis digital auszulesen bzw. es extern abzuspeichern oder gar etwas über implantierte Elektroden im Gehirn in unser Gedächtnis einzugeben, ist also nicht nur praktisch schwierig (man müsste hierfür wohl spezifisch Zehntausende von Neuronen und Millionen von Synapsen individuell aktivieren), sondern scheint auch prinzipiell nur schwer realisierbar. Zum einen deshalb, da wir dafür wissen müssten, wie das menschliche Gehirne präzise welche Erinnerung mit welchen Mechanismen im Gehirn wo ablegt (was wir bisher nicht mal im Ansatz wissen). Wir kennen weder die neuronale Codierung einer Erinnerung, noch können wir eine Erinnerung von Individuum zu Individuum übertragen oder gar in computerbasierte Algorithmen übersetzen. Um unser Gedächtnis auszulesen, bräuchte man also einen Strukturplan der entsprechenden Erinnerungen, eine Art detaillierte Straßenkarte, sowie einen Aktivitätsplan, also die genaue Verkehrsbewegung auf einem Streckenabschnitt – wobei dieser nicht nur den aktuellen Zustand enthalten dürfte, sondern auch die vorangegangenen und zukünftigen Aktivitätszustände. Entsprechend schwierig wird es, die Erinnerungen, die in diesen vielen neuronalen Verschaltungsmustern stecken, auszulesen. Und vor allem, sie auch wieder in eine veränderte Verkehrslandschaft zurückzuspielen. Unseren Gedächtnisinhalten ist also einstweilen eine gewisse Privatsphäre sicher.

Digitale Schnittstellen ins Gehirn

Auf einer anderen Ebene gibt es allerdings spannende neue Forschungsergebnisse, was die Interaktion unseres Gehirns mit Robotern, Maschinen und KI-Algorithmen betrifft – vor allem für Patienten.

Fassen wir noch mal den Forschungsstand zusammen: Die Arbeitsweise des Gehirns ist in wesentlichen Aspekten noch nicht entschlüsselt, vor allem wenn es um Erinnerungen, höhere kognitive Leistungen oder um den richtungsweisenden Einfluss von Gefühlen geht. Die Sinfonie von neuronalen Signalen ist bisher einfach zu komplex. Ein erwachsenes menschliches Gehirn besteht aus ca. 82 bis 100 Milliarden Neuronen; und es gibt darüber hinaus wohl Billionen, wenn nicht sogar Trillionen Synapsen im Gehirn. Noch nicht berücksichtigt ist dabei die Bedeutung der Gliazellen, von denen es im Gehirn genauso viele gibt wie Neurone. Gerade erst wird klar, dass sie deutlich mehr Funktionen haben, als den Stoffwechsel der Neurone zu unterstützen.

Neben der funktionellen ist auch die strukturelle Kartierung dieser Verbindungen immer noch im Anfangsstadium – zumal es keinen zentralen Prozessor im Gehirn gibt, den man ansteuern und auslesen könnte, genauso wenig wie eine zentrale Festplatte. Noch weiß kein Neurowissenschaftler, was ein Gedanke ist und wie dieser im Gehirn codiert wird, Gedankenlesen ist also nichts, was uns schon Sorge bereiten müsste. Trotz all dieser Schwierigkeiten sind bemerkenswerte Fortschritte zu verzeichnen. Nach und nach gibt das Gehirn einige seiner Geheimnisse preis. Und zumindest im motorischen Kortex und in den ersten, relativ fest verdrahteten sensorischen Eingängen eröffnet dies bemerkenswerte Möglichkeiten, Schnittstellen zu Robotern zu nutzen. Es besteht die Hoffnung, Patienten damit zumindest einen Teil ihrer Bewegungsfähigkeit, ihres sensorischen Inputs und vielleicht in kleinen Ansätzen sogar ihr Sprachvermögen zurückzugeben.

Eine derartige Kommunikation zwischen Menschen und Maschinen erfordert allerdings eine sogenannte Gehirn-Computer-Schnittstelle (BCI, engl. **b**rain **c**omputer **i**nterface). Hier könnte die neuronale Aktivität des Gehirns ausgelesen werden (um z. B. einen Roboterarm zu bewegen) oder man könnte durch sie Informationen in das Gehirn geben (wie bei Cochlea-Implantaten auditorischen Input für Gehörlose). Hirn-Computer-Schnittstellen lassen sich entsprechend unterteilen in solche, die neuronale Aktivität im Gehirn auslesen bzw. aufzeichnen und deren Bedeutung entschlüsseln, und jene, die die neuronale Kommunikation verändern, um die Aktivität bestimmter Areale gezielt in ihrer Funktion zu beeinflussen.

Tatsächlich sind erste Prototypen solcher Geräte im Einsatz. So wurde in die Gehirne von mittlerweile 13 gelähmten Menschen ein System namens BrainGate implantiert, das ursprünglich an der Brown University, Providence, entwickelt wurde. Dafür wird ein Elektrodenkamm aus kleinen Drähten in den motorischen Kortex eingesetzt, einen Bereich des Gehirns, der unsere Bewegungen kontrolliert. Diese implantierten Elektroden erkennen die Neurone, die aktiv werden, wenn jemand beabsichtigt, seine Hände und Arme zu bewegen. Diese Signale werden über Drähte, die aus dem Schädel des Patienten herausführen, an einen KI-basierten Decoder gesendet. Dort können sie in eine Vielzahl von Bewegungsmöglichkeiten für den Patienten übersetzt werden, von der Steuerung eines Cursors bis zu der von Gliedmaßen (s. Abb. 17). Dahinter stecken komplexe, über maschinelles Lernen angepasste KI-Programme, die lernen, die Signale des Motorkortex aus dem Muster der neuronalen Aktivität heraus korrekt zu interpretieren.

Die Möglichkeit, Informationen direkt aus dem Gehirn »auszulesen« – ohne auf Sprechen, Schreiben oder Tippen angewiesen zu sein –, ist seit Langem ein Ziel von Forschern und Ärzten, die Menschen helfen wollen, die gelähmt sind oder nicht mehr sprechen können. Seit einigen Jahren können implantierte Elektroden tatsächlich Signale aus den Bewegungsbereichen des Gehirns aufzeichnen. Das ermöglicht es etwa gelähmten Menschen, Roboterprothesen anzusteuern. Forschern der Johns Hopkins University, Baltimore, ist es gelungen, Elektroden in das Gehirn eines Patienten zu implantieren, der nach einem Surfunfall

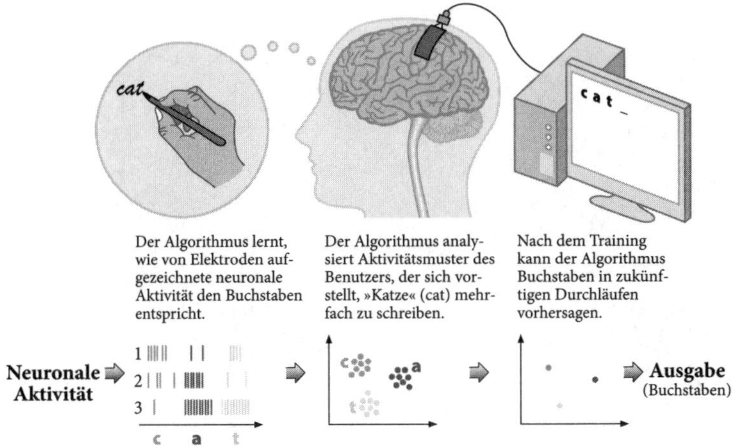

Abb. 17: Mit einer KI-basierten Software werden Gedanken in getippte Buchstaben verwandelt. Der gelähmte Patient imaginiert z. B. das Schreiben des Wortes »Katze« (cat), Elektroden im Bereich eines der motorischen Planungsareale (prämotorischer Kortex) zeichnen währenddessen die neuronale Aktivität auf und setzen sie in getippte Buchstaben auf einem Computer um.

querschnittsgelähmt war. Diese Elektroden sind in der Lage, die neuronalen Signale im motorischen Kortex zu detektieren. Durch einen selbstlernenden KI-Algorithmus war es den Wissenschaftlern nach unzähligen Versuchen möglich gewesen zu entschlüsseln, welches neuronale Aktivierungsmuster einer ganz bestimmten geplanten Bewegung entsprach.

Beeindruckend ist vor allem, dass es so gelungen ist, synchron Signale von beiden Seiten des Motorkortex zu empfangen und richtig zu dekodieren. Der Patient ist mittlerweile sogar in der Lage, zwei Prothesenarme zu bewegen, indem er die Bewegungen in seinem motorischen Kortex selbst stimuliert. Will er mit Messer und Gabel essen, kann er dies nun mithilfe von Roboterarmen

Invasive Computer-Hirn-Schnittstelle

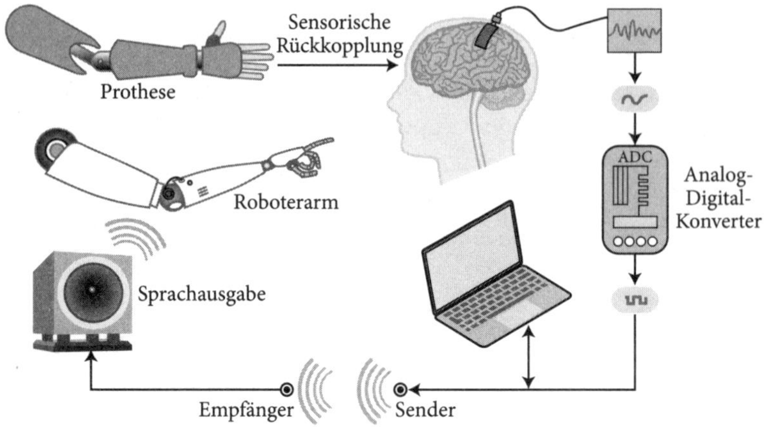

Abb. 18: Prinzipielle Funktionsweise einer Gehirn-Computer-Schnittstelle (BCI genannt, von Brain Computer Interface). Bei diesem Beispiel werden neuronale Signale aus dem motorischen Kortex übersetzt in Computercodes, die dann auf Roboterarme übertragen werden können und gelähmte oder fehlende Gliedmaßen ersetzen.

tun. Dafür geht er jeden Teil der Bewegung im Kopf durch und stimuliert so den entsprechenden motorischen Kortex in vorhersehbarer Art und Weise. Dieser wird dann in seinem spezifischen Aktivitätsmuster ausgelesen.

Andere Neurologen konnten Sprachsignale aus dem Gehirn eines gelähmten Mannes, der die motorische Fähigkeit zu sprechen eingebüßt hatte, in Ansätzen entschlüsseln. Als der Mann die Frage »Möchten Sie etwas Wasser?« auf einem Computerbildschirm sah, antwortete er mit der nur in Gedanken formulierten Textnachricht »Nein, ich bin nicht durstig« (ähnlich wie wir das bei einem inneren Dialog machen, etwa wenn wir uns

Mut zusprechen oder in Gedanken das eigene Tun kommentieren). Das KI-Programm hatte gelernt, die entsprechende neuronale Signatur in Spracharealen des Gehirns auszulesen. Auch gibt es bereits erste Ansätze, die Aktivität des Gehirns bei beginnenden epileptischen Anfällen auszulesen, also einen Anfall zu erkennen, bevor er seine volle Wirkung entfaltet, und dann diese neuronale Überaktivierung abzuwehren. Ein Tremor bei einem Parkinson-Patienten könnte so gestoppt werden, bevor er sich ausbreitet.

Die Interaktion zwischen Gehirn und Maschine wurde auch bei der Eröffnungsfeier der Fußballweltmeisterschaft in Brasilien 2014 eingesetzt und erntete weltweite Aufmerksamkeit. Dort trat ein querschnittsgelähmter Mann mit einem gedankengesteuerten Roboter-Exoskelett gegen einen Ball. Einen bemerkenswerten Durchbruch erzielten Wissenschaftler um Ujwal Chaudhary von der Universität Tübingen, die erfolgreich eine neue Technik namens funktionelle Nahinfrarotspektroskopie (fNIRS) einsetzten. Dabei wird Infrarotlicht in das Gehirn gestrahlt (das geht durch die Schädeldecke ohne neurochirurgischen Eingriff). Die Technik wurde eingesetzt, um vier durch die Lou-Gehrig-Krankheit vollständig gelähmten Personen Ja/Nein-Fragen zu stellen. Die rein mentalen Antworten der Patienten zeigten sich als erkennbare Muster der Blutsauerstoffversorgung. Zum ersten Mal seit ihrer Erkrankung konnten die Patienten ihren Mitmenschen eigene Willensbekundungen mitteilen.

All das sind noch Einzelfälle klinischer Forschung, aber sie zeigen, was in Zukunft möglich sein wird, um Gehirnaktivitäten mit dem Mustererkennungspotenzial von KI-Algorithmen auszulesen. Die Forschung mit Gehirn-Maschine-Schnittstellen hat gezeigt, dass im Hinblick auf motorische Funktionen und die Aneignung künstlicher Hilfsmittel, z. B. Roboter-/Avatar-Extremitäten, eine Einbindung in die somatosensorische Repräsentation des Gehirns möglich ist. Dies funktioniert zum Teil deshalb, weil Neurone durch aktivitätsabhängige synaptische Plastizität lernen, künstliche Geräte zu repräsentieren. Unser Selbstverständnis kann durch elektronische Technologien tatsächlich so verändert werden, dass externe Geräte einbezogen werden können. Eine solche Erweiterung des Körpergefühls bei gelähmten Patienten, die im Umgang mit BCI-Geräten geschult wurden, eröffnete die Möglichkeit, die Bewegungen von Avatarkörpern zu steuern (also Robotern, die nicht direkt mit dem Patienten verbunden sind, aber die Ansteuerung der Gliedmaßen imitieren und so Tätigkeiten ausführen können, die weiter vom Patienten weg liegen). Wohlgemerkt all das nur mit der Kraft der eigenen Gedanken und der Übersetzung eines neuronalen Codes im Gehirn in den Algorithmus einer Maschine!

Aber nicht nur die Steuerung externer Geräte wird so ermöglicht, auch die sensorischen Eingänge des Gehirns können mittlerweile technisch stimuliert werden. Die bereits länger etablierten Cochlea-Implantate, die Schallwellen in elektrische Signale umwandeln, aktivieren gezielt die Neurone des Hörnervs. Bei der Parkinson-Behandlung ist mittlerweile die Tiefenhirnstimulation ein sehr etabliertes Verfahren. Um Parkinson-Patienten Bewegungen zu ermöglichen, geben implantierte Elektroden elektrische Impulse ab. Die Elektroden werden in die Basalganglien, die unterhalb der Großhirnrinde liegen, implantiert und über ein Kabel mit einer Batterie und einem Steuergerät außerhalb des Schädels verbunden. Es generiert Signale, die die Neurone an den Basalganglien nun so stimulieren, dass die Patienten sich möglichst normal bewegen können. Mittlerweile wird diese Technik auch zur Behandlung anderer Bewegungsstörungen und psychischer Erkrankungen, von Drogensucht bis Depression, eingesetzt.

Es ist leicht vorstellbar, wie Gehirn-Computer-Schnittstellen auf andere sensorische Ein- und Ausgänge angewendet werden könnten, um Sinnessysteme (vor allem Sehen und Hören) und die motorische Ansteuerung von Armen, Beinen oder vielleicht sogar für die Wortartikulation zu ersetzen bzw. zu unterstützen.

Forscher an der University of California, Berkeley, haben die elektrische Aktivität im Schläfenlappen von Probanden aufgeschlüsselt und sind in der Lage, nur anhand dieser neuronalen Muster korrekt wiederzugeben, was die Probanden hörten. Die Signale unseres Gehirns bilden Gehörtes offenbar so genau ab, dass ihre Aufschlüsselung zu einem verständlichen Ergebnis führt. Da unser Gehirn wahrscheinlich ähnliche Signale produziert, egal, ob wir an Wörter denken oder diese hören, geht man davon aus, dass in beiden Fällen ähnliche neuronale Muster erzeugt werden. Diese Technik könnte man also verwenden, um jemanden, der seine Sprachfähigkeit verloren hat, darin zu befähigen, gedachte Worte (die diese Person in einem inneren Dialog vor sich hinspricht bzw. denkt) über Sprach-KIs in getippte oder gesprochene Worte zu übersetzen. Ein entscheidender Schritt auf dem Weg zu einem Sprachverarbeitungsgerät für Menschen mit Erkrankungen wie Aphasie (die Unfähigkeit, Sprache zu verstehen oder zu produzieren)!

Ein anderes Puzzlestückchen in diesem Kontext haben wiederum Neurologen aus Berkeley gefunden. Sie nutzten Beobachtungen zu Veränderungen der Blutsauerstoffversorgung im Gehirn, um Filmausschnitte, die Menschen gesehen haben, mithilfe von maschinellem Lernen zu rekonstruieren. Die Ergebnisse sind noch sehr unscharf und verpixelt, aber Ähnlichkeiten zwischen den Filmszenen und den Bildern, die die Menschen im Gehirn produziert haben, sind deutlich erkennbar. Es könnte also sein, dass der Schritt zu einem Gerät nicht mehr weit ist, das in umgekehrter Richtung funktioniert und den visuellen Kortex von Blinden stimuliert, um die mit einer Kamera aufgenommene aktuelle Umwelt vor ihr geistiges Auge zu projizieren.

Die am weitesten fortgeschrittenen technischen Entwicklungen werden bisher nur an Tieren erprobt. Ein Forschungskonsortium aus amerikanischen und englischen Neurowissenschaftlern und Ingenieuren hat winzige Silizium-Sonden, sogenannte Neuropixels, entwickelt. Damit können sie die Zellaktivität von bis zu 30 000 Neuronen in verschiedenen Gehirnregionen von Mäusen und Ratten aufzeichnen. Das Besondere an diesen Sonden sind die Miniaturisierung der Elektroden und die Möglichkeit, die Aktivität vieler Neurone in verschiedenen Gehirnarealen simultan zu beobachten. Beides könnte eine wichtige Voraussetzung sein, um etwas Vergleichbares bei menschlichen Patienten zu erzielen. Wissenschaftler der University of California, San Diego, haben ein Brain Computer Interface (BCI) entwickelt, das anhand einer Musteranalyse vorheriger neuronaler Aktivität vorhersagen kann, welches Lied ein Zebrafink singen wird. Forscher am Caltech, Pasadena, USA haben herausgefunden, wie Zellen im visuellen Kortex von Makaken 50 verschiedene Aspekte des Gesichts einer Person kodieren, von der Hautfarbe bis zum Augenabstand. Das ermöglichte es ihnen, das Aussehen von Gesichtern, die den Affen gezeigt wurden, anhand der von ihnen erfassten Gehirnsignale mit einer geradezu unheimlichen Genauigkeit vorherzusagen.

Praktische und ethische Probleme in der Forschung

Die wissenschaftliche Forschung am menschlichen Gehirn ist schwierig, zum einen aus rechtlichen und ethischen Gründen, zum anderen, weil unser Gehirn wesentlich größer, plastischer und komplexer ist als das von Tieren. Doch selbst wenn BCI-Durchbrüche am Menschen in explorativen Studien erzielt werden, lassen sie sich bislang nur schwer in die klinische Praxis übertragen. Das oben erwähnte Brain Computer Interface brauchte 20 Jahre, bis die Technologien entwickelt und die behördliche Zulassung ausgehandelt waren, und konnte im Jahr 2022 nur 500 Patientinnen und Patienten implantiert werden.

Zu den medizinischen Problemen gehört, dass immer ein Infektionsrisiko besteht, wenn Drähte durch den Schädel und die Kopfhaut verlaufen. Außerdem können Implantate im Gehirn leicht verrutschen, was die Signale verfälschen und Neurone schädigen kann. Ein weiteres Problem ist die Immunreaktion des Gehirns auf Fremdkörper, die zu einer Narbenbildung um die Elektroden herum führen kann, wodurch diese weniger wirksam werden. Auch ist nicht klar, wie Patienten auf Dauer psychisch reagieren, wenn sie wissen, dass sie Stimulationselektroden im Gehirn implantiert haben.

Ein grundlegendes Problem ist, dass die heutigen Implantate nur eine winzige Auswahl der tatsächlich stattfindenden neuronalen Kommunikation aufzeichnen. Die vom BrainGate-Konsortium, einem großen Anbieter in diesem Bereich, verwendeten Elektrodenkämme können beispielsweise nur das Feuern von ein paar Hundert Neuronen erfassen. Das ist immerhin schon mehr als noch vor wenigen Jahrzehnten: Eine Metaanalyse zeigt, dass sich die Zahl der gleichzeitig aufgezeichneten Neurone seit den 1950er-Jahren etwa alle sieben Jahre verdoppelt hat. Das klingt nach viel, hängt aber weit hinter dem Moore'schen Gesetz zurück, dem zufolge sich im gleichen Zeitraum die Rechenleistung von Computern alle zwei Jahre verdoppelt.

Andere, etwas profanere Probleme sind finanzieller Natur, denn die Kombination aus langen Amortisationszeiten und komplexer Technologie schreckt die meisten Investoren ab. Ganz abgesehen von all diesen ethischen, rechtlichen, finanziellen und medizinischen Schwierigkeiten: Im Kern verstehen wir immer noch nicht, wie das Gehirn seine erstaunlichen Leistungen ohne zentralen Prozessor zustande bringt und wie Gedanken, Gedächtnisinhalte oder Wahrnehmungsobjekte neuronal wirklich codiert werden. Am weitesten ist die Entschlüsselung der neuronalen Codierung im motorischen Kortex vorangeschritten – zum Wohle vieler gelähmter Patienten.

Brain Hacks und Cyborgs: Verschmelzen Computer und Mensch?

Ein Teil der beschriebenen Probleme lässt sich inzwischen umgehen bzw. wurde zumindest angegangen. So gibt es mittlerweile Geräte zur Stimulation von Neuronen, die nicht durch eine Operation ins menschliche Gehirn eingepflanzt werden müssen. Die sogenannte **t**ranskranielle **M**agnet**s**timulation (TMS) funktioniert durch die Schädelknochen hindurch. Einige Geräte dafür kann man im Handel bereits direkt erwerben und verwenden, bedenklicherweise ohne dass man dafür zum Neurologen gehen müsste.

TMS-Geräte erzeugen über Spulen ein Magnetfeld. Wenn eine solche Spule in die Nähe des Schädels gehalten wird, erhöht das dortige Magnetfeld die Wahrscheinlichkeit, dass Neurone elektrisch aktiv werden. Dieses Mehr an neuronaler Aktivität soll die Merkfähigkeit erhöhen oder Alterungsprozesse verlangsamen, so die Marketing-Logik. Tatsächlich ist es mithilfe der TMS nachweislich gelungen, einige Hirnareale gezielt zu aktivieren. So konnte zumindest einigen Patienten mit einer Depression bereits geholfen werden, die einhergehend mit der psychischen Erkrankung auch oft massive Gedächtnisprobleme haben. Auch nach der Anwendung bei Profisportlern (die ständig dabei sind, ihre Bewegungsabläufe oder Spielzüge zu optimieren) gab es positive Befunde. Die Sportler tragen Kopfhörer, die ihren motorischen Kortex sanft stimulieren, während sie schwere Gewichte heben,

Golf spielen, oder auch im Fall von Klavier übenden Musikern. Allerdings ist das Versprechen, dass die TMS einen generell positiven Einfluss auf das Gehirn hat und z. B. Alterungsprozesse verlangsamen kann, bisher nicht eingelöst. So gibt es keinen eindeutigen, wissenschaftlich objektivierbaren Nachweis, dass sich das Erinnerungs- und Lernvermögen durch TMS nachhaltig verbessert hätte.

Für Lernforscher wie mich kommt dieses Ergebnis wenig überraschend, denn eine erhöhte Aktivierung aller Neurone in großen Arealen des Gehirns bedeutet nicht automatisch, dass auch mehr abgespeichert oder erinnert werden kann, und erst recht nicht, dass man künftig Informationen leichter abrufen und speichern kann. Außerdem können Risiken und Nebenwirkungen wie Hautverbrennungen oder Krampfanfälle auftreten – insofern hat TMS aus meiner Sicht, bislang jedenfalls, nichts in den Händen von Laien zu suchen.

Andere von Neurologen begleitete Fortschritte sind allerdings schon jetzt relevant. Zu diesen aktuellen Befunden gehört, dass zumindest in Tierexperimenten gezeigt werden konnte, dass sich die Plastizität von Neuronen während der externen Stimulation des Gehirns verbessern kann. Erste technische Prototypen übertragen die Stimulation mittlerweile über bequeme Kopfhörer, die den motorischen Kortex stimulieren. Andere Geräte erfassen langsame EEG-Wellen des Gehirns, die eine wichtige Voraussetzung für einen erholsamen (Tief-)Schlaf sind. Wenn im Headset leise Töne einer bestimmten Frequenz abgespielt werden, verstärken diese die Tiefe und Stärke der langsamen Gehirnwellen und können so für einen etwas erholsameren Schlaf sorgen.

Millionen fürs Gehirn-Tuning

Zumindest ökonomisch hat der Fortschritt im Bereich des Brain Hacks zuletzt Fahrt aufgenommen. So hat der Unternehmer Bryan Johnson 100 Millionen Dollar in leistungsfähige Software der Firma Kernel investiert, mit dem Ziel, den »neuronalen Code zu lesen und zu schreiben«. Johnson geht davon aus, dass der Aufstieg der künstlichen Intelligenz eine gleichzeitige Verbesserung der menschlichen Fähigkeiten erfordern wird. Er stellte 2022 dazu lapidar fest: »Es fällt mir schwer, mir eine Welt im Jahr 2050 vorzustellen, in der wir nicht eingegriffen haben, um uns selbst zu verbessern« (zitiert aus: How brains and machines can be made to work together. In: The Economist, 16.03.2022). Johnson erwartet, dass wir uns in den nächsten 30 Jahren nach Belieben neue Fähigkeiten über BCI- und KI-basierte Algorithmen aneignen werden und telepathisch mit anderen werden kommunizieren können. Hinzu kommen Investitionen anderer Unternehmen, die in BCIs eine Möglichkeit sehen, menschliche Fähigkeiten zu verbessern. Im Jahr 2016 kaufte Elon Musk, der Chef von SpaceX, Twitter und Tesla, ein neues Unternehmen namens Neuralink, das an der Entwicklung neuer Schnittstellen in das Gehirn hinein arbeitet. Musk hat eine beeindruckende Gruppe von weiteren Investoren um sich versammelt. Ihr Ziel ist es, ein BCI zunächst für den klinischen Einsatz bei Menschen mit Behinderungen zu entwickeln, bevor es dann als »Upgrade« für das »normale« Gehirn dienen soll. Allerdings war das Firmenzwischenziel, die Technik an Patienten zu erproben, schon für 2020 anvisiert. Tatsächlich hat sich bis Ende 2022 noch kein Fortschritt gezeigt, zumindest wurde keiner veröffentlicht. Durch Geld allein lässt sich das Gehirn also zumindest nicht termingerecht entschlüsseln. Geräte für Menschen ohne solche Behinderungen sind nach Musks Ein-

schätzung noch etwa acht bis zehn Jahre entfernt, was immer man von dieser Einschätzung nun halten will.

Der Multiunternehmer Elon Musk geht von der Hypothese aus, dass Menschen viel schneller miteinander und mit Computern kommunizieren müssen, wenn sie nicht von der KI überholt werden wollen. Deshalb ist genau dies das langfristige Zeit seiner Firma Neuralink. Ihr Ansatz ist es, eine »Ganzhirnschnittstelle« zu entwickeln, das heißt ein Netzwerk winziger Elektroden, die mit dem Gehirn verbunden sind, um drahtlos mit der direkten Umwelt kommunizieren zu können. Gedanken, Ängste, Hoffnungen und Befürchtungen könnten so direkt mitgeteilt werden, ohne sich mit geschriebener oder gesprochener Sprache verständigen zu müssen – Denken wäre so wie lautes Aussprechen. Auf diese Weise könnte unser Gehirn mit dem Internet, mit der gesamten Welt des Wissens, verbunden werden. Damit setzt er auf die Möglichkeit, sofort auf Wissen aus einer externen Cloud zuzugreifen oder Bilder von der Netzhaut eines Menschen direkt in den visuellen Kortex eines anderen Menschen zu transferieren, die Schaffung völlig neuer sensorischer Fähigkeiten – vom Infrarot-Sehen bis zum Hochfrequenz-Hören – und schließlich auf die Verschmelzung von menschlicher und künstlicher Intelligenz. Was auch immer damit im Detail gemeint sein soll.

Man ist geneigt, all das als die Allmachtsfantasien eines Multimilliardärs abzutun. Doch bei Herrn Musk zögere ich etwas – immerhin hat er schon vor langer Zeit selbstfahrende, batteriebetriebene Autos, ein erdumspannendes Satellitennetz, um jeden Teil der Erde mit dem Internet zu verbinden, und wiederverwertbare Raketen ins All versprochen und seine Versprechungen zumindest zu einem erheblichen Teil wahr gemacht. Oder wie Christof Koch, ein Neurowissenschaftler vom Allen Institute for Brain Science in Seattle, es in einem Interview ausgedrückt hat:

»Man kann nicht mit einem Typen diskutieren, der sein eigenes Elektroauto gebaut und es in eine Umlaufbahn um den Mars geschickt hat.«

Ob Neuralink irgendwann unsere Gehirne und Teslas zu gedankenverbundenen Einheiten zusammenschweißen wird, ist natürlich schwer absehbar. Aber Musk ist in jedem Fall nicht der einzige Visionär, der an den machtvollen Zugriff von Neurotechnologien auf unser Gehirn glaubt. Die Fortschritte kommen schnell und umfassen eine Vielzahl von Ansätzen, einschließlich externer Headsets, die zukünftig in der Lage sein sollen, zwischen Hunger und Langeweile zu unterscheiden, implantierten Elektroden, die Sprachabsichten in echte Worte übersetzen, und Armbändern, die Nervenimpulse zum Tippen ohne Tastatur nutzen. In eine vergleichbare Richtung bewegen sich auch andere Unternehmen. So hat Facebook für Aufsehen gesorgt, als es Pläne zur Entwicklung einer Schnittstelle für »stille Sprache« vorstellte, die es Menschen ermöglichen soll, 100 Wörter pro Minute direkt aus ihrem Gehirn zu schreiben, ohne »Umweg« über die Hände. Das Start-up-Unternehmen Openwater arbeitet ebenfalls an einem nichtinvasiven System zur neuronalen Bildgebung, das es schließlich ermöglichen soll, Gedanken zu lesen.

Aber alles in allem bleibt die überwiegende Zahl von Neuronen im Gehirn, vor allem unterhalb der Großhirnrinde von dieser Stimulation durch den Schädel unberührt, und auch das Auslesen der neuronalen Aktivität über EEG-Elektroden führt nur zu einem schwachen Echo des neuronalen Geschehens unterhalb der Großhirnrinde. Das macht deutlich, wie schwierig es ist, die neuronale Aktivität im menschlichen Gehirn zu entschlüsseln. Noch schwieriger ist es, diese Aktivität auszulesen oder gezielt zu stimulieren. Wir sind bisher nicht annähernd in der Lage, die Aktivität kleiner Netzwerke von Neuronen in den Gedächtnisarealen spezifisch und selektiv anzusteuern. Um die Leistung unseres Gehirns zu steigern, müssen wir die Netzwerkaktivität von Neuronen als Herzstück der Wahrnehmung, des Handelns, des Gedächtnisses und des Bewusstseins direkt und spezifisch stimulieren und so kontrollieren – was bisher nur mit neurochirurgischen Eingriffen möglich ist.

Nach aktueller Einschätzung ist es also nicht trivial, die Leistungsfähigkeit des Gehirns generell und die Gedächtnisfunktionen im Speziellen durch Pharmaka oder direkte elektrische Stimulation zu verbessern. Unser Gehirn speichert Informationen anders als digitale Geräte, und neue Informationen werden eingebettet in bereits bestehende neuronale Netze, die Wahrnehmungen verarbeiten, Fakten speichern, Vorstellungen hervorbringen und Erfahrungen machen. In diesen neuronalen Geflechten tauchen immer wieder geringfügig andersartige Kombinationen von Aktivitäten auf, die diese Netze kontinuierlich, aber nicht vorhersehbar verändern. Abgerufene Erinnerungen verbinden sich mit früheren Erinnerungen und vernetzen sich damit neu. Die Vernetzungen werden dauerhaft und ständig modifiziert, man kann sagen: Sich zu erinnern, verändert unsere Erinnerungen.

Neben der Realisierbarkeit stellt sich aber auch die Frage, wie wünschenswert es überhaupt ist, BCI bei gesunden Menschen anzuwenden. Musk und auch einige Neurowissenschaftler fordern diesen Schritt eines technischen »Aufrüstens« unseres Gehirns mit direkten Schnittstellen zu KI-basierten Maschinen. So auch der bereits erwähnte Christof Koch, der die Fortschritte in der KI-Forschung durchaus als Bedrohung unserer Berufs- und Alltagswelt ansieht: »Es gibt eine Möglichkeit, mit dieser wachsenden Bedrohung durch KI für unsere Lebensweise umzugehen. Anstatt die weitere Erforschung der KI einzuschränken, sollten wir sie in eine aufregende neue Richtung lenken. Um mit den Maschinen, die wir erschaffen, Schritt zu halten, müssen wir unsere eigenen organischen Rechenmaschinen schnell aufrüsten: Wir müssen Technologien entwickeln, die die Verarbeitungs- und Lernfähigkeiten des menschlichen Gehirns verbessern« (zitiert aus: Christof Koch: To Keep Up With AI, We'll Need High-Tech Brains. In: Wall Street Journal, 27.10.2017).

Müssen wir? Wir müssen sicher klüger im Umgang und im Verständnis mit digitalen Technologien werden, aber wir müssen nicht mit ihnen verschmelzen. Zumal nach wie vor offen ist, wofür genau das I in »KI« steht. Zielführender wäre wohl eine Arbeitsteilung zwischen Mensch und Maschine, also die Rechenstärke der KI-Systeme zu nutzen, um den lernenden und arbeitenden Mensch bei der Arbeit und beim Lernen zu unterstützen.

Werden wir Gedanken lesen können?

Die Fähigkeit, neuronale Kommunikation zu entschlüsseln und zu verstehen, vielleicht sogar am Ende zu modifizieren, könnte unser Leben auf eine revolutionäre Art und Weise verändern – ob sie es verbessert, sei dahingestellt. In jedem Fall deuten sich Anwendungen weit über medizinische Behandlungen hinaus an. Doch diese potenziell neuen technischen Möglichkeiten werfen auch ethische und rechtliche Fragen auf. Wer erhält Zugang zu unserem Gehirn und zu welchem Zweck? Ein auslesbares Gehirn ist auch ein manipulierbares Gehirn.

Eine exakte Steuerung des Gehirns von Menschen ist mit der bestehenden Technik nicht möglich. Aber in einer Andeutung dessen, was möglich sein könnte, haben Wissenschaftler bereits Visionen in Mäusegehirnen realisiert. Mit einer Technik, die Optogenetik genannt wird und mit der man kleine Gruppen von Neuronen künstlich und direkt stimuliert, brachten Forscher am MIT in der Arbeitsgruppe des Nobelpreisträgers Tsutomu Tonegawa Mäuse dazu, Angstsituationen zu erleben, die nicht existierten. Diese Mäuse verhielten sich so, als hätten sie tatsächlich in einem bestimmten Kontext ihrer Laborwelt etwas Traumatisches erlebt, und wann immer sie in den künstlich erzeugten Kontext der Angstsituation zurückversetzt wurden, verhielten sie sich so, als erlebten sie diese Emotionen tatsächlich.

Während also die Neurotechnologie zumindest im Tierexperiment schon angewandt wird und auch die Anwendung am Menschen mit großen Schritten voranschreitet, suchen die Wissenschaft, Ethiker, Unternehmen und Regierungen nach Antworten darauf, ob und wie man bestimmte Gehirntechnologien regulieren soll. Da die Neurotechnologie sowohl Gutes als auch Schlechtes bewirken kann, sollten wir alle ein Interesse daran haben, mitzugestalten, wie sie sich entwickelt und wie sie letztendlich eingesetzt wird. Es ist in meinen Augen wichtig, schon heute, bevor diese Technologien realisierbar sind, über Fairness, Autonomie und unsere Privatsphäre im Kopf zu diskutieren. Die Vorstellung, Unternehmen, Regierungen oder der Werbebranche Zugang zum Innenleben unseres Gehirns zu gewähren, erscheint mir erschreckend. Es wäre der größte denkbare Einschnitt in unsere Privatsphäre, denn unser Gehirn ist letztendlich der einzige Ort, von dem wir wissen, dass er wirklich uns selbst gehört. Ein wahres Albtraumszenario wäre es, wenn wir fremdgesteuerte Wesen werden würden oder uns Ideen in den Kopf gepflanzt würden wie in dem Film *Inception* oder eine virtuelle Welt als reale vorgegaukelt würde wie in *Matrix*. Die heutigen technischen Möglichkeiten reichen bei Weitem nicht an diese Fantasien heran.

Forscher testen im Moment vor allem BCI-Systeme, die bei Zwangsstörungen, Sucht und Depression und gelähmten und blinden Menschen helfen könnten. Aber die Macht, ein funktionierendes Gehirn direkt und präzise zu verändern, (»upzugraden«) wirft auch beunruhigende Fragen auf, wie die, wo die

Behandlung von Patienten und Patientinnen aufhört und wo die Manipulation von Menschen anfängt? Der Wunsch zu überzeugen, die Meinung eines Menschen zu ändern, ist nicht neu. Herzen und Köpfe gewinnen zu wollen, ist der Kern von Werbung und von Politik, ebenso wie der von Propaganda und Manipulation. Ein Verfahren, das die Gehirnaktivität auch nur um Nuancen verändert, würde die derzeitigen Manipulationsrisiken auf die nächste Stufe heben. Wir sollten also schon jetzt, in einem zugegeben frühen Stadium der Forschung und Entwicklung, durchdenken, was passieren würde, wenn eine solche Beeinflussungsmöglichkeit einen Platz außerhalb der medizinischen Forschung und Anwendung an Patienten findet.

Ein Arzt könnte eine präzise gehirnverändernde Technologie einsetzen, um die Magersucht eines jungen Menschen zu lindern. Was wäre bei Menschen mit Tourette-Syndrom, bei Suchtkranken, bei schizophrenen Patienten? Könnte man damit auch ADHS behandeln? Wo wäre die Grenze? Wie wäre es, wenn bei einem Menschen mit starkem Übergewicht über ein BCI gesteuert würde, wann er Hunger hat oder wann sich ein Sättigungsgefühl einstellt? Er würde nicht mehr wissen, ob sein Gefühl der Sättigung oder des Hungers sein eigenes ist oder durch eine direkte elektrische Stimulation in das Gehirn hinein verursacht wurde. Dieser neuronale Anstoß könnte Unsicherheit darüber auslösen, woher der Drang zu essen kommt, oder vielleicht sogar ganz unbemerkt bleiben. In dem Moment, in dem man in der Lage wäre (was man aber noch nicht ist!), das Gehirn gezielt zu stimulieren, wird man die Gedanken von Menschen verändern, und sie würden es vielleicht nie erfahren, weil sie es als »das bin ich« interpretieren würden. Ethische Implikationen von möglichen Eingriffen in die Autonomie unseres Gehirns sollten wir in jedem Fall bedenken und uns ihnen überall, wo sie im Moment bereits bruchstückhaft sichtbar werden, stellen.

Im Grunde sind solche und ähnliche Fragen schon jetzt berechtigt angesichts einer zunehmend in unsere Privatsphäre vordringenden Smartphone-Technik – an die wir uns erstaunlich widerstandslos gewöhnt haben. So erlauben die meisten von uns es ihrem Smartphone zu überwachen, wohin sie gehen, wann sie einschlafen und sogar, ob sie sich 20 Sekunden lang die Hände gewaschen haben, welche Diäten sie ausprobieren, welche Serien sie schauen und welche Tweets sie mögen und teilen. Durch all das ist unser ganzes Leben mittlerweile auch ohne BCIs ein offenes Buch, und mehr und mehr sind es auch unsere Gedanken. Wir vergessen in der Diskussion schnell, dass diese Details über uns weit mächtiger sind als die bisher verfügbaren direkten Daten aus unserem Gehirn. Unsere E-Mails, unsere digitalen Notizen und unsere Suchmaschinen-Historie spiegeln schon heute wider, was uns als Person ausmacht, was wir fühlen, denken und vielleicht auch was wir als Nächstes wollen – ohne dass dafür unsere neuronalen Datenströme direkt ausgelesen werden müssen.

Auch auf anderer Ebene gestalten digitale Medien bereits heute unsere geistigen Fähigkeiten und unser Verhalten. Dieser Einfluss wird durch die Auswirkungen von Online-Cloud-Speichern und Suchmaschinen auf die menschliche Gedächtnisleistung deutlich. Ein paradigmatisches Beispiel ist das Ergebnis einer Studie, für die Digital Natives glauben gemacht wurde, dass die Fakten, die sie sich merken sollten, auch in einem Online-Cloud-Speicher abgelegt würden. Unter dieser Annahme versuchten sie gar nicht erst, das Wissen selbst zu behalten (es war ja online verfügbar) und schnitten, als sie dann doch danach gefragt wurden, schlechter ab als Probanden, die davon ausgingen, sich nur auf ihre eigene neuronale Gedächtnisfunktion verlassen zu müssen. Diese Ergebnisse legen nahe, dass schon die Auslagerung einiger Fakten in einen Cloud-Speicher im Internet und das Vertrauen auf Suchmaschinen statt in unser eigenes Gehirn unsere Fähigkeit einschränkt, uns Fakten zuverlässig zu merken und abzurufen.

Nach Ansicht vieler Neurowissenschaftler stellen allerdings BCIs eine andere Dimension der Bedrohung unserer Autonomie da. Einige vertreten die Meinung, dass es strenge Regelungen zur Privatsphäre gerade im Umgang mit Schnittstellen direkt in das Gehirn hinein geben sollte. Und zwar in einer Form, wie auch unsere Organe behandelt werden sollen, die man nicht ohne unsere Erlaubnis entnehmen oder verändern (behandeln) darf. Ähnlich also wie eine Niere nicht ohne aufwendiges Genehmigungsverfahren für medizinische Zwecke aus einem menschlichen oder tierischen Körper entnommen werden darf, sollten auch neuronale Daten nicht verändert werden dürfen. Sollte jemand es aufgrund seiner individuellen Entscheidung dann doch so wollen, könnte sein oder ihr Gehirn auch zu einem »Vermögenswert« werden. Denn Unternehmen könnten daraus Profit generieren, indem sie sich diese Daten zunutze machten. Der »Neurokapitalismus« wäre geboren.

Die Technologie weiterzuentwickeln, um Menschen mit psychischen Erkrankungen und Lähmungen zu helfen, ist ein ethischer Imperativ, alles andere sollten wir sehr genau reglementieren und beobachten – vor allem wenn es um den Versuch geht, menschliche und künstliche Intelligenz miteinander zu verschmelzen. Dass dies in Ansätzen möglich ist, wurde bereits gezeigt, aber wenn es um die Implantierung oder das Auslesen von Erinnerungen geht, wird ein wesentlicher Aspekt immer außer Acht gelassen: Unser Gehirn ist hoch plastisch, wenn wir etwas lernen, wenn wir neue Erfahrungen machen, verschaltet sich auch das Gehirn neu, von der Wahrnehmung über das Prozessieren von Daten (Denken) bis zu Handlungen. Diese Veränderlichkeit der neuronalen Verschaltungen könnte eine gedankliche Verbindung von KI-Systemen und unseres Erinnerungsvermögens noch lange unmöglich machen.

Ein weiteres ethisches Problem: BCIs haben insgesamt das Potenzial, direkt in das menschliche Denkorgan einzugreifen. Bei manchen angedachten Schnittstellen würden KI-Algorithmen dem Menschen sogar Entscheidungen abnehmen. Dadurch würde unsere eigene subjektive Urheberschaft des Handelns fraglich.

All das hält Elon Musk nicht davon ab, das menschliche Gehirn mit künstlicher Intelligenz ausstatten und mittels Elektroden an einen Computer anschließen zu wollen. Er will so unser Gedächtnis verbessern und unsere Lösungskompetenz mit KI-Methoden bereichern. Wenn das gelänge, würde die Prognose eines »hackable animal«, wie der Historiker Yuval Noah Harari es nennt, Realität. Wir wären dann ein Lebewesen, dessen innerster Code des »Selbst« geknackt werden könnte.

Die Pointe des Ansatzes von Elon Musk ist, dass er die Kommunikation, die ihm vorschwebt, offenbar gar nicht mehr am menschlichen Gehirn Maß nehmen lässt. Sondern umgekehrt will er den Menschen am Computer ausrichten und an dem, was dieser alles kann. Die menschliche Gattung soll gerade dadurch gerettet werden, dass sie sich an die Logik der Apparate anpasst. Für diesen Anspruch ist es gar nicht mehr nötig, dass der Computer wie ein Gehirn arbeitet; wichtiger wäre, dass das Gehirn wie ein Computer funktionieren kann. Das Beunruhigende an dieser Fantasie ist die paradigmatische Veränderung der Blickrichtung. Bisher fragte man sich, ob die Computer und deren künstliche Intelligenz so werden können wie Menschen, und davon abgeleitet – was die Menschen können, das Computer nicht können. Nun fragt sich da jemand, ob der Mensch, wenn er sich »anstrengt«, auch so werden kann wie ein Computer. Vielleicht kommt nach dem Anthropozän, einer vom Menschen gepräten und veränderten Erde, das Novazän, in dem Cyborgs das Sagen haben. Dieser Terminus ist nicht zu verwechseln mit dem Begriff des Transhumanismus, der davon ausgeht, dass Mensch und Maschine verschmelzen und der nächste evolutive Schritt die Menschheit als Cyborgs wäre. Dass die künstliche Intelligenz federführend in die Menschheitsentwicklung eingreift, scheint mir kein wahrscheinliches Zukunftsszenario. Aber Sorgen macht mir, dass wir uns angesichts all dieser Computermetaphern als Personen auf Algorithmen des Denkens reduzieren lassen sollen. Auch die Manipulierbarkeit und die Ohnmachtsgefühle gegenüber schwer durchschaubaren Datenregimen sind eine reale Gefahr, ebenso wie die von Harari prophezeite Zukunft des Dataismus, auch wenn wir in Big Data mehr objektive Macht hineininterpretieren, als diese Datensätze hergeben. Der Mensch hat Millionen von Jahren der Evolution hinter sich, sodass eine technische Verbesserung unseres Denkens, Handelns und vor allem Fühlens schwer vorstellbar ist. Vor allem müsste man fragen: Besser wofür, worin (oder für wen)?

KAPITEL 6

Wie fit sind wir für die digitale Zukunft?

> *Der digitalen Technologie bewundernd auf Augenhöhe begegnen, statt mit unbegründeter Euphorie oder Argwohn. Um die digitale Welt zu einer Welt zu machen, in der wir leben möchten.*
>
> *Gerd Gigerenzer, Psychologe, 2021*

Der Sog digitaler Medien ist in seinem Konditionierungsdesign so stark, dass die meisten Nutzer und Nutzerinnen auf sich allein gestellt dagegen nicht ankommen. 80–90 % unserer Handlungen sind unbewusst, spontan und durch Routinen bestimmt. Und viele Menschen reagieren automatisch auf den geräuschvollen oder vibrierenden Eingang von Nachrichten, sie verspüren einen regelrechten »Klick-Drang«, wie Gerd Gigerenzer es nennt, es fehlt ihnen eine Klick-Hemmung. Eine Folge ist, dass bei Suchanfragen in 50 % der Fälle nur auf die ersten beiden Ergebnisse geklickt wird – und die sind meist gesponsert. Es reicht also nicht, an den Einzelnen zu appellieren.

Digitale Technologien, vor allem in Form von Tablets und Smartphones, bieten in einem immer stärkeren Maße ungeahnte Interaktionsformen mit Maschinen, aber auch mit anderen Menschen. Sie haben den Umgang mit Wissen, Information und Daten grundlegend verändert. Wie wir damit konstruktiv, aber auch gesund für unsere Gehirne umgehen sollten, soll in diesem abschließenden Kapitel noch mal reflektiert werden.

Um diesen digitalen Schatz in Schule, Studium, am Arbeitsplatz und erst recht privat zu heben, braucht unser Gehirn vor allem die Aufmerksamkeitszentrale im Stirnlappen. Genau diese wird aber geschwächt, wenn wir mit Apps zu tun haben, die ständig versuchen, unsere Aufmerksamkeit zu stören, uns abhängig machen und unsere aktuellen Tätigkeiten unterbrechen. Hier verdienen über Werbung und über die Aufzeichnungen unserer Klicks Firmen ihr Geld. Wie Gerd Gigerenzer in seinem Buch *Klick* schlage auch ich vor, ein neues Geschäftsmodell mit den Herstellern von Social-Media-Apps einzugehen, und zwar auf zwei Ebenen: Zum einen brauchen wir ein neues Bezahlmodell für die Nutzung von Apps. Statt mit unseren privaten Daten und unserer Aufmerksamkeit sollten wir lieber für die Nutzung mit Geld bezahlen.

Zum anderen müssen wir selbst lernen, besser zwischen Online- und Offline-Zeiten zu trennen und einen guten Rhythmus für beides zu finden. So wie wir zwischen schnellem Online-Lesen und konzentrierter Buchlektüre stärker unterscheiden müssen. Sonst erwerben wir statt Wissen und Einsicht nur Halbwissen, Kauderwelsch und Missverständnisse.

Ein neues Geschäftsmodell für mehr Privatheit

Es genügt nicht, dass nur jeder Einzelne etwas erreichen, verhindern oder für sich ändern möchte, wir brauchen eine Systemveränderung. Einfach wird das allerdings nicht. Nehmen wir nur die obskuren Paradoxien des Schutzes unserer persönlichen Daten: Dieselbe Person, die sich um ihre Privatsphäre sorgt, ist nicht bereit, genau dafür etwas zu bezahlen. So ergab eine aktuelle Umfrage der ERGO-Versicherung, dass zwei Drittel aller deutschen Nutzer digitaler Dienstprogramme nicht bereit wären, für diese etwas zu bezahlen, während die gleiche Personengruppe aber mehrheitlich angab, dass die größte Gefahr der Digitalisierung der Verlust der Privatsphäre sei. Ähnlich paradox verhält es sich mit unserer Aufmerksamkeit: Bei einer

Befragung von Kardiotechnikern gaben diese mit großer Mehrheit an, dass die Nutzung digitaler Medien bei einer Herz-OP überaus gefährlich sei – allerdings war über ein Drittel derjenigen, die genau das für gefährlich hielten, dann trotzdem während einer Bypass-Operation am offenen Herzen in den sozialen Medien unterwegs!

Das Geschäftsmodell der Nutzung digitaler Medien sollte sich also ändern. Meines Erachtens brauchen wir einen staatlich (also: gesetzlich) garantierten und weltweit geltenden Schutz unserer Privatsphäre und ein neues Bezahlmodell, bei dem wir statt mit Aufmerksamkeit und unseren Daten mit Geld zahlen. So machen wir es schließlich auch im Restaurant, wir zahlen fürs Essen und Trinken, und dafür werden wir nur vom Kellner gestört, wenn wir etwas bestellen wollen. Wir müssen keine privaten Daten offenlegen. Bei der Post zahlen wir Porto, und dafür wird nicht nur die Zustellung garantiert, sondern auch das Briefgeheimnis. Wir legen nicht offen, was in den Briefen steht. Doch genau das machen wir, wenn wir Apps nutzen – und ganz besonders wenn wir uns in den sozialen Medien bewegen.

Die Ökonomie der Aufmerksamkeit

Mit dem Handy umgeben wir uns mit einem Gerät, das uns ständig Ablenkung anbietet – und uns damit von den eigentlich wichtigen Dingen abhält. Wunderbar kurz heißt es im Englischen: »Easy available things keep us away from the important things.« Leicht verfügbare Dinge halten uns ab von den wichtigen Dingen.

Das generiert Probleme, die auch etwas mit Energie zu tun haben: Ein Computer oder ein Handy mit mehr Arbeitsspeicher (RAM, **r**andom **a**ccess **m**emory) kann mehr Daten prozessieren, weil es mehr Speicherplatz hat. Höhere RAM-Speichermengen kompromittieren allerdings die Lebensdauer der Batterie, besonders auf dem Smartphone. Apple hat sich kürzlich dagegen entschieden, seinem iPhone mehr RAM hinzuzufügen, weil der Speicher immer aktiv ist und sich ständig Informationen durch ihn bewegen. Das verbraucht viel Energie.

Das Gleiche gilt für unser Gehirn, denn genau wie beim Computer-Arbeitsspeicher werden auch hier Informationen zwischengespeichert, und es wird der Wechsel zwischen Programmen/Tätigkeiten ermöglicht. Deshalb sind unsere Aufmerksamkeitsspannen aus den gleichen energetischen Gründen wie beim Smartphone so stark eingeschränkt und ist Multitasking nicht möglich. Unsere täglichen Aufgaben in den letzten 2,5 Millionen Jahren sind nicht annähernd so komplex gewesen wie die Menge an Informationsverarbeitung, die wir in diesem Jahrtausend haben leisten müssen. Unser Gehirn verbraucht ohnehin schon überproportional viel Energie. Obwohl es nur 2 % unseres Körpergewichts ausmacht, verbrennt es 20 % der Kalorien, die wir zu uns nehmen. Die Tatsache, dass unser Arbeitsspeicher so stark begrenzt ist, trägt dem Rechnung: Durch den begrenzten Arbeitsspeicher benötigt unser Gehirn, das ohnehin schon ungeheure Energiemengen verbraucht, nicht noch mehr. Das erhöhte für unsere Vorfahren die Überlebenschancen, denn bis vor nicht allzu langer Zeit war Nahrung knapp (und in großen Teilen der Welt ist sie das heute noch). Akzeptiert man diese starke biologisch-physiologische Einschränkung, dann hilft nur, unsere täglichen Aufgaben der Reihe nach abzuarbeiten und sowohl Multitasking als auch »Second Screen«-Gewohnheiten so schnell wie möglich abzulegen.

Für den Anfang ein Handlungsbeispiel. Wer das Gefühl hat, in den letzten Jahren immer weniger Bücher gelesen zu haben, dieses fantastische, gehirntrainierende und Alterserscheinungen vorbeugende Hobby aber wieder intensivieren möchte, könnte Folgendes probieren:

- Kein Twitter, Facebook, WhatsApp oder Instagram mehr während des Arbeitstages (und wenn doch, dann nur in Pausen).
- Nachrichten nicht zufällig lesen, sondern sie gezielt auswählen.
- Smartphones, Tablets oder Computer aus dem Schlafzimmer verbannen.
- Fernseher und Smartphone nach dem Abendessen ausschalten.
- Stattdessen direkt aufs Sofa setzen und ein Buch lesen oder ein Spiel spielen – oder Freude und Familie mal wieder »in echt« anrufen.

Um im Alltag bestehen zu können, brauchen wir nicht nur einen Wechsel zwischen Online- und Offline-Zeiten, sondern auch einen Wechsel zwischen *mind wandering* (Tagträumen) und fokussierter Konzentriertheit. Dieses Wechselspiel fördert unsere Kreativität, die neben der Kommunikationsfähigkeit die wichtigste menschliche Eigenschaft ist, wenn es um die Abgrenzung zu Aufgaben geht, die künftig mit KI-Algorithmen erledigt werden können. Folgendes können Sie außerdem tun, um Ihre Kreativität anzuregen:

- **Routinen nutzen**: Ganz konkret hilft es, so viel wie möglich zu automatisieren und unserer Intuition und Erfahrung zu vertrauen, denn das beansprucht den präfrontalen Kortex und das Arbeitsgedächtnis weniger.
- **Systematisch vorgehen**: Schaffen Sie ganz bewusst Freiräume für (zeitlich begrenzte) Tätigkeiten, in denen Sie nicht an zukünftige Termine denken müssen. Schreiben Sie eine To-do-Liste, die Sie systematisch abarbeiten. Vermeiden Sie Ablenkungen in Ihrer Umgebung.
- **Umgebung optimieren**: Was liegt alles auf dem Tisch? Sie können ruhig an unterschiedlichen Orten lernen und arbeiten, aber es hilft Ihnen, ungeordnete und ablenkende Struk-

turen zu vermeiden – an den Arbeits- oder Lernplatz gehören nur Dinge, die Sie zum Arbeiten oder Lernen benötigen.

- **Störende Technik ausschalten:** Legen Sie das Smartphone aus Ihrem Sichtfeld und schalten Sie es aus, da allein der Anblick Sie bereits ablenkt. Das Gleiche gilt für E-Mails: Öffnen Sie das Programm nur, wenn Sie auch die Zeit haben, die eingehenden Nachrichten zu bearbeiten. Sonst belasten weitere Aufgaben Ihr Arbeitsgedächtnis, und Sie verschwenden wertvolle Zeit.
- **Pausen für neue Ideen:** Fokussierung und Konzentration sind wichtig, wenn Sie etwas bearbeiten, was vorgegeben ist, wenn Sie für eine Fortbildung lernen oder sich auf eine Prüfung in Schule, Studium oder Beruf vorbereiten. Doch wenn Sie neue Ideen brauchen, sind eine Dusche oder ein Spaziergang hilfreicher – schalten Sie beim Gehen aber unbedingt das aufmerksamkeitszehrende Smartphone ab.
- **Aktiv arbeiten:** Wenn Sie etwas bearbeiten, tun Sie es auch wirklich: Markieren Sie Wichtiges (egal ob digital oder manuell mit einem Stift), und machen Sie sich Notizen in Form von Grafiken, Mindmaps oder Stichworten. Das schafft Struktur beim Lernen und erleichtert den Abruf; zudem hält die Konzentration länger an, wenn Lernen auch mit einer Tätigkeit verbunden ist.

Generell gilt: Sie sollten der Leistung Ihres Gehirns nicht mehr abverlangen, als es möglich ist. Anders gesagt: Widmen Sie Ihre Aufmerksamkeit zu jedem Zeitpunkt höchstens zwei Dingen, nämlich dem, was Sie erreichen wollen, und dem, was Sie gerade tun. Die ständige Suche nach weiteren, neuen Reizen gibt uns zwar das subjektive Gefühl, produktiver zu sein. Aber nur, weil wir mehr zu tun haben, heißt das noch lange nicht, dass wir auch mehr erreichen (also produktiver sind). Zugegeben, das ständige Umschalten macht die Arbeit weniger eintönig. In der Praxis sind die »Produktivitätskosten« dafür in der Regel aber sehr hoch. Die meisten Studien zeigen, dass wir 40–50 % länger brauchen, wenn wir ständig zwischen Aufgaben wechseln, als wenn wir nur eine Aufgabe von Anfang bis Ende erledigen (also seriell arbeiten). Entscheiden Sie sich bewusst dafür, worauf Sie Ihre Aufmerksamkeit richten wollen – dann erreichen Sie mehr!

Um diesen Ratschlag in die Praxis umzusetzen, empfiehlt es sich als Erstes, Ihre Umgebung so zu verändern, dass sie weniger ablenkt. Geben Sie der Prokrastination keine Chance! Und sehen Sie sich im Folgenden an, was Sie gewinnen, wenn Sie immer nur einer Sache in einem Zeitfenster nachgehen:

- Es fällt Ihnen leichter, sich zu konzentrieren, weil Sie Ihren Aufmerksamkeitsraum besser verteidigen können – etwa gegen digitale Ablenkungen.
- Sie verschwenden weniger Zeit mit unwichtigen Dingen.
- Sie werden sich mehr merken, weil Sie in der Lage sind, das, was Sie tun, auch zu verarbeiten.
- Sie haben weniger Schuldgefühle und Zweifel, weil Sie wissen, dass Sie mit Umsicht gearbeitet haben.
- Sie erleben weniger Stress und fühlen sich weniger überfordert.
- Sie spüren, dass Ihre Arbeit einen Sinn hat, weil Sie sich für das entschieden haben, was Ihre Aufmerksamkeit am meisten erfordert.

Hohe Produktivität und eine bessere Lebensqualität werden möglich, wenn wir uns für eine bestimmte Zeitspanne auf das von uns gewählte Objekt der Aufmerksamkeit konzentrieren – und zwar *nur* darauf. Je öfter wir uns dabei beobachten, was unsere Aufmerksamkeit in Anspruch nimmt, desto eher können wir einschätzen, was wir wirklich in einem bestimmten Moment tun wollen.

Überlegen Sie, in welcher Reihenfolge Sie Ihre Aufgaben am besten erledigen, und berücksichtigen Sie dabei nicht nur die unmittelbaren Folgen. Bedenken Sie immer: Was muss sofort erledigt werden, was kann warten?

Ein Beispiel: Sie müssen sich entscheiden, ob Sie eine private Nachricht sofort lesen. Die unmittelbare Folge dieser Entscheidung ist, dass Sie, wenn Sie die Nachricht lesen und dann vielleicht gleich beantworten, meist auch andere Nachrichten sehen. So verbringen Sie viele Minuten ungewollt mit dem Handy – und der Konsequenz, dass Sie abends womöglich meinen, den Tag nicht so verbracht zu haben, wie Sie sich das eigentlich vorgestellt haben. Auch für unsere Aufgaben gilt, dass uns die häufig nur vermeintlich dringenden Dinge von den wirklich wichtigen Dingen abhalten. Also heißt es hier, gut zu überlegen, in welcher Reihenfolge die Aufgaben erledigt sein wollen. Vielleicht mal wieder einen Freund anrufen, statt nur zu surfen? Oder doch eine dringende Aufgabe für ein Projekt erledigen, statt zu chatten …?

Chris Bailey ordnete die Prioritäten von Aufgaben in seinem lesenswerten Buch *Hyperfocus* in vier Quadranten ein: notwendig, zielorientiert, ablenkend und unnötig. Er schlägt vor, bei notwendigen und zielgerichteten Aufgaben zu überlegen, ob sie das Potenzial haben, eine nachhaltige Kettenreaktion bei der Erledigung wichtiger Ziele auszulösen. Bailey Lieblingsmethode, um sicherzustellen, dass er einer Absicht treu bleibt, besteht darin, mit einer stündlich schlagenden Uhr zu überprüfen, was seine Aufmerksamkeit in Anspruch nimmt. So wird er immer wieder daran erinnert zu reflektieren, ob er sich auf das langfristig Wichtige konzentriert oder ob er in den Autopilot-Modus geschlüpft ist. Der »stündliche Bewusstseinsgong« hilft ihm, fokussiert zu bleiben.

Fake-News-Fallen vermeiden

Das Internet stößt nicht so automatisch, wie man es sich anfangs vielleicht erträumt hat, das Tor zur Informationsgesellschaft auf. Wir leben in einer Welt, in der Information und Desinformation Tür an Tür wohnen. Informationen haben keinen Nutzwert an sich, er hängt davon ab, was wir mit ihnen machen – und ob wir ihnen trauen können!

Zum einen müssen wir uns der eigenen Verführbarkeit bewusst sein und die Gefahren kennen, die daraus resultieren. In Lewis Carrolls Ballade »Die Jagd auf den Snark« heißt es: »Dreimal hab ich's gesagt: Was ich dir dreimal sage, ist wahr.« Leider funktioniert dieser Wiederholungseffekt in unserem Gehirn nur allzu gut: Die Vertrauenswürdigkeit einer Aussage nimmt scheinbar mit jeder Wiederholung zu. Wenn wir meinen, etwas schon einmal gehört zu haben, merken wir uns meist die Quelle nicht – und leider verwechselt unser Gehirn Häufigkeit mit Glaubwürdigkeit.

Deshalb wäre es wichtig, schon Schülern und Schülerinnen beizubringen, die Vertrauenswürdigkeit von Quellen zu überprüfen. Diese Fragen sollten uns – in jedem Alter – dabei leiten:

- Wer verbirgt sich hinter einer Online-Quelle (wer betreibt die Website, wer hat den Artikel geschrieben?)
- Existieren Belege für die vorgebrachte Behauptung?
- Lassen sich unabhängige Quellen heranziehen, die die Information oder Behauptung bestätigen?

Dass das funktioniert, belegen sogenannte Faktenchecker: Sie erkennen Fake-Websites, während die sogenannten Digital Natives darin genauso schlecht sind wie jede andere Altersgruppe (im internationalen Vergleich schneiden Schüler und Schülerinnen in Deutschland sogar besonders schlecht ab – wie der PISA-Test zeigt).

Faktenchecker prüfen nach journalistischen Kriterien den Wahrheitsgehalt von Inhalten (z. B. durch Recherche der Primärquellen), decken so Falschmeldungen auf und stellen sie richtig. Meist sind es unabhängige Journalisten, die z. B. im Auftrag von Initiativen, Organisationen, Medien, politischen Gremien arbeiten.

Umso sinnvoller ist es, sich einmal anzusehen, nach welchen Regeln Faktenchecker verfahren, um Fake News und Fake-Websites aufzuspüren. Von diesen Profis können wir lernen, wie man im Schnellverfahren eine Quelle, eine Aussage oder eine Information überprüft (s. Tab. 2):

- Klick-Disziplin: In den Suchergebnisse nicht sofort auf die ersten Einträge klicken.
- Laterales Lesen: Eine Website kurz anschauen und dann auf anderen Websites nach Belegen suchen, welche Reputation die betrachtete Website hat.
- Erst wenn man auf diese Weise mehr über den Hintergrund der Quelle herausgefunden hat, den Text auf der Website aufmerksam lesen.
- Nicht auf Äußerlichkeiten hereinfallen: Design ist kein Wahrheitsindikator.
- »Über uns« anklicken und sich den Namen des Website-Betreibers ansehen.
- Prüfen, ob Quellen für die Behauptungen angegeben werden (und ob sie zugänglich sind) und mit wie großer Genauigkeit die Informationen aufbereitet werden.
- Autorität der Quelle(n) überprüfen – ist es eine etablierte Zeitung oder eine unbekannte Quelle?

Kritisches Ignorieren in der digitalen Welt

Art der Information	**Ablenkende und qualitativ minderwertige Informationen**	**Falsche und irreführende Informationen**	**Trolle und böswillige Handlungen**
Erwartete Ergebnisse	Bessere Selbstkontrolle, reduzierte Bildschirmzeit, Stressreduktion	Bessere Beurteilung der Glaubwürdigkeit von Informationen	Minimierung des Online-Schadens und negativer Erlebnisse
Verhaltensstrategien	**Selbstkontrolle, Nudging** • Entfernung ablenkender und schwer zu widerstehender Stimuli aus der unmittelbaren Umgebung • Zeitliche Begrenzungen setzen • Ablenkungen nicht als interne Belohnungen verwenden	**Seitliches Lesen** • Verlassen der Quelle und Überprüfung mit einer anderen Websuche, wer dahinter steckt • Überprüfung der Behauptungen anhand anderer Quellen • Klick-Zurückhaltung	**Füttere nicht die Trolle** • Beschäftigen Sie sich nicht mit Trollen und böswilligen Akteuren • Belohnen Sie ihr Verhalten nicht mit Ihrer Aufmerksamkeit • Blockieren Sie sie und melden Sie sie an die Plattform

Tab. 2: Ein Konzept, wie man lernen kann, mithilfe eines digitalen Verhaltenskonzeptes, die Aufmerksamkeit zu stärken und Fake News zu erkennen

Es ist absehbar, dass Kompetenz im Umgang mit Informationen in Zukunft wichtiger denn je sein wird. Unser Vertrauen ineinander und in die Informationen, die wir austauschen, ist der Mörtel unserer Gesellschaft.

Zusammenfassend kann man hier festhalten: Wir brauchen sowohl Techniken, um zu trainieren, uns nicht ständig ablenken zu lassen, als auch die Fähigkeit, besser zwischen Fake News und echten Nachrichten zu unterscheiden. Wie diese aussehen können, zeigt Tabelle 2, welche dem Modell des kritischen Ignorierens von Wissenschaftlern und Wissenschaftlerinnen aus Berlin, Bristol und Stanford folgt.

Die Schule der Zukunft

Beim Lernen in Schule, Universität, Aus- und Weiterbildung im 21. Jahrhundert wird es zunehmend um die richtige Mischung aus Lehrperson-zentriertem Unterricht und selbstständigem Lernen und Üben mit digitalen Endgeräten gehen. Auch in der Arbeitswelt empfehlen sich hybride Arbeitsformen, also ein Wechsel von Arbeiten im Homeoffice mit Online-Tools und von – aus meiner Sicht immer noch wichtigen – Treffen mit Kollegen und Kolleginnen im Firmenbüro und dem persönlichen Kennenlernen neuer Kunden oder Vertragspartner vor Ort. Gerade Letzteres dürfte entscheidend sein, denn Vertrauen entwickelt sich meist nur zu Menschen, die man auch als Personen unmittelbar und authentisch erlebt hat. Das gilt ganz besonders auch für die Schule.

Wer sich im Alltag die Frage stellt, ob wir noch wissen müssen, dem sei gesagt: Ja, wir müssen! Denn nur eigenes Wissen im eigenen Kopf schafft die Voraussetzung dafür, dass wir die Welt differenziert wahrnehmen. Es wird also auch weiterhin zu den Kernkompetenzen schulischer Ausbildung gehören, das Fundament des Wissens in zentralen Fächern zu unterrichten. Neue schulische Fächer werden unter Umständen hinzukommen. Wir werden unsere Risikokompetenz schulen und das Verständnis von Big Data und Algorithmen in ihrer Wirkmächtigkeit, aber auch in ihrer Fehlerhaftigkeit verstehen lernen müssen.

Die Nutzung digitaler Medien als didaktisches Unterrichtswerkzeug ist dabei weniger eine Frage der Technik als des sinnvollen Inhalts. Es geht weniger darum, digitale Endgeräte und Medien im Unterricht einzusetzen, als den Schülern beizubringen, wie Suchmaschinen und soziale Medien funktionieren, wie man Datensicherheit gewährleistet und wie KI im Prinzip arbeitet. Kurz: Die Blackbox-Mentalität der Digital Natives beenden, denn ein wesentliches Merkmal der digitalen Welt ist ihre Intransparenz. Es reicht nicht, sie haptisch und in der Like-Button-Mentalität zu beherrschen, man muss versuchen, sie möglichst gut zu verstehen. Auch die Soft Skills sollte Schulausbildung bedenken – manchmal bereitet man sich durch Teamarbeit in Gruppen besser auf die digitale und globalisierte Arbeitswelt vor als mit einem iPad in der Hand.

Bei allen Untersuchungen über Schulleistungen und berufliche Qualifikationen haben sich zwei Faktoren bei Kindern als besonders bedeutsam erwiesen: ihre sozial-emotionale Verfassung inklusive Kommunikationsfähigkeit und die Lesekompetenz. Kinder lesen dann viel und gut, wenn die Eltern den Kindern vorlesen und selbst Bücher lesen!

Trotzdem ist es eine erfreuliche ergänzende Entwicklung, dass sich auf dem Markt der digitalen Bildungsangebote etwas tut. Das ist vor allem deshalb dringend geboten, weil hier eine bessere Qualität benötigt wird. Die OECD konnte in großen Bildungsstudien nicht feststellen, dass die Lernleistungen im Schulbereich durch digitale Medien verbessert wurden – trotz immenser Investitionen in die digitale Ausstattung von Schulen. Es braucht eine breitere Palette an digitalen Lehr- und Lernprogrammen, damit

Lehrende das richtige Produkt für alle Altersgruppen, alle Lernziele und Fächer anbieten können. Hilfreich wären wahrscheinlich auch bessere Lernprogramme für zu Hause, um Eltern und Kinder dort zu unterstützen. Aber am Ende zählt am allermeisten die Ausbildung der Lehrer und Lehrerinnen, unabhängig davon, ob sie digitale Endgeräte und Programme einsetzen. Große Studien haben gezeigt, dass sie die entscheidenden Faktoren beim Lernerfolg sind und bleiben (siehe z. B. die weltweit größte Metastudie von John Hattie).

Ein Beleg für die neue Dynamik am digitalen Lernmarkt – sicher auch beflügelt vom Homeschooling während der Corona-Pandemie – ist, dass Risikokapitalgeber 2021 rund 21 Milliarden Dollar in Bildungstechnologieunternehmen investiert haben. Das ist dreimal so viel wie 2019 und 40-mal mehr als noch vor zehn Jahren. Weltweit wurden 17 Start-ups aus dem Bereich Bildungstechnologie zu »Einhörnern« (private Unternehmen mit einem Wert von mehr als einer Milliarde US-Dollar), dreimal so viele wie im Jahr zuvor. Dazu gehören die Firma, die Coursera entwickelt hat, einen Marktplatz für Online-Kurse mit einem Börsenwert von fast drei Milliarden Dollar, und der Hersteller von Duolingo, einer App für Sprachschüler, die rund vier Milliarden Dollar wert ist. Im Jahr 2019 entfielen nur etwa 3 % aller Bildungsausgaben auf Software oder Online-Unterricht in Schulen. Das ist vorbei. Die Schließung von Schulgebäuden und Universitätsgeländen führten zu neuen Investitionen in Tablet-Computer und zur Verbesserung der Breitbandverbindungen in den Schulen (weltweit – und sogar in Deutschland).

Wünschen würde man sich, dass auch Lehrern mehr Geld für Weiterbildung im digitalen Bereich zur Verfügung gestellt würde (und sie die Angebote auch nutzten) und dass dem höheren technischen Anspruch in Schulen auch der Personalschlüssel entspräche. Netzwerke, Computer, Laptops, Tablets laufen nicht von allein, ihr sinnhafter Einsatz bedarf der Expertise und der Weiterbildung. Was auch besser werden muss, ist die Vernetzung der digitalen Bildungselemente zwischen Eltern und Schule. Die soziale Ungerechtigkeit wächst, wenn einige Eltern viel Geld in Bildungsprogramme für die Tablets ihrer Kinder investieren und viele andere dies nicht können. Bildung muss für alle zugänglich sein und vor allem abgestimmt werden mit den jeweiligen Lehrenden, damit das eigenständige Lernen zu Hause zum Unterricht in der Schule passt.

Der digitale Bildungsmarkt betrifft aber nicht nur Kinder und Jugendliche, sondern auch Erwachsene. Arbeitnehmer und Arbeitnehmerinnen nahmen während der Corona-Pandemie häufig an Online-Kursen teil, um sich für andere Berufe weiterzubilden. Gleichzeitig hat ein reger Stellenwechsel die großen Arbeitgeber nervös gemacht. Sie sind zunehmend davon überzeugt, dass Ausgaben für die Weiterbildung von Mitarbeitern ihnen helfen können, Arbeitskräfte zu halten und die Kosten für die Schließung von Fachkräftelücken zu senken. Dies kommt Unternehmen zugute, die Bildungssoftware herstellen und die den Verkauf von Abonnements an Firmenkunden als schnell wachsendes Geschäft erkannt haben.

Wir können nur hoffen, dass in Post-Lockdown-Zeiten diese Dynamik erhalten bleibt, die Qualität der digitalen Angebote sich verbessert und die digitalen Bildungsprodukte eine Ergänzung der Mentor-zentrierten Bildung bleiben und nicht deren Ersatz werden. Denn der Erfolg und die Teilhabe an Bildung werden in meinen Augen auch zukünftig maßgeblich von der Qualität der Lehrkräfte abhängen, fast unabhängig davon, welche digitalen oder nichtdigitalen Werkzeuge sie einsetzen.

Lebenslang lernen – von und mit Maschinen

Das Problem ist nicht der Aufstieg der smarten Maschinen, sondern die Verdummung der Menschheit.

Astra Taylor, Dokumentarfilmerin, Autorin, Aktivistin, 2021

Zu guter Letzt sollen hier die Anforderungen an unser Gehirn durch die Nutzung digitaler Medien zusammengefasst und vor dem Hintergrund, wie man diese neuen Ansprüche trainieren kann, diskutiert werden.

All dies infolgedessen, dass wir einer Krise unserer kreativen und kognitiven Möglichkeiten entgegensteuern, wenn wir nicht dazulernen im Umgang mit und im Verständnis für digitale Anwendungen und KI-basierte Technologien. Edward O. Wilson, der 2021 verstorbene amerikanische Soziobiologe, drückte diesen Umstand 2009 pointiert so aus: »Das wirkliche Problem der Menschheit ist das folgende: Wir haben paläolithische Emotionen, mittelalterliche Institutionen und gottgleiche Technologie. Und das ist furchtbar gefährlich, und es nähert sich jetzt insgesamt einem Krisenpunkt.«

Den Anspruch, den auch ich hier vertrete, hat der Psychologe Gerd Gigerenzer so auf den Punkt gebracht: »Smart bleiben heißt, die Möglichkeiten und Risiken von digitalen Technologien zu verstehen und entschlossen zu sein, in einer von Algorithmen bevölkerten Welt die Kontrolle zu behalten.«

»Smart« bedeutet in diesem Kontext, weder einer Technologie blind zu vertrauen noch ihr automatisch ängstlich zu misstrauen. Hier ein Beispiel, warum wir lernen müssen, genau hinzusehen: Über 90 % aller Klicks gelten bei Suchanfragen im Internet den Ergebnissen auf der ersten Seite, die Google und Co. anbieten (ein Drittel aller Klicks gehen sogar nur auf das erste Ergebnis). Damit wird die Reihenfolge, in der Suchergebnisse präsentiert werden, auch ein entscheidender Faktor für politische Meinungsbildung – zumal die vorderen Plätze auch noch durch Anzeigen gekauft werden können. Hinzu kommt, dass Google 2009 begonnen hat, die Reihenfolge der Treffer zu personalisieren: Wenn verschiedene Personen den gleichen Suchbegriff eingeben, erhalten sie die Suchergebnisse nicht in der gleichen Reihenfolge. Man sieht zuerst, was den eigenen Vorlieben entspricht. Bei Büchern und Gartenartikeln kann man das tolerieren, ja sogar mögen, aber in der Vielfalt und Breite des politischen Raums schafft diese Art der Personalisierung eine neue Dimension der Informationsblase. Denn so bekommt jeder Suchergebnisse angezeigt, die ausschließlich in sein oder ihr politisches oder religiöses Weltbild passen. Das sollte man weniger beklagen, als es einfach wissen, um sich entsprechend orientieren zu können.

Zu Beginn des Internetzeitalters existierte die Vision, dass das Internet allen Menschen auf der Welt den gleichen Zugang zu gleichen Informationen ermöglichen würde. Die Personalisierung der Suchergebnisse machen es zusammen mit den personalisierten News Feeds von Facebook und Co. dagegen heute sogar schwieriger, Fakten und Meinungen zu vergleichen oder solchen zu begegnen, die mit den eigenen Überzeugungen nicht übereinstimmen.

Wie wir mit sozialen Medien im Internet und News Feeds auf dem Handy umgehen, aber auch wie diese Medien Nachrichtenwürdiges aufarbeiten, ist dringend reformbedürftig. Vor allem gesellschaftspolitisch sind künstliche Polarisierungen ein drängendes Problem unserer Zeit. Leider sind sie auch eine Folge der Algorithmen, die darüber entscheiden, was in digitalen Nachrichtendiensten Aufmerksamkeit erregt. Wir brauchen in den digitalen Medien eine andere Diskussionskultur, um Lösungen für wichtige gesellschaftliche Fragen zu finden. Im Moment sind die meisten Nachrichtendienste und die sozialen Medien so organisiert, dass sie »Echokammern« gleichen. Dies wirkt sich massiv auf unser Denken aus und befeuert eine selektive Wahrnehmung.

Wie können wir eine programmatische Polarisierung, absichtliche Fehlinformationen und den Einfluss anderer Menschen auf unsere eigenen Wahrnehmungshorizonte und unsere kollektiven Erinnerungen als Gesellschaft in den Griff bekommen, ohne den digitalen Stecker ziehen zu müssen? Eines der aktuellen Hauptprobleme besteht wohl darin, dass die Struktur der sozialen Medien so angelegt ist, dass sie extreme Meinungen und Nachrichten fördert und differenzierte Aussagen fast unsichtbar macht. Dadurch werden erlebte und erfahrbare Divergenzen sogar noch verstärkt. Die verwendeten Algorithmen heizen den polarisierten Diskurs gerade an, und dies vor allem in einer Nachrichtenblase mit meist gleich gesinnten Nutzern. Aber ist dieses Design verantwortlich für unsere Polarisierung? Wenn wir vielfältigeren Ansichten ausgesetzt wären, würden wir uns dann alle wieder zur Mitte bewegen?

Aktuelle Experimente und Analysen zeigen, dass diese häufig geäußerte These nur zum Teil richtig ist. Denn auch wenn es unstrittig ist, dass Fake News und polarisierte Meinungen eher Aufmerksamkeit bekommen und tatsächlich Informationsblasen entstehen, bleibt die Frage, was passieren würde, wenn es diese Blasen nicht gäbe.

Ein Experiment, das zu genau dieser Frage durchgeführt wurde, liefert Hinweise: Zwei Gruppen von Internetnutzern wurden jeweils den Meinungen der anderen politischen Richtung ausgesetzt. Beteiligt waren moderat linksgerichtete Wähler und Trump-Anhänger. Es zeigte sich, dass die Exposition gegenüber Inhalten der anderen Seite des ideologischen Spektrums die Probanden tatsächlich weiter in Richtung ihrer bestehenden Positionen drängte. Die liberal eingestellten Gemäßigten nahmen mehr linke Ideen an und vertraten stärker die politischen Positionen der Demokraten, während die Trump-Anhänger ihre Angriffe auf Liberale verstärkten. Die Konfrontation mit den Meinungen der anderen verstärkte also die eigene Sichtweise auf die Welt bei Durchlässigkeit der Informationsblasen sogar noch.

Es hat sich auch gezeigt, dass die sozialen Plattformen es leicht machen, das Umfeld falsch zu lesen. Anstatt eine Welt voller meist wohlmeinender, gemäßigter Menschen widerzuspiegeln, verdrehen sie die Realität, brechen unseren Blick – wie ein Prisma – und verzerren unser Verständnis von uns selbst und anderen. Das verstärkt unser natürliches Bedürfnis, mit unserer Selbstdarstellung zu experimentieren und fortwährend (mit unserem sozial orientierten Gehirn) eine Rückversicherung zu erhalten, die uns hilft, unsere Wirkung auf andere zu optimieren. Die Plattformen befriedigen diesen Wunsch, indem sie sofortige Belohnung (aber auch Bestrafung) durch Likes, Shares und Kommentarfunktionen bieten. Zusammen können diese Faktoren unsere Selbstwahrnehmung verändern, ohne dass wir als Nutzer oder Nutzerin es überhaupt bemerken.

Soziale Medien stärken Extremisten und politische Polarisierungen, wie ein anderes Experiment gezeigt hat. Simuliert wurde dafür die Neugestaltung einer Social-Media-Plattform. Dafür wurden anonyme Nutzer ins direkte Gespräch mit anderen Nutzern gebracht. Das Ergebnis des Einzelchats mit jemandem von der anderen Seite der ideologischen Kluft war, dass die Probanden deutlich weniger polarisiert wurden. Diese Ergebnisse stimmen hoffnungsvoll, denn sie deuten darauf hin, dass Änderungen an den Plattformen möglich sind, die Menschen gemäßigter werden lassen.

Wir brauchen noch weit mehr Forschung zu den Ursprüngen unseres aktuellen politischen Umfelds und zu der Frage, wie bestehende Plattformen und Belohnungssysteme umgestaltet werden müssten, um die digitale Kommunikationskultur zu verbessern. Eine neue Sicht auf die Gestaltung von sozialen Medien ist dringend nötig, um von einer durch Spekulationen dominierten Sichtweise auf datengestützte Lösungen zu kommen, die uns auch zukünftig noch weltoffen miteinander kommunizieren lassen.

Maschine über Mensch?

> *Im Grunde sagt die Fähigkeit der Algorithmen, das Internet durchforsten zu können und dann Texte hervorzubringen, die wir zuvor allein Menschen zugetraut haben, vor allem dies: Das Menschliche liegt nicht darin. Der Algorithmus kann Referate zum Anfang von Hegels Logik hervorbringen, aber wir würden uns trotzdem mit ihm nicht auf einen Cappuccino verabreden.*
>
> *Jürgen Kaube, Journalist, 2023*

KI besiegt uns in Schach und Go, die Computerleistung verdoppelt sich alle zwei Jahre – sind Maschinen uns bald überlegen? Man kann es auch wie ein Grundschüler in Peking formulieren, den Gerd Gigerenzer in seinem Buch zitiert: »Wenn Roboter alles machen, was machen wir dann?« Auf vielen wissenschaftlichen Gebieten und in vielen Ländern werden Thesen zur Digitalisierung und über die zukünftige Rolle der KI in der Gestaltung unserer Arbeitswelt in Unternehmen, in der Wissenschaft und in der Politik diskutiert. Schnell wird bei diesen Diskussionen klar, wofür das K (künstlich) in KI steht, aber was genau das I (Intelligenz) bedeutet, ist wesentlich kontroverser. Die heutige KI sollte besser beschrieben werden als »Maschinenlernen« mit automatischer Entscheidungsfindung. Ein Schachprogramm weiß eben nicht, dass es einen Spieler überlistet, es weiß noch nicht mal, dass es Schach spielt, und es kann auch nichts anderes als Schachspielen. Das stellt seine Leistungsfähigkeit nicht infrage, aber es zeigt, wie wichtig es ist, dass wir selbst denken und uns klug verhalten, wenn wir mit maschineller Intelligenz bei unseren Entscheidungsfindungen im Privat- wie im Arbeitsleben umgehen.

Vor allem stellt sich natürlich die Frage, ob Maschinen bald unsere Arbeit besser erledigen können als wir selbst. Diese Befürchtung wird sich für einige Berufsgruppen sicher bewahrheiten, aber insgesamt verwechselt man hier reines Rechnen mit Intelligenz, Kommunikation und Kreativität. Zudem lassen sich z. B. in vielen Handwerksberufen, etwa wenn Reparaturen in Wohnhäusern durchgeführt werden müssen, die Mitarbeiter bisher nicht durch Roboter ersetzen. Wir sollten es nicht als ein Problem ansehen, dass KI-Maschinen leistungsstärker werden, sondern darauf achten, dass wir selbst technisch fachkundig bleiben und die Möglichkeit und Risiken von digitalen Technologien versuchen zu verstehen. Wir sollten entschlossen sein, in einer von Algorithmen durchzogenen Welt die Kontrolle zu behalten. KI-Systeme fragen nie nach dem Warum, sie funktionieren bisher rein assoziativ und suchen blind nach Mustern. Menschen fragen von Kindesbeinen an nach Kausalität und können Intuitionen in anderen Menschen erkennen.

Wir müssen also genauer hinschauen, was KI-Algorithmen besonders gut können, was sie leisten können und was nicht. KI ist maschinelles Lernen, bei dem anhand von großen Datenmengen Muster erkannt werden – und diese Erkennung ist immer nur so gut wie die Daten, die Menschen zur Verfügung stellen.

Wir fragen immer, was muss der Staat und was die Wirtschaft in neue, intelligente Technologien investieren – alles ganz zu

Recht. Aber wir vergessen dabei zu fragen, wie wir in kluge, intelligente, selbstlernende und autonome Menschen investieren können, damit wir sicher sein können, dass die neue Technik auch klug und kritisch eingesetzt wird.

Philosophisch bleibt die Frage, ob sich Menschen ebenso wie Roboter mit Algorithmen beschreiben lassen oder ob die Antwort auf die Ecce-Homo-Frage nicht eher ganz woanders zu suchen ist. Wir müssen fragen und definieren, was von uns bleibt, wenn wir das menschliche Gehirn in Form von Algorithmen beschreiben und es gewissermaßen »subtrahieren«. In heutiger Zeit haben die Neurowissenschaften wichtige Erkenntnisse über das menschliche Wesen gewonnen und versprachlichen diese mit Computermetaphern. Materialisten und Naturalisten zielen darauf ab, alle Aussagen über den Menschen auf naturwissenschaftlich überprüfbare Aussagen zu reduzieren. Aber wird dadurch unser Gehirn zu unserem »Ich«, ist das Gehirn die Hardware und unser Geist die Software? Dass es keine Ich-Gedanken gibt, wenn wir für das Denken kein funktionierendes Gehirn mehr haben, stimmt sicher. Aber das ist nicht unbedingt ein Grund, unser Ich mit dem Gehirn gleichzusetzen. Es ist aus meiner Sicht ein gravierender begrifflicher Irrtum zu meinen, dass das »Ich« gegenständlich oder in Form komplexer Algorithmen in unserer Welt beschreibbar wäre. Genau genommen ist unser »Ich« ein Pronomen, das auf uns als Sprecher verweist. Und das Ich ist der Bezugspunkt, so etwas wie der Subjektpol aller unserer Erfahrungen, der in sich und durch sich selbst nie vollständig und abschließend als Objekt beschrieben werden kann – im Unterschied zu den in Algorithmen beschreibbaren Computersystemen. Menschen sind – anders als Maschinen – definiert und verortet durch Beziehungen, die sie zu anderen Menschen haben. Eine Einsicht, die ausgerechnet ein empathischer Roboter in dem beeindruckenden Roman *Klara und die Sonne* von Kazuo Ishiguro hat.

Auch wird uns KI nicht die Fragen nach den ethischen Imperativen menschlichen Zusammenlebens abnehmen. Folgende Anekdote, die der NBC-Journalist John Ward in seinem Buch *The Loop* erzählt, verdeutlicht das: Er habe mal an einem Symposium teilgenommen, in dem eine Gruppe von Computerwissenschaftlern einen Prototyp für ein KI-System vorstellte, das ermitteln sollte, was die wichtigsten ethischen Fragen der Menschheit seien. Das Publikum waren Verhaltens- und Politikwissenschaftler. Der Forschungsleiter des Projektes beschrieb also einen KI-Algorithmus, der ein für alle Mal klären sollte, was die universellen ethischen Werte von Menschen seien. Dabei sollten zunächst Menschen verschiedener Herkunft Halbsätze zu ethischen Problemen zu Ende bringen. All dies protokollierte und analysierte der Algorithmus durch Mustererkennung. Dann generierte er daraus ein Muster, was zu den jeweiligen Fragen und Problemen die wahrscheinlichsten Antworten wären. Im Anschluss trainierte man mit diesen Sätzen das KI-System, das dadurch in die Lage versetzt werden sollte, zu jeder ethischen Frage die Lücke selbst auszufüllen. Im Anschluss an seine Ausführungen bedankte sich der vortragende Forschungsleiter bei den Zuhörern und fragte ebenso selbstgewiss wie selbstzufrieden, ob es noch Fragen gäbe. Jede Hand im Raum ging hoch. Eine Politikwissenschaftlerin begann: »Ich glaube, ich habe gleich drei Fragen an Sie: 1. Was ist universell? 2. Was ist menschlich? Und 3. Was sind Werte?« Und so implodierte die Sitzung, von dem Programm hat man nie wieder etwas gehört …

Die digitale Sprechstunde

Kein noch so gutes KI-Programm kann bislang durch schnelle und kluge Diagnose die Todesrate durch Krebs so gut senken wie eine Ausbildung, die Menschen darin schult, durch Prävention die Entstehung von Krebs von Anfang zu verhindern. Im Kapitel über die Möglichkeiten und Grenzen der KI-Algorithmen habe ich mich kritisch mit der oft schlechten Datenlage bei vielen Big-Data-Projekten und den Vorteilen des empathischen Expertenwissens von Ärzten und Ärztinnen im Vergleich zu KI-Systemen auseinandergesetzt. Aber das sollte nicht darüber hinwegtäuschen, dass die Digitalisierung in der Medizin sowohl in der Diagnostik als auch bei der Therapie zukünftig eine bedeutende Rolle spielen wird. Dafür wird man gerade in Deutschland die polarisierte Diskussion über Datennutzung und Datenschutz neu führen müssen. Natürlich muss es gerade im Gesundheitsbereich einen Nachweis hoher Informationssicherheit geben, aber die Auswertung von Gesundheitsdaten zum Nutzen aller sollte neu bewertet werden. Gute Datenbanken sind die Voraussetzung dafür, dass KI-Programme Ärzte mit Gewinn unterstützen können bei Fragen wie, ob Tumore vorliegen, ob Patienten auf Behandlungen ansprechen, welche Medikamentenkombinationen kompatibel miteinander sind und welche nicht. Auch eine häusliche automatisierte und an Arztpraxen übermittelte Atem- oder Blutanalyse könnte die patientenorientierte Gesundheitsvorsorge verbessern und die personalisierte Medizin voranbringen. Die KI-gestützte Genomanalyse könnte hinsichtlich bestimmter Risikofaktoren den für Ärzte verfügbaren Datenraum erweitern und dadurch Risiken besser definieren. Bezogen auf den einzelnen Patienten, hätten man mehr und bessere Daten (ein Schritt in Richtung »individualisierte« oder »personalisierte Medizin«). So scheint es mir vorstellbar, dass man z. B. über eine Analyse des gesamten Genoms eines Menschen das Risiko für eine Alzheimer-Krankheit in einem bestimmten Alter ermitteln kann, ebenso das Schlaganfall- oder Herzinfarktrisiko. Entsprechende medikamentöse oder verhaltenstherapeutische Maßnahmen könnten frühzeitig eingeleitet werden oder es könnten sich schneller Möglichkeiten eröffnen, überhaupt Therapien zu entwickeln, etwa für die Alzheimer-Krankheit.

Ein anderes Beispiel: Vorhofflimmern ist ein heimlicher Mörder. Wenn die Muskeln der Herzkammern nicht synchron schlagen, können sich Gerinnsel (Thromben) bilden. Vorhofflimmern verursacht jedes Jahr ein Viertel der mehr als 100 000 Schlaganfälle in Deutschland. Die Behandlungsmöglichkeiten sind gut, aber erst einmal muss das Vorhofflimmern überhaupt diagnostiziert werden. Digitale Wearables (kleine, vernetzte Geräte, die am Körper getragen werden wie die Apple Watch und Fitbit-Uhren) bieten eine vergleichsweise preiswerte Methode, um frühe Warnsignale zu detektieren, Patienten (die sich oft gar nicht als solche fühlen) vorzuwarnen und eine Behandlung einzuleiten.

Smartwatches und -Ringe, Fitness-Tracker und eine schnell wachsende Auswahl an elektronisch verbesserten Armbändern, Pflastern und anderen Wearables können mittlerweile über 7500 physiologisch relevante Daten sowie Verhaltensweisen aufzeichnen. Natürlich sind sie nicht alle gleichermaßen nützlich, aber gerade mit den Methoden des maschinellen Lernens kann eine Flut von Daten gefiltert und auf relevante Muster untersucht werden, um ein kontinuierliches, quantifiziertes Bild unserer Gesundheit zu erhalten, sowohl für die personalisierte Medizin als auch für die Datenerhebung, um Risikofaktoren über größere Gruppen hinweg zu ermitteln. Wearables können etwa subtile Veränderungen erkennen, die sonst unbemerkt blieben. So können Krankheiten identifiziert werden, bevor sie schwerer werden und entsprechend weniger aufwendig und kostenintensiv behandelt werden. Sensoren sind beispielsweise schon heute in der Lage, anzuzeigen, ob das Gleichgewicht einer älteren Person zu schwächeln beginnt oder ob der Gang und der Armschwung eines Menschen sich ändern, was ein Anzeichen für das Frühstadium der Parkinson-Krankheit sein könnte. Digital angeleitetes

Krafttraining kann Stürzen und Knochenbrüchen vorbeugen. Die psychiatrische Diagnose kann durch die Verfolgung von Mustern in der Smartphone-Nutzung verbessert werden – selbstverständlich ohne zu überwachen, was die Menschen sehen oder eingeben. Ein intelligenter Fingerring kann einer Frau helfen, schwanger zu werden, indem er ihren Menstruationszyklus vorhersagt. Er kann auch eine Schwangerschaft weniger als eine Woche nach der Empfängnis erkennen (viele Frauen trinken oder rauchen wochenlang weiter, weil sie noch nicht bemerkt haben, dass sie schwanger sind).

Auch die personalisierte Medizin könnte von digitalen Wearables profitieren. Die meisten Medikamente wirken nur bei 30–50 % der Patienten, bleiben also bei jedem Zweiten erfolglos bzw. haben so gravierende Nebenwirkungen, dass sie diesem Patienten nicht verabreicht werden sollten. Bei einer Person mäßigt der regelmäßige Verzehr von Bananen den Blutzucker; bei einer anderen erhöht er den Blutzucker auf Werte, die im Laufe der Zeit Schaden anrichten können. Algorithmen können riesige Datenmengen von Wearables in maßgeschneiderte Rezepte und Diäten zum Abnehmen, zur Kontrolle von Diabetes und verschiedene andere Maßnahmen umwandeln. Diese individualisierten Ratschläge sind effektiver, weniger einschränkend und daher einfacher zu befolgen als standardisierte Behandlungsmethoden, die keine Rücksicht auf individuelle Gegebenheiten des Patienten nehmen. Wenn Ärzte jederzeit in Echtzeit in den Körper eines Patienten »sehen« können, können sie eine bessere Versorgung leisten. In einer deutschen Studie reduzierte diese Art der Überwachung von Herzinsuffizienzpatienten die Sterblichkeit und die Krankenhaustage um ein Drittel!

Nicht zuletzt können Wearables die Behandlung chronischer Krankheiten wie Diabetes verändern. Etwa 80 % aller Diabetes-Erkrankungen könnten durch Veränderungen in der Lebensführung verhindert werden. Apps verwenden schon heute clevere Taktiken, um Menschen dazu zu bringen, sich mehr zu bewegen, besser zu essen und mehr zu schlafen. Es ist gut, selbst kleine Steigerungen der Bewegung zu induzieren: 1000 Schritte (0,7 km) mehr am Tag reduzieren die Sterblichkeit um 6–36 %, je nachdem, wie viel sich jemand sonst noch bewegt.

Wearables und KI könnten so unser Gesundheitssystem neu gestalten im Hinblick auf Früherkennung, personalisierte Behandlung und Management chronischer Krankheiten. Mit einer neuen, bereits zu großen Teilen verfügbaren Wearable-Technik könnten Kosten im Gesundheitswesen gesenkt werden und vor allem auch Leben gerettet werden.

Die kontinuierliche Überwachung verschiebt auch das Gleichgewicht der Pflege von dem, was Ärzte in der kurzen, gelegentlichen Konsultation in der Praxis tun können, hin zu dem, was Patienten Tag für Tag für sich selbst tun können. Die USA geben 10 000 bis 20 000 US-Dollar pro Jahr für jeden Patienten mit Diabetes aus. Das sind etwa 280 Milliarden US-Dollar pro Jahr auf nationaler Ebene, die der Hälfte des gesamten öffentlichen Schulbudgets entsprechen. Kontrollierte Studien haben belegt, dass eine Diabetes-Kontroll-App die Kosten pro Patient um durchschnittlich 2500 US-Dollar senkt.

Ein Grund für Optimismus ist, dass die Technologie der Wearables bereits jetzt ausgereift ist. Im Jahr 2020 wurden etwa weltweit 200 Millionen Geräte verkauft (das Fünffache dessen, was 2015 verkauft wurde), und 2026 werden voraussichtlich doppelt so viele verkauft werden. Jeder vierte Amerikaner besitzt heute bereits ein solches Gerät. Smartphones dienen als Plattform für Innovatoren. Innerhalb der nächsten zwei Jahren wird so ein Gerät an Ihrem Handgelenk möglicherweise nichtinvasiv Ihren Blutzucker, Ihren Alkoholpegel und Ihren Flüssigkeitshaushalt sowie verschiedene Marker für Entzündungen, Nieren- und

Leberfunktion messen. Für all das ist derzeit noch eine Blutentnahme erforderlich. Da Wearables auch noch andere Funktionen bereithalten, ist es wenig wahrscheinlich, dass Benutzer das Interesse an ihnen verlieren und sie ganz hinten in einer Schublade verschwinden lassen.

Wie bei jeder Technologie bringen Wearables aber auch Probleme mit sich. Gesundheitsdaten sind wertvoll. Sie könnten von Geräteherstellern, Versicherern oder Regierungen, die an sozialer Kontrolle interessiert sind, missbraucht werden. Die Technologie erreicht möglicherweise nicht die sozioökonomisch schlechter gestellten Menschen – also genau die Menschen, die am meisten von ihr profitieren. Aber die größte Sorge ist, dass bei uns die Bürokratie des Gesundheitswesens im Weg steht.

Was wir brauchen, ist eine Beschleunigung der Digitalisierung in der Medizin mit hohen Standards, aber auch mit verlässlichen Regeln, sodass für digital-orientierte Firmen aus dem Gesundheitssektor Innovationen attraktiver werden. Juristisch braucht man gesetzliche Rahmenbedingungen als Leitfaden zur Entwicklung digitaler Medizinprodukte und Gesundheitsanwendungen, z. B. dahin gehend, dass selbstlernende KI-Programme offenlegen müssen, was die erkannten gesundheitsrelevanten Kriterien der Diagnosestellung sind. Wissenschaftlich würde man sich natürlich wünschen, dass von Anfang an klinische Vergleichsstudien durchgeführt würden, um zu beurteilen, worin der medizinische Nutzen jeder Gesundheits-App am Ende besteht.

Zum Schluss

Digitale Medien, das World Wide Web und KI-Technologien werden meist ausschließlich hinsichtlich ihrer Konsequenzen (guten wie schlechten) auf Menschen mit ihrem individuellen Gehirn oder in Bezug auf gesellschaftliche Entwicklungen diskutiert. Zu kurz kommt hierbei oft die Frage, wie sich der Erfolg digitaler Technologien eigentlich erklärt. Wichtig wäre daher, in seine Überlegungen einfließen zu lassen, welche Probleme die Digitalisierung eigentlich löst (und natürlich, welche neuen sie schafft).

Armin Nassehi zeigt in seinem Buch *Muster*, wie bereits im 19. Jahrhundert durch die Anwendung von Sozialstatistiken und in der Analyse von Verhaltensmustern Regelmäßigkeiten in menschlichen Handlungsweisen aufgedeckt wurden. Die Digitalisierung, so Nassehi, hat diese Datenanalyse schlicht perfektioniert, aber nicht neu erfunden. Politische Polarisierung, Manipulation und Fake News sind keine Erfindung aktueller Digitalisierungsphänomene unserer Gesellschaft, digitale Medien und Technologien keine Kolonialmacht, die uns aufgezwungen wurde. Bei aller sicher berechtigten, auch in diesem Buch geäußerten Kritik an den naiven Schlussfolgerungen aus Big-Data-Analysen oder den Auswirkungen ständiger Unterbrechung auf die Fragmentierung unseres Denkens und unserer Kreativität lohnt es sich zu fragen, ob der Kontrollverlust, den wir manchmal beklagen, nicht gesellschaftlich-politischer Natur ist und die aktuelle Technik nur unsere sozialpolitischen Verfehlungen besonders sichtbar macht.

Was tun Computer? Sie erkennen Muster, gruppieren Daten und ordnen sie neu – genau das macht unser Gehirn auch (und noch vieles mehr). Digitale Technologien schaffen Probleme, aber sie bieten auch Chancen. Zum Beispiel die, mehr über uns Menschen zu lernen, inklusive unserer Wünsche und Bedürfnisse und natürlich auch unserer Verfehlungen, Fehleinschätzungen und Irrtümer. Es könnte sich lohnen, darüber zu diskutieren, ob kritische Aspekte digitaler Technologien nur pointiert sichtbar machen, aber nicht per se generieren, was aktuelle gesellschaftspolitische Probleme sind: ein zunehmend polarisierter und nicht auf Konsens ausgerichteter politischer Dialog – beispielsweise die mangelnde Bereitschaft, wissenschaftliche Expertise in die Beurteilung, Bewertung und Lösung aktueller Krisen einfließen zu lassen, sowie fehlende gemeinsame gesellschaftliche Ziele und ein unsachlicher Streit darüber, wie diese erreicht werden können.

Die gerade stattfindende digitale Revolution führt weder automatisch zu kritischem Denken, noch fördert sie die Kreativität. Allein durch Tippen mit unseren Fingerspitzen stehen Unmengen von Informationen zur Verfügung. Aber das allein macht uns nicht klug. Wir müssen lernen, den größtmöglichen Nutzen aus den digitalen Technologien zu ziehen – kritisch, selbstbewusst und neugierig. Was bleibt, ist die Erkenntnis, dass wir in der Nutzung digitaler Medien erst mal so klug werden müssen, wie es diese Technologien in vielen Bereichen schon sind.

Literatur

Kapitel 1: Überleben im Datendschungel

Allen, D.: Wie ich die Dinge geregelt kriege. Selbstmanagement für den Alltag. Piper 2015.

Bailey, C.: Hyperfocus. Wie man weniger arbeitet und mehr erreicht. Redline 2019.

Baumeister, R., Tierney, J.: Die Macht der Disziplin. Wie wir unseren Willen trainieren können. Goldmann 2014.

Busch, V.: Kopf frei! Wie Sie Klarheit, Konzentration und Kreativität gewinnen. Droemer 2021.

De Ridder, D., Gillebaart, M.: Lessons Learned from Trait Self-Control in Well-Being. Making the Case for Routines and Initiation as Important Components of Trait Self-Control. In: Health Psychology Review 11 (2017), S. 89–99.

Dohle, S., Hofmann, W.: Consistency and Balancing in Everyday Health Behavior. An Ecological Momentary Assessment Approach. In: Applied Psychology: Health and Well-Being 11/1 (2019), S. 148–169, DOI: 10.1111/aphw.12148, 2018.

Hanson, R.: Das resiliente Gehirn. Wie wir zu unerschütterlicher Gelassenheit, innerer Stärke und Glück finden können. Arbor 2019.

Hilbert, M., López, P.: The World's Technological Capacity to Store, Communicate, and Compute Information. In: Science 332, 6025 (2011), S. 60–65.

Hirsch, P., Koch, I., Karbach, J.: Putting a stereotype to the test. The case of gender differences in multitasking costs in task-switching and dual-task situations. In: PloS one 14/8 (2019). DOI: e0220150.

Hofmann, W. et al.: Everyday Temptations. An Experience Sampling Study of Desire, Conflict, and Self-Control. In: Journal of Personality and Social Psychology 102 (2012), S. 1318–1335.

Hofmann, W. et al.: Yes, but Are they Happy? Effects of Trait Self-Control on Affective Well-Being and Life Satisfaction. In: Journal of Personality 82 (2014), S. 265–277.

Kahneman, D.: Schnelles Denken, langsames Denken. Penguin Verlag 2016.

Lachaux, J.-P.: Eins nach dem anderen. Stress und Erschöpfung. In: Spektrum der Wissenschaft 27 (2018).

Markowetz, A.: Digitaler Burnout. Warum unsere permanente Smartphone-Nutzung gefährlich ist. Droemer 2015.

Meyniel, F. et al.: Neurocomputational account of how the human brain decides when to have a break. In: Proceedings of the National Academy of Sciences (PNAS), 110 (2013), S. 2641–2646, DOI: 10.1073/pnas.1211925110

Newport, C.: Digitaler Minimalismus: Besser leben mit weniger Technologie. Redline 2019.

Poldrack, R. A.: The new mind readers. What neuroimaging can and cannot reveal about our thoughts. Princeton University Press 2018.

Radermacher, I.: Denk klar: Klug entscheiden in digitalen Zeiten. BusinessVillage 2018.

Rosa, H.: Unverfügbarkeit (Unruhe bewahren). Residenz 2018.

Schnabel, U.: Künstliche Intelligenz – Das kann sie selbst. In: Die Zeit, 15.12.2023.

Vohs, K.: The Poor's Poor Mental Power. In: Science 30 (2013); 341 (6149), S. 976–980.

Kapitel 2: Born online – unsere digitalen Lebensphasen

Alter, A.: Unwiderstehlich: Der Aufstieg suchterzeugender Technologien und das Geschäft mit unserer Abhängigkeit. Piper 2019.

Artelt, C., et al.: Learners for Life. Student Approaches to Learning. Results from PISA 2000. OECD 2003.

Brand, M., et al.: Integrating psychological and neurobiological considerations regarding the development and maintenance of specific Internet-use disorders: An Interaction of Person-Affect-Cognition-Execution (I-PACE) model. In: Neuroscience & Biobehavioral Reviews 71 (2016), S. 252–266.

Byl, N. N., Merzenich, M. M., Jenkins, W. M.: A primate genesis model of focal dystonia and repetitive strain injury: I. Learning-induced dedifferentiation of the representation of the hand in the primary somatosensory cortex in adult monkeys. In: Neurology 47 (1996), S. 508–520.

Carrier, L. M., et al.: Virtual empathy: positive and negative impacts of going online upon empathy in young adults. In: Computers in Human Behavior 52 (2015), S. 39–48.

Choudhury, S., McKinney, K. A.: Digital media, the developing brain and the interpretive plasticity of neuroplasticity. In: Transcultural Psychiatry 50/2 (2013), S. 192–215.

Elbert, T., et al.: Increased cortical representation of the fingers of the left hand in string players. In: Science 270/5234 (1995), S. 305–307.

Gindrat, A.-D., et al.: Use-dependent cortical processing from fingertips in touchscreen phone users. In: Current Biology 25/1 (2015), S. 109–116.

Gomez, J., Barnett, M., Grill-Spector, K.: Extensive childhood experience with Pokémon suggests eccentricity drives organization of visual cortex. In: Nature Human Behaviour 3/6 (2019), S. 611–624.

Grosse Wiesmann, C., et al.: White matter maturation is associated with the emergence of Theory of Mind in early childhood. In: Nature Communications 8 (2017), S. 14692.

Hutton, J. S., et al.: Associations between home literacy environment, brain white matter integrity and cognitive abilities in preschool-age children. In: Acta Paediatrica, 18. Dezember 2019. DOI: 10.1111/apa.15124.

Hutton, J. S., et al.: Associations between screen-based media use and brain white matter integrity in preschool-aged children. In: JAMA Pediatrics 2019. DOI: e193869.

Hutton, J. S., et al.: Differences in functional brain network connectivity during stories presented in audio, illustrated, and animated format in preschool-age children. In: Brain Imaging and Behavior 14/1 (2020), S. 130–141.

James, C., et al.: Digital life and youth well-being, social connectedness, empathy, and narcissism. In: Pediatrics 140, suppl., 2 (2017), S. 71-75.

Lahiry, S., et al.: Impact of social media on academic performance and interpersonal relation: a cross-sectional study among students at a tertiary medical center in East India. In: Journal of Education and Health Promotion 8 (2019), S. 73.

Kanai, R., et al.: Online social network size is reflected in human brain structure. In: Proc Biol Sci. 279/1732 (2012), S. 1327–1334.

Korte, M.: The impact of the digital revolution on human brain and behavior: where do we stand? In: Dialogues in Clinical Neuroscience 22/2 (2020), S. 101–111.

Newport, C.: Digitaler Minimalismus: Besser leben mit weniger Technologie. Redline Verlag (TB) 2019.

Pantev, C., et al.: Representational cortex in musicians. Plastic alterations in response to musical practice. In: Annals of the New York Academy of Sciences. 930 (2001), S. 300–314.

Pfeifer, J. H., Blakemore, S. J.: Adolescent social cognitive and affective neuroscience: past, present, and future. In: Social Cognitive and Affective Neuroscience 7/1 (2012), S. 1–10.

Sapolsky, R.: The pleasure (and pain) of maybe. In: Natural History 9 (2003), S. 2.

Shapira, N., Barak, A., Gal, I.: Promoting well-being in older adults through Internet training and use. In: Aging and Mental Health 11 (2007), S. 477–484.

Skeide, M. A., Friederici, A. D.: The ontogeny of the cortical language network. In: Nature Reviews Neuroscience. 17/5 (2016), S. 323–332.

Twenge, J. M.: Have Smartphones Destroyed A Generation? In: The Atlantic 9 (2017).

Twenge, J. M.: Me, My Selfie and I: Was Jugendliche heute wirklich bewegt. Mosaik 2018.

Twenge, J. M., et al.: Amount of time online is problematic if it displaces face-to-face social interaction and sleep. In: Clinical Psychological Science 6 (2018), S. 456–457.

Ward, A. F., et al.: Brain Drain: The Mere Presence of One's Own Smartphone Reduces Available Cognitive Capacity. In: Journal of the Association for Consumer Research 2/2 (2017), S. 140–154.

Webster, E. K., Martin, C. K., Staiano, A. E.: Fundamental motor skills, screen-time, and physical activity in preschoolers. In: Journal of Sport and Health Science 8/2 (2019), S. 114–121.

Weinstein, A., Lejoyeux, M.: Neurobiological mechanisms underlying internet gaming disorder. In: Dialogues in Clinical Neuroscience 22/2 (2020), S. 113–126.

Wolf, M., Ullman-Shade, C., Gottwald, S.: The emerging, evolving reading brain in a digital culture: implications for new readers, children with reading difficulties, and children without schools. In: Journal of Cognitive Education and Psychology. 11/3 (2012), S. 230–240.

Kapitel 3: Das digitale Klassenzimmer

Allen, M., et al.: Is the Pencil Mightier than the Keyboard? A Meta-Analysis Comparing the Method of Notetaking Outcomes. In: Southern Communication Journal 85/1 (2020), S. 1–12.

Bai, S., et al.: Does gamification improve student learning outcome? Evidence from a meta-analysis and synthesis of qualitative data in educational contexts. In: Educational Research Review 30 (2020).

Baumgartner, P., Brandhofer, G., Ebner, M., Gradinger, P., Korte, M.: Medienkompetenz fördern – Lehren und Lernen im digitalen Zeitalter. In: Bruneforth, M. et al. (Hrsg.): Nationaler Bildungsbericht Österreich 2015, Bd. 2: Fokussierte Analysen bildungspolitischer Schwerpunktthemen. Leykam 2016, S. 95–132. DOI: http://dx.doi.org/10.17888/nbb2015-2-3

Bloom, B.: The 2 Sigma Problem: The Search for Methods of Group Instruction as Effective as One-to-One Tutoring. In: Educational Researcher 13/6 (1984), S. 4–16. DOI: 10.3102/0013189x013006004.

Clinton, V.: Reading from paper compared to screens: A systematic review and meta-analysis. In: Journal of Research in Reading 42 (2019), S. 288–325.

Evans, M. D. R., Kelley, J., Sikora, J.: Scholarly Culture and Academic Performance in 42 Nations. In: Social Forces 92/4 (2014), S. 1573–1605.

Hillmayr, D., et al.: The potential of digital tools to enhance mathematics and science learning in secondary schools: A context-specific meta-analysis. In: Computers & Education 153 (2020).

Kues, N. v. (Nicolaus Cusanus): Die belehrte Unwissenheit. 3., erw. Aufl. Meiner 1999.

Landers, R. N.: Developing a theory of gamified learning: Linking serious games and gamification of learning. In: Simulation & Gaming 45 (2014), S. 752–768.

Mayer, C. et al.: Literacy Training of Kindergarten Children With Pencil, Keyboard or tablet Stylus: The Influence of the Writing Wool on Reading and Writing Performance at the Letter and Word Level. In: Frontiers in Psychology 10 (2020).

Mekler, E. D., et al.: Towards understanding the effects of individual gamification elements on intrinsic motivation and performance. In: Computers in Human Behavior 71 (2017), S. 525–534.

Meurers, D.: Scaling Up Intervention Studies to Investigate Real-Life Foreign Language Learning in School. Annual Review of Applied Linguistics 39 (2019), S. 161–188.

Sailer, M., Sailer, M.: Gamification of in-class activities in flipped classroom lectures. In: British Journal of Educational Technology 52 (2021), S. 75–90.

Schlag, M.: Zocken statt pauken? Die Zukunft des Lernens, Teil 2, Gehirn & Geist Dossier. In: Spektrum 7 (2021).

Sikora, J., et al.: Scholarly culture: How books in adolescence enhance adult literacy, numeracy and technology skills in 31 societies. In: Social Science Research 77 (2019), S. 1–15. DOI: doi.org/10.1016/j.ssresearch.2018.10.003

Zylka, J.: Digitale Schulentwicklung: Das Praxisbuch für Schulleitung und Steuergruppen. Beltz 2018.

Kapitel 4: Kluge Maschinen erfordern kluge Nutzer

Banks, I. M.: Das Kultur-Spiel. Heyne 2004.

Battro, A. M., et al. (Hrsg.): Neurosciences and the Human Person. New Perspectives on Human Activities. In: Pontificiae Academiae Scientiarum Scripta Varia 121 (2013).

Buijsman, S.: Ada und die Algorithmen. Wahre Geschichten aus der Welt der KI. C. H. Beck 2021.

Carr, N. G.: Abgehängt. Wo bleibt der Mensch, wenn Computer entscheiden? Carl Hanser 2014.

Fink, H., Rosenzweig, R. (Hrsg.): Künstliche Sinne, gedoptes Gehirn: Neurotechnik und Neuroethik. mentis 2010.

Flaxman, S., Goel, S., Rao, J. M.: Filter bubbles, echo chambers, and online news consumption. In: Public Opinion Quaterly, 80/1 (2016), S. 298–320.

Gigerenzer, G.: Klick: Wie wir in einer digitalen Welt die Kontrolle behalten und die richtigen Entscheidungen treffen. C. Bertelsmann 2021.

Grüter, T.: Klüger als wir? Auf dem Weg zur Hyperintelligenz. Spektrum 2012.

Häusser, P.: Natürlich alles künstlich. Was künstliche Intelligenz kann und was (noch) nicht. KI erklärt für alle. Droemer 2021.

Ivanova, A. A., et al.: Comprehension of computer code relies primarily on domain-general executive brain regions. In: eLife 9 (2020), e58906. DOI: https://doi.org/10.7554/eLife.58906

Levitin, D. J.: The Organized Mind. Thinking Straight in the Age of Information Overload. Penguin-Viking 2014.

McKinlay, R.: Technology. Use or lose our Navigation Skills. In: Nature 531(7596) (2016), S. 573–575. DOI: 10.1038/531573a

Moesgen, D., Klein, M.: Neuroenhancement. Sucht: Risiken – Formen – Interventionen. Kohlhammer 2015.

Nature Editorial: Tools such as ChatGPT threaten transparent science; here are our ground rules for their use. In: Nature 613 (2023), S. 612. DOI: https://doi.org/10.1038/d41586-023-00191-1.

Otte, R.: Maschinenbewusstsein. Campus 2021.

Selke, S.: Lifelogging. Wie die digitale Selbstvermessung unsere Gesellschaft verändert. Econ 2014.

Spitzer, M.: Digitale Demenz. Wie wir uns und unsere Kinder um den Verstand bringen. Droemer 2014.

Tegmark, M.: Leben 3.0: Mensch sein im Zeitalter Künstlicher Intelligenz. Ullstein 2019.

Thompson, C.: Smarter than you think. How technology is changing our minds for the better. Penguin 2014.

Thompson, C.: Coders: The Making of a New Tribe and the Remaking of the World. Penguin 2019.

Ward, J.: The Loop: How Technology Is Creating a World Without Choices and How to Fight Back. Hachette Books 2022.

Kapitel 5: Kann man das Gehirn hacken?

Andersen, R.: Hirnimplantate: Die Intentionsmaschine. In: Spektrum Kompakt, Kontrolle und Verlust, Spektrum 12 (2021).

Drew, L.: Gehirn-Computer-Schnittstellen: Per Gedankenkraft zurück ins Leben. In: Spektrum der Wissenschaft 5 (2022).

Kawala-Sterniuk, A., et al.: Summary of over Fifty Years with Brain-Computer Interfaces – A Review. In: Brain Sciences 11/1(2021), S. 43.

Koch, C.: To Keep Up With AI, We'll Need High-Tech Brains. In: Wall Street Journal, 27.10.2017.

Markus, M.: Das nackte Gehirn: Wie die Neurotechnik unser Leben revolutioniert. Konrad Theis 2016.

Schneider, S.: Artificial You: AI and the Future of Your Mind. Princeton University Press 2019.

Spektrum Kompakt: Neuroprothesen – Wenn Mensch und Maschine verschmelzen. Spektrum 2019.

Spektrum der Wissenschaft (Hrsg.): Hirn in Hochform: Was die geistige Leistung stärkt. Gehirn & Geist Dossier 1701 (2017).

Steinmetz, N. A., et al.: Distributed coding of choice, action and engagement across the mouse brain. In: Nature 576 (2019), S. 266–273. DOI: doi.org/10.1038/s41586-019-1787-x.

Vogt, R.: Invasive BCI. Neurochips, Prothesen, Exoskelett & Tiefe Hirnstimulation. In: www.DasGehirn.info. [27.05.2015]

Wang, Y., Liu, S., Wang, H., et al. Neuron devices: emerging prospects in neural interfaces and recognition. Microsystems & Nanoengineering 8 (2022), Art. 128.

Willett, F. R., et al.: High-performance brain-to-text communication via handwriting. In: Nature 593 (2021), S. 249–254.

Einen umfassenden Überblick über die Brain-Computer-Interfaces (BCIs) liefert folgende Website:

https://www.sciencemediacenter.de/alle-angebote/fact-sheet/details/news/brain-machine-interfaces-gehirn-und-maschine-verknuepft/ [01.01.2023].

Kapitel 6: Wie fit sind wir für die digitale Zukunft?

Bail, C.: Breaking the Social Media Prism: How to Make Our Platforms Less Polarizing. Princeton University Press 2021.

Bailey, C.: Hyperfocus: Wie man weniger arbeitet und mehr erreicht. Redline 2019.

Ball, J.: The System: Who Owns the Internet, and How It Owns Us. Bloomsbury 2020.

Busch, V.: Kopf frei! Wie Sie Klarheit, Konzentration und Kreativität gewinnen. Droemer 2021.

Eyal, N.: Die Kunst, sich nicht ablenken zu lassen: Indistractable – Werden Sie unablenkbar. Redline 2019.

Gigerenzer, G.: Klick: Wie wir in einer digitalen Welt die Kontrolle behalten und die richtigen Entscheidungen treffen. C. Bertelsmann 2021.

Harari, Y. N.: Homo Deus: Eine Geschichte von Morgen. C. H. Beck 2017.

Hari, J.: Stolen Focus: Why You Can't Pay Attention. Bloomsbury 2022.

Hattie, J., Zierer, K., Beywl, W.: Lernen sichtbar machen für Lehrpersonen. Schneider 2017 (überarb. deutschspr. Ausgabe von Visible Learning for Teachers).

Kozyreva, A., et al.: Critical Ignoring as a Core Competence for Digital Citizens. In: Cur. Directions in Psychological Science (2022). DOI: https://doi.org/10.1177/09637214221121570

Lanier, J.: Zehn Gründe, warum du deine Social Media Accounts sofort löschen musst. Hoffmann und Campe 2018.

Nassehi, A.: Muster: Theorie der digitalen Gesellschaft. C. H. Beck 2019.

Newport, C.: Digitaler Minimalismus: Besser leben mit weniger Technologie. Redline 2019.

Pörksen, B., Schulz von Thun, F.: Die Kunst des Miteinander-Redens: Über den Dialog in Gesellschaft und Politik. Goldmann 2021.

Taylor, A.: Praise for the book. In: Frischman, B., Sellinger, B. (Hrsg.): Re-engineering Humanity. Cambridge University Press 2018.

Ward, J.: The Loop: How Technology Is Creating a World Without Choices and How to Fight back. Hachette 2022.

Wilson, E. O.: Debate at the Harvard Museum of Natural History, Cambridge, Mass., 9 September 2009. Zitiert nach: Oxford Essential Quotations (4. Aufl.), hrsg. von Susan Ratcliffe. Oxford University Press 2016.

Register

C

D

E

H

I

J

K

T